Grundlos glücklich

Die Freiheit des Seins

John David

Grundlos glücklich

Die Freiheit des Seins

Dialoge inspiriert von alter und zeitgenössischer spiritueller Weisheit

OPEN SKY PRESS
www.openskypress.com

Grundlos glücklich – Die Freiheit des Seins

Erschienen bei Open Sky Press Ltd.
483 Green Lanes, London N13 4BS
office@openskypress.com

Open Sky Press Distribution
Rheinstr. 54, D-51371 Hitdorf

Die englische Originalausgabe erschien 2018 unter dem
Titel „The Pointless Joy of Freedom“ bei Open Sky Press.

Erste Auflage

ISBN 978-0-9574627-9-3

Umschlaggestaltung: Divya
Umschlagfoto: Arsen
Malerei: John David
Grafikdesign: Divya
Fotografien: Open Sky House Archive

Gedruckt in Polen

OPEN SKY PRESS
www.openskypress.com

Danksagung

Bei der Veröffentlichung des Buches *Grundlos glücklich – Die Freiheit des Seins* wurde Open Sky Press tatkräftig von Freunden und Bewohnern des Open Sky House unterstützt.

In den letzten zwei Jahren wurden zahlreiche Audio-Dateien meiner Satsangs an Freunde in Indien geschickt, die sie gekonnt transkribierten. Kabir arbeitete dort zusammen mit Daemian, Chetan und Gautham. Devi und Kabir sichteten Berge von Mitschriften nach geeignetem Material. Großen Dank an sie für die Liebe und Sorgfalt, mit der sie sich dieser umfangreichen Aufgabe widmeten. Kabir wählte zudem die Zitate aus und schrieb die Begleittexte. Devi editierte und prüfte die Texte mit mir gemeinsam.

Das wunderschöne Design wurde im Open Sky Press Verlag von Divya und Tara entworfen. Divya experimentierte tagelang intensiv mit zahlreichen Farbausdrucken, bis der Bucheinband schließlich perfekt war. Außerdem entwarf sie die Seiten für die Biografien, die von Kabir zusammengestellt wurden. Chanda hat das Buch formatiert, ihre Erfahrung und ihr Wissen kamen auch in anderen Bereichen des Projekts zum Tragen.

Devi, langjährige Bewohnerin des Open Sky House und jetzt in Australien, war eine unermüdliche Unterstützung in allen Bereichen der Buchproduktion. Besonders als Lektorin der englischen Ausgabe und bei der endgültigen Korrekturlesung. Kabir hat einen immensen Beitrag zu diesem Buch geleistet. Er war Redaktionsassistent und ein Assistent für mich, in dem Prozess, das ganze Projekt zusammenzubringen und den Druck und Vertrieb zu organisieren.

Für die deutsche Ausgabe möchte ich Vishnu und Shanti für die qualitativ hochwertige Übersetzung danken. Unterstützt von Indira, Tara, Kamala, Henning, Meera und Maria die ausgiebig Korrektur gelesen haben. Das gesamte Projekt wurde von Indira hervorragend organisiert. Danke an euch alle für eure Unterstützung.

John David, Juni 2018

Bücher und Filme

Weitere Bücher von John David

Arunachala Satsangs auf Englisch und Deutsch
Arunachala Shiva auf Englisch, Deutsch und Russisch
Papaji – Kraft der Gnade auf Englisch und Deutsch
Das große Missverständnis auf Englisch, Deutsch, Russisch und Spanisch
Facetten des Erwachens – Europäische Meister auf Englisch und Deutsch
Facetten des Erwachens – Indische Meister auf Englisch, Deutsch und Russisch

Filme von John David

mit Untertiteln in vielen verschiedenen Sprachen

Kunst aus der Stille
Das große Missverständnis
Satori – Metamorphose eines Erwachens
Grundlos glücklich – Die Freiheit des Seins
Facetten des Erwachens – Indische Meister
Facetten des Erwachens – Europäische Meister
Spiritualität – Ein inspirierender Leitfaden zum Erwachen
Arunachala Shiva – Kommentare zu Sri Ramana Maharshis Lehre „Wer bin ich?"

Weitere Bücher von Open Sky Press

Feuer der Freiheit von Papaji, auf Deutsch
Also Sprach Papaji von Papaji, auf Deutsch und Spanisch
Nan Yar von Sri Ramana Maharshi, auf Englisch, Deutsch, Russisch, Spanisch

Inhalt

Nachwort

Vorwort

Grundlos glücklich – Die Freiheit des Seins ist in den letzten zwei Jahren entstanden und enthält mehr als fünfzig Dialoge, die in meinen öffentlichen *Satsangs* und Retreats in den Open Sky House Gemeinschaften in Hitdorf (Deutschland), Tripillya (Ukraine) und Denia (Spanien) stattgefunden haben.

Seit den 60er Jahren, als ich Mitte Zwanzig war, drängte etwas in mir, mich selbst zu verstehen und Freiheit und Frieden in mir zu finden. Das führte dazu, dass ich mich über viele Jahre spirituellen Praktiken widmete, während ich bei meinem ersten Meister Osho und später bei Papaji war. Fünfzehn Jahre lang konzentrierte ich mich mit Oshos Anleitung auf Meditation und innere Arbeit. Osho hatte ein großes Wissen über historische und zeitgenössische Meister und hielt wundervolle Vorträge, in denen er seinen Schülern die große Bandbreite spiritueller Weisheit aus den verschiedensten Traditionen erläuterte. Danach, während meines fünfjährigen Aufenthalts bei Papaji, tauchte ich tief in die Selbsterforschung ein, die eine wichtige Lehre seines Meisters Sri Ramana Maharshi war.

Oshos Vorträge verstärkten mein bereits lebhaftes Interesse an spiritueller Entwicklung und im Laufe der Jahre habe ich weitere Werke von und über große spirituelle Lehrer gelesen. Die Worte der Weisheitslehrer aus Vergangenheit und Gegenwart sickerten langsam in mein Bewusstsein, öffneten mein Herz und weiteten meinen Verstand. Auch motivierten sie mich dazu, viele lebende Meister aufzusuchen und ihre Lehren in der Buch- und Filmreihe *Facetten des Erwachens* festzuhalten. *Grundlos glücklich – Die Freiheit des Seins* ist aus Gesprächen entstanden, die ich in den letzten Jahren mit meinen Schülern geführt habe – inspiriert von dem Wunsch und der Freude, ihnen die Lehren meiner „spirituellen Helden" vorzustellen und gemeinsam mit ihnen zu erkunden.

Natürlich liegt die Weisheit nicht in Worten. Es geht nicht darum, dass der Verstand auf ihnen immer weiter herumkaut und dadurch fett und „weise" wird. Ihr Wert liegt in der inneren Erfahrung desjenigen, der diese Worte hört und so die Wahrheit erkennt, die durch sie offenbar wird.

Die Dialoge sind spontan während meiner Retreats und wöchentlichen SatTV-Treffen zwischen 2015 und 2017 entstanden. Sie wurden live im Internet übertragen, meistens aus unserem Studio im Open Sky House in Hitdorf bei Köln. Die meisten Gesprächspartner waren vertraute Menschen, die schon seit einiger Zeit mit mir zusammenlebten. Gelegentlich schaltete sich auch jemand aus dem Ausland über Skype ein, um sich mit mir zu unterhalten. Auf www.sattv.tv kann man alle Dialoge aus diesem Buch im englischen Archiv finden. Es gibt auf der Webseite auch ein deutschsprachiges Archiv. Über eine Themensuche kann man sich dort entsprechende Ausschnitte anzeigen lassen.

Die Dialoge in *Grundlos glücklich – Die Freiheit des Seins* decken sieben Themenbereiche ab; sie führen uns vom anfänglichen Interesse an Selbsterkenntnis zu einem immer tieferen Verständnis und schließlich zu einem Weg hinaus aus dem Leiden. Dem Leser werden in diesem Buch manche Wiederholungen begegnen. In den letzten zwanzig Jahren, in denen ich lehre, ist mir bewusst geworden, dass wir dazu neigen, nicht wirklich zuzuhören, deshalb sind Wiederholungen eine gute Strategie. Sie stabilisieren die grundlegenden und wesentlichen Erkenntnisse, die sonst leicht von der ständigen Suche des Verstandes nach etwas noch Tieferem überlagert werden. Solange wir nicht bereit sind, den Glaubenssatz „Ich weiß" aufzugeben, gibt es keinen Raum für eine andere Sicht oder ein anderes Verständnis.

Die dreißig Meister, von denen ich Zitate ausgewählt habe, haben mich in den vierzig Jahren meiner spirituellen Reise besonders berührt und inspiriert. Die meisten dieser Meister sind in der spirituellen Szene keine Unbekannten. Darunter finden sich prägende historische Persönlichkeiten wie Gautama Buddha, Jesus und Lao-Tse, in deren Namen Religionen begründet wurden. Ebenso aber auch modernere Meister wie Georges Gurdjieff, Jiddu Krishnamurti und Irina Tweedie. Sowohl Nisargadatta Maharaj wie Neem Karoli Baba sind mir stets präsent, auch wenn ich ihnen niemals begegnet bin. Zeitgenössische

Meister wie Ram Dass, Paul Lowe, Adyashanti und Eckhart Tolle empfinde ich als Gleichgesinnte.

Osho und Papaji sind meine direkten Meister. Meine große Dankbarkeit gegenüber Sri Ramana Maharshi regte mich an, in den letzten achtzehn Jahren regelmäßig Retreats an seinem geliebten Berg Arunachala zu halten. Diese Retreats ermöglichen mir jedes Jahr einen Besuch in Süd-Indien, aus dem ich viel Inspiration schöpfe.

Von den Meistern, die ich für *Facetten des Erwachens* interviewte, wurden viele meine Freunde, von denen manche in den letzten Jahren verstorben sind. Ich konnte mich immer darauf verlassen, dass sie mich auf meine Wahrhaftigkeit prüften, insbesondere Swami Dayananda, Thuli Baba und Ma Souris. Die grenzenlose Inspiration, die ich von so vielen großartigen Wesen empfangen habe, empfinde ich als einen großen Segen.

Als ich anfing, ernsthaft darüber nachzudenken, ein Buch über meine spirituellen Helden herauszugeben, erkannte ich, wie viele von ihnen mein spirituelles Verständnis mein Leben lang beeinflusst haben. Die Worte dieser Männer und Frauen dienten mir als Wegweiser zu einem tieferen Verstehen menschlichen Leidens und bereiteten mir grundloses Glücklichsein. Doch kann ich genau so viel Inspiration, Reflexion und innere Erkenntnis aus den Worten und Taten eines Zweijährigen gewinnen. Erkenntnis wird zu uns kommen, wenn wir unseren Fokus nicht so sehr auf die Worte selbst richten, sondern auf unsere eigene Erfahrung dessen, worauf die Worte hinweisen.

Lass dich von den dreißig Biografien hier inspirieren und finde deine eigenen spirituellen Helden. Nimm das Leben nicht zu ernst, Gott ist überall, auch da, wo du einfach nur Spaß hast. Der Titel dieses Buches, *Grundlos glücklich – Die Freiheit des Seins* erinnert uns daran, dass das Leben gar nicht so ernst ist. Spirituelles Leben unterscheidet sich nicht wirklich vom Leben, es muss nicht mühsam und ernst sein, sondern ist erfüllt von grundlosem Glücklichsein. Genieße deine Freiheit.

John David, Juni 2018

KAPITEL 1

Der Sinn des Lebens

Nach meinem Verständnis besteht der Sinn unseres Lebens darin – wenn es überhaupt einen gibt – Selbsterkenntnis zu erlangen. Das bedeutet zu erkennen, dass das Ego, der Film unseres Lebens, nicht das ist, was wir sind. Wenn dies klar erkannt wird, kommt es zu einer grundlegenden Veränderung.

Der Sinn des Lebens

Während wir in unserer Familie und in der Gesellschaft aufwachsen, nehmen wir unvermeidlich verschiedene Konditionierungen an, programmierte Verhaltensweisen und Gewohnheiten, die unser wahres Wesen verschleiern, jene Unschuld, in der wir als Kinder lebten.

Wir fühlen uns getrennt und beginnen, erneut nach diesem Ort zu suchen, den wir einst kannten. Auf dieser Suche müssen wir erkennen, wie sehr wir konditioniert sind, und wie unsere Vorstellungen darüber, wer wir sind, aus unserem Leben eine Art Film machen, einen Film, mit dem wir für gewöhnlich völlig identifiziert sind.

Vielleicht machen wir spirituelle Erfahrungen, in Wirklichkeit aber sind das Momente, die uns zeigen, was wahr ist.

Am Anfang des spirituellen Weges

Die Geschichte Gautama Buddhas hat mich immer sehr berührt. In seiner großen Sehnsucht nach Wahrheit gab er die Vorzüge und Annehmlichkeiten seiner sozialen Stellung als Königssohn auf und machte sich auf eine tiefgreifende Reise zu sich selbst. Als er schließlich in der Einfachheit und Absolutheit des gegenwärtigen Momentes ankam, erkannte er die Wahrheit. Sein brennendes Verlangen nach Wahrheit leitete ihn auf dem ganzen Weg vom Anfang bis zum Ende seines spirituellen Pfades.

Seine Lehren verbreiteten sich über fast ganz Asien. Es wurden so viele Tempel und Statuen für ihn errichtet, dass „Buddha" ein allgemeiner Ausdruck für jemanden wurde, der Selbsterkenntnis erlangt hat.

Auf dem Weg zur Wahrheit kann man nur zwei Fehler machen: nicht den ganzen Weg zu gehen und nicht anzufangen.

Gautama Buddha

Lieber John David,
ich bin im letzten Jahr sehr viel mit mir allein gewesen und verspüre ein starkes Verlangen nach Wahrheit. Ich habe niemals etwas über Meditation gelernt, aber ich stelle fest, dass ich das ganz selbstverständlich mache. In mir fühle ich, dass ich mich wirklich ernsthaft auf den spirituellen Weg begeben möchte. Soll ich eine Technik finden, die ich mag oder einen Lehrer? Oder was würdest du vorschlagen?

Wenn du wirklich Wahrheit willst, dann solltest du Buddhas Rat befolgen: fang an und höre nicht auf. Leider hören sehr viele Menschen wieder auf, daher möchte ich etwas über das Anfangen und Weiterführen der Suche sagen.

Gestern war ich in Madrid, in Spanien und sprach zu einer Gruppe. Darunter war eine Frau, die mir eine Frage stellte. Tief in ihr hatte sie beschlossen, dass sie Wahrheit wollte – möglichst schnell – und sie hoffte, dass ich in meiner Tasche irgendeine Spezialtechnik hätte.

Sie war enttäuscht, als ich ihr sagte, dass ich so etwas leider nicht habe. Im Laufe unseres Dialogs erklärte ich, was sie oder jeder andere tun kann, der den spirituellen Weg gehen möchte.

Das Erste, was du tun kannst, ist, mit dem Sprechen aufzuhören oder wenigstens nicht sehr viel zu sprechen. Das Zweite, was du tun kannst, ist, einen ruhigen Verstand zu kultivieren. Wenn du aufhören kannst zu sprechen, wird das deinem Verstand dabei helfen, sich zu beruhigen, denn leider ist es so, dass wir, je mehr wir reden, umso mehr den mentalen Teil aktivieren, und dann ist es sehr schwierig, innerlich ruhig zu werden.

Es gibt viele spirituelle Techniken, die uns dabei helfen, insbesondere zahlreiche Arten der Meditation. Dann gibt es auch aktive Praktiken wie Yoga, Qi Gong, Tai Chi und eine Vielzahl an Atemtechniken. Aus dieser großen Palette spiritueller Techniken kannst du die Praktiken finden, die deiner Situation am besten entsprechen.

Wenn du anfängst intensiv zu praktizieren, wird dein Verstand naturgemäß ruhiger werden, und es wird wahrscheinlich auch etwas anderes Wichtiges geschehen: Du wirst anfangen nach innen zu schauen. Wenn uns etwas Irritierendes widerfährt, machen wir in der Regel etwas im Außen dafür verantwortlich. So sagen wir zum Beispiel: „Er hat mich verärgert." Wir nehmen den Ärger nicht als unseren eigenen oder in uns gegenwärtig an. Wenn wir mit der spirituellen Praxis beginnen, entwickeln wir ein natürliches Gefühl dafür, nach innen zu gehen und nach innen zu schauen und wir beginnen, Selbstgewahrsein zu entwickeln.

Sich des Äußeren bewusst zu sein ist relativ einfach. Wenn wir Andere anschauen, haben wir einen Eindruck von ihnen, haben ein Gespür dafür, was bei ihnen los ist. Wir nehmen wahr, was in der Welt vor sich geht – die Temperatur, das Wetter – und wenn man innerhalb eines Tages von Spanien nach Deutschland reist, kann man sich deutlich der unterschiedlichen Energien und

Kulturen bewusst werden. Selbstgewahrsein geschieht nicht ganz so automatisch, aber es entwickelt sich aus der spirituellen Praxis und erfordert Gewahrsein für den gegenwärtigen Moment.

Ich würde hier gerne einen sehr wirkungsvollen Rat von Eckhart Tolle anbringen. Eckhart ist einer der bekanntesten Meister der Gegenwart.

Mache dir zutiefst bewusst, dass der gegenwärtige Moment alles ist, was du je hast.

Jeden Tag und den ganzen Tag über bezieht sich jeder von uns auf „mein Leben". Wir haben uns alle daran gewöhnt, uns mit einem Film zu identifizieren, der aus der Konditionierung unserer jeweiligen Familie und der Kultur unseres Landes gewachsen ist. Von Geburt an baut sich dieser Film auf und wir identifizieren uns damit. Wir beziehen uns auf andere Menschen aus der Position unseres Filmes heraus. Unsere Aufgabe besteht nun darin, diese automatische Identifikation mit diesem „Ich" zu untersuchen, diese falsche Identifikation, die in uns allen gewachsen ist.

Man könnte sagen, wir sind wie Mäuse mit einem Stück Käse vor der Nase. Immer jagen wir etwas hinterher. Und was ist dieses Etwas, nach dem wir suchen? Es ist: Glücklichsein. Wir suchen nach Liebe. Wir sind in der Vorstellung erzogen worden, dass wir, um Glück zu empfinden, nach außen gehen und etwas bekommen müssen. Das kann ein neues Kleid sein, ein neues Auto oder ein neuer Partner. Oder es kann Geld oder Macht sein. Ständig jagen wir dem nach, von dem wir glauben, dass es uns Glück und Liebe bringen wird.

Das wird dann unser Leben. Doch wenn du für einen Moment innehältst, deine Aufmerksamkeit und dein Gewahrsein nach innen richtest, dann wirst du sehr bald entdecken, dass es im Leben um das geht, was gerade jetzt ist. Du wirst anfangen zu erfahren, dass es in dir etwas gibt, das dich aus dir selbst heraus nähren kann, das dich Liebe fühlen lässt und Frieden. Tatsächlich wirst du sogar eine andere Ebene finden, auf der du verstehst, dass du selbst Frieden bist, dass du selbst Liebe bist. Indem wir vollständig akzeptieren, was in jedem Moment geschieht, werden wir in unserem Leben präsent, sind wir da für unser Leben. Das ist sehr einfach.

Du beginnst also mit Meditation oder Tai Chi oder welche Praxis auch immer zu dir passt. Wenn du eine Weile auf dem Weg bist, kommt es zu einer inneren Entscheidung, dass du zur Wahrheit gelangen möchtest, dass du die Reise bis zum Ende gehen willst. Wenn das eine klare innere Entscheidung ist, wirst du einen Lehrer anziehen.

Du verbringst Zeit mit ihm und musst dann entscheiden, ob es der richtige Lehrer für dich ist. In Europa ist so ein Lehrer ein brisantes Thema, denn Länder wie zum Beispiel Deutschland, Spanien und natürlich Russland hatten ziemlich autoritäre Führer. Daher zögert man dort, einen Lehrer anzunehmen und jemanden als Autorität anzuerkennen.

Viele von uns haben in ihrer Familie gelitten, besonders unter dem Vater, der in der Familie quasi die Rolle eines Gottes innehatte. Unser Widerstand oder unsere Schwierigkeiten mit unserem Vater können zu allen möglichen Autoritätsproblemen führen, die es schwer machen, einen Lehrer in unser Leben einzuladen. Um den größten Nutzen von einem Lehrer zu haben, musst du Zeit mit ihm oder ihr verbringen, dich zeigen und dein Herz öffnen. Somit ist dieser Lehrer ein weiterer Schritt auf dem Weg zur Wahrheit. Dann gibt es natürlich auch noch fortgeschrittenere Dinge, die du tun kannst.

Was das genau ist, wird durch den Lehrer vorgegeben. Es gibt keine allgemeine Technik, die dich zur Wahrheit bringen wird. Jeder hat andere Bedürfnisse und wenn du einen wahren Lehrer hast, wird er oder sie dich kennen lernen und Lernsituationen schaffen, in denen du die Dinge erkennen kannst, die dich davon abhalten frei zu sein. Ich sollte nicht sagen, dass sie dich davon abhalten frei zu sein, denn die Wahrheit ist, dass wir bereits frei sind, aber aufgrund unserer Anhaftung an den konditionierten Verstand, an das Ego, ist uns nicht bewusst, dass wir frei sind. Deshalb besteht die Aufgabe des Lehrers darin, Situationen zu schaffen, in denen du selbst sehen kannst, was dich davon abhält, deine Freiheit zu leben.

Das ist sehr, sehr schön. Wenn du diese Ebene einmal erreicht hast, wirst du nicht mehr aufhören. Die Wahrheit ist nahe.

Den Sinn des Lebens erforschen

Ich habe heute Abend zwei Zitate. Das erste ist von Meister Eckhart. Er war ein christlicher Mystiker, der im vierzehnten Jahrhundert lebte. Er war ein sehr besonderer Mensch, denn es gab nicht viele christliche Mystiker, die uns heute noch berühren.

Wer das Leben tausend Jahre lang fragte: „Warum lebst du?", wenn es überhaupt antwortete, würde es nur sagen: „Ich lebe, um zu leben!" Das rührt daher, weil das Leben aus seinem eigenen Grunde lebt, aus seinem Eigenen quillt; darum lebt es ohne Warum. Es lebt nur sich selber.

Meister Eckhart

Lieber John David,
ich kenne das Konzept, dass es so etwas wie den Sinn des Lebens nicht gibt. Aber wenn ich dieses Zitat lese, kann ich sehen, dass ich auf einer tieferen Ebene doch glaube, dass es einen Sinn geben muss. Es ist sehr schön, die Möglichkeit zuzulassen, dass es im Grunde keinen Sinn des Lebens gibt und zu sehen, wie sehr wir darauf konditioniert sind, in unserem Leben auf ein großes Ziel oder einen Sinn hinzuarbeiten. Vielleicht kannst du darüber etwas sagen.

Wenn wir uns heute auf diesem Planeten umschauen, sehen wir das Ergebnis einer enormen Entwicklung an Lebensformen. Mit dem Wenigen, das ich von Naturwissenschaften verstehe, scheint es, dass das Leben auf diesem Planeten vor einigen Milliarden Jahren mit einer Art chemischer Ursuppe begann.

Wenn du auf einen derartigen Zeitraum zurückblickst, erscheint das menschliche Leben als kleiner Punkt am Ende der Entwicklungsgeschichte. Wenn ich aber jemanden von euch fragen würde, was der Sinn seines Lebens ist, würde er diese enorme Zeitspanne vermutlich nicht in Betracht ziehen.

Wir Menschen sind einzigartig, da wir ein Ego haben. Wir haben einen Sinn für uns selbst, eine Vorstellung von einem Sinn in unserem Leben. Tatsächlich kann die Vorstellung, dass es keinen Sinn gibt, ziemlich beängstigend sein. Wenn es keinen Sinn des Lebens gibt, gibt es auch nicht wirklich einen Grund, morgens aus dem Bett zu kommen. So haben wir verschiedene Sinnhaftigkeiten im Leben erfunden, was durch die Erziehung und die Gesellschaft sehr gefördert wird.

Wir denken nicht viel darüber nach, wie es Meister Eckhart andeutet, aber die Menschen hier in diesem Raum sind da vermutlich etwas anders und akzeptieren die üblichen von der Gesellschaft abgesegneten Sinnhaftigkeiten nicht so einfach.

Eckhart sagt, *„Ich lebe, um zu leben“*, und in deinem ganzen Leben kannst du die Lebendigkeit fühlen, in der sich das bewahrheitet. Es ist einfach Leben, das sich selbst erhält. Wenn wir Menschen beginnen, uns nach dem Sinn des Lebens zu fragen, ist Meister Eckharts Hinweis, dass es tatsächlich keinen Lebenssinn gibt, eine sehr schöne Perspektive.

Ich vermute aber, dass es nicht viele Menschen gibt, die das besonders schön finden würden. Die meisten Menschen verwenden viel Energie darauf, eine Art Sinn zu finden und widmen dann den Großteil ihres Lebens der Verwirklichung dieses Sinns. Aber was, wenn es tatsächlich keinen Sinn gibt? Dann bleiben wir allein mit diesem gegenwärtigen Moment: jetzt – ohne zu wissen, was uns der nächste Moment bringen wird, ohne uns groß für den vergangenen Moment zu interessieren, und wir geben uns ganz dieser Moment-zu-Moment-Entwicklung unseres Lebens hin.

Wenn es einen Sinn gäbe – oder sagen wir, der einzige Sinn, der mir jemals irgendwie erstrebenswert erschienen ist – dann wäre es der, zu erkennen, wer ich bin. Das ist es, was wir alle tun, wenn wir in diesem Raum sitzen. Ich sehe, dass es einige Leute gibt, die heute Abend auf SatTV zuschauen, auch euch würde ich da mit einschließen. Wir sind über einen möglichen Sinn gestolpert, den Sinn, zu erkennen, wer wir wirklich sind; was allerdings keine einfache Aufgabe ist.

Hier in unserer Gemeinschaft stellen wir seit einigen Jahren fest, dass sich das nicht so einfach offenbart. Wenn wir alles, was in unserem Leben passiert, mit einer gegenwärtigen Präsenz akzeptieren, wenn wir uns diesem Prozess des Lebens – einschließlich aller sogenannten guten und sogenannten weniger guten Dinge – hingeben können, wird uns das Akzeptieren unserer Erfahrungen von Moment zu Moment zu einem Verständnis und einer Einsicht führen, die uns die Möglichkeit eröffnet, zu entdecken, wer wir sind.

Das bedeutet zu erkennen, dass das Ego, der Film unseres Lebens, nicht das ist, was wir sind. Wenn dies klar erkannt wird, vollzieht sich eine grundlegende Veränderung. Plötzlich entsteht eine dramatische Verschiebung und mit dieser Verschiebung geht das Empfinden einher, dass alles so ist, wie es sein soll. Diese Verschiebung wird Selbsterkenntnis genannt.

Ich habe ein weiteres schönes Zitat, das sehr gut daran anknüpft. Es geht um Selbsterkenntnis und stammt von Annamalai Swami, der viele Jahre Sri Ramana Maharshis Assistent war und später Bauleiter bei der Errichtung des Ashrams.

Sri Ramana Maharshi war einer der meistverehrtesten indischen *Advaita*-Meister. Er verbrachte den Großteil seines Lebens in seinem Ashram in Tiruvannamalai in Südindien. Ich betrachte ihn als meinen Lehrer.

Eines Tages, nach einer spielerischen Umarmung von Sri Ramana, hatte Annamalai Swami ein Erwachen. Kurz danach verließ er den Ashram und lebte ungefähr vierzig Jahre allein in der Nähe, besuchte den Ashram aber nie mehr. Ich verbrachte einen wundervollen Nachmittag mit ihm in seinem winzigen Ashram. Er war Sri Ramana zutiefst ergeben.

Der Sinn der Selbstbefragung ist es, den Ich-Gedanken nach innen auf das Selbst zu richten. Dies wird automatisch geschehen, sobald du aufhörst, dich für irgendeinen deiner aufsteigenden Gedanken zu interessieren.

Annamalai Swami

Und hier ist eine zweite Frage:

> *Lieber John David,*
> *es war dieses Zitat, das mich zu diesem Indien-Retreat mit dir gebracht hat, aber ich frage mich, was ich hier mache und was der Sinn eines solchen Retreats ist, wenn wir alle schon das Selbst sind.*

In der indischen Tradition ist der Meister nie als Person, als Persönlichkeit oder Charakter wichtig. Wichtig ist, was er oder sie weitergibt. Jeder Meister wird seine eigenen persönlichen Eigenarten haben, seine eigene Art zu kommunizieren und jeder wird eine bestimmte Art von Schülern anziehen. Das, was kommuniziert wird, ist nichts Persönliches, es ist nicht seine oder ihre Lehre. Jeder Lehrer ist nur ein Botschafter für diese uralte Weisheit.

Die Wurzeln vieler großer Religionen liegen in Indien, verschwinden dort im Nebel der Zeit. Die Botschaft, die weitergegeben wird, ist die uralte Weisheit der Menschheit, und du kannst sehen, dass es beim Verstehen dieser Weisheit nicht um etwas Persönliches geht, es ist keine Geschichte. Es ist fast so etwas wie eine wissenschaftliche These, die du, wenn du Zugang zu ihr hast, für dich selbst entdecken kannst. Du musst es sogar für dich selbst entdecken.

Wenn du eine innere Neugier verspürst, herauszufinden, was verdammt nochmal hier vor sich geht, und wenn du es selbst verstehen willst, dann stellt diese uralte Weisheit Wegweiser bereit, bietet dir Erkenntnisse an, die du dazu nutzen kannst, die letztendliche Entdeckung selbst zu machen. Diese ultimative Entdeckung ist das, was wir Essenz oder Bewusstsein oder das Selbst oder Gott nennen können. Es gibt noch viele andere Worte, es zu beschreiben.

Dieses Retreat ist ein Versuch, dich zu dieser Entdeckung anzutreiben. Das ist unglaublich aufregend, und ich hoffe, es gibt dir einen Einblick in eine Möglichkeit, die jenseits des Persönlichen liegt. Meist gefällt es uns, sich mit dem Persönlichen zu beschäftigen: „Mein Partner hat mich letztes Jahr verlassen, und ich bin sehr traurig und kannst du mir helfen, bla bla bla." Das ist okay, aber wenn dein Partner dich verlassen hat und du sehr traurig bist, ist das ein wunderbarer Anstoß, herauszufinden, was wirklich vor sich geht.

Vermutlich hattest du schon früher Partner, die dich verlassen haben, und du fühltest dich auch traurig, also muss es da etwas geben, warum diese Dinge dazu neigen, sich zu wiederholen. Wenn du anfängst, das zu untersuchen, kannst du schnell feststellen, dass es nichts ist, was die Welt dir antut. Wenn sich gewisse Muster wiederholen, hat es etwas mit dir zu tun und mit deiner falschen Identifikation, deiner falschen Vorstellung davon, wer du zu sein glaubst.

Sri Ramana sagt: *„Den Verstand zu jeder Zeit ausschließlich auf das Selbst zu richten, das nennt man Selbsterforschung."* Wie ich schon erwähnte, ist das eine Lehre, die seit den alten Zeiten weitergegeben wurde, und Sri Ramana war ein bedeutender Meister des letzten Jahrhunderts. In den 1920er Jahren errichtete er einen Ashram und empfing ungefähr 30 Jahre lang Reisende, die ihn im Süden Indiens besuchten. Er wurde vor allem durch die Lehre der Selbsterforschung bekannt.

Heute bekam ich eine E-Mail von Paul Lowe, einem anderen spirituellen Lehrer, in der es um Selbsterforschung geht. In seiner Zeit bei Osho wurde er als dessen engster Schüler angesehen. Heute in seinen 80ern ist er ein interessanter Zeitgenosse, der in Australien lebt und ab und zu interessante Denkanstöße verschickt. Er reflektiert über die Frage: „Wer bin ich?" Ich möchte das gerne vorlesen, denn es ist ein etwas anderer Ansatz im Vergleich zu meinen Erklärungen:

„Wer bin ich" ist eine beliebte Technik für viele, die versuchen, ihre Erkenntnis des Bewusstseins auszudehnen. Sie beginnt schön oder einfach: Ich bin ein Mann, eine Frau, Ehefrau, Ehemann, Sohn, Tochter, Gärtner, Arzt. Dann beginnt die Erkenntnis, dass sich das Bild des Selbst von Moment zu Moment verändert. Nur ein Gedanke und schon ist das Bild des Selbst verändert. Und diese Veränderung ist unkompliziert im Vergleich zu einer anderen Stufe: Wer ist es, der die Frage stellt? Wer ist es, der fragt: Wer bin ich?

Später wird der Prozess sogar noch verwirrender, du kannst dich mit überhaupt keinem Selbst identifizieren. Es scheint, als ob das Selbst überall wäre, in allem und jedem. Nichts ist getrennt. In Gegenwart einer Person ist man eins mit dieser Person, dann in der Gegenwart einer anderen Person ändert es sich wieder und man ist eins mit dieser Person.

Dann gibt es da noch den Hund, die Mücken, die Bäume … gibt es überhaupt eine Trennung? Eins mit jedem und mit allem. Wenn das geschieht, kann es nicht mit Worten erklärt werden, nicht einmal dem Selbst, was immer das ist. Es geschieht etwas. Was wir Zeit nennen, steht still, und dann verschwindet alles miteinander. Da ist nur „Sein“. Wenn die Frage verschwindet, verschwindet auch der Fragesteller.

Dennoch gibt es das Gefühl, dass da mehr ist als zuvor. Fantastisch. Und gleichzeitig gibt es weniger Zeitgefühl. Nichts ändert sich. Du bist DAS und bist es immer gewesen. Wie ein Experiment, bedenke, es ist ein Spiel – wir vergessen, wer wir sind, um Spaß bei der Erfahrung zu haben, uns wieder daran zu erinnern. Welch glückliches Erinnern! Und hetze dich nicht zu sehr. Genieß die Fahrt. Denn es mag sein, dass du dafür diese Dimension erfunden hast: Zum Spaß.

Das ist eine nette Provokation, um zu erklären, warum wir uns hier versammelt haben: um Spaß zu haben. Zu Beginn meiner Zeit mit Osho, was jetzt schon viele Jahre zurückliegt, überraschte es mich, dass er immer Witze in seine Reden einbaute. Er kam immer mit einigen Witzen, die auf einem Notizblock aufgeschrieben waren. Der Rest seiner Rede war spontan. Nach ungefähr zwei Dritteln seines Diskurses, wenn er sah, dass alle eingeschlafen waren, machte er eine Pause und erzählte ein paar Witze und weckte alle wieder auf. Für ihn waren die Witze so etwas wie ein Werkzeug.

Ich war anfangs völlig perplex, da ich, ohne mir dessen bewusst zu sein, als Christ erzogen worden war. Ich ging fast nie zur Kirche, daran hatte ich überhaupt kein Interesse. Auch meine Familie hatte kein Interesse und so war ich nicht offensichtlich ein Christ, aber als ich mit Osho saß, stellte ich fest, dass ich alle möglichen christlichen Vorstellungen hatte. Eine meiner Vorstellungen war, dass spirituelle

Dinge ernst sein sollten. Osho brachte mich ganz aus dem Konzept, weil alle lachten und sich herumkugelten.

Ich hatte die Vorstellung, dass alles ganz ernst sein müsste, wir alle sehr lange Gesichter machen, unsere Nasen ein wenig in die Luft ragen sollten und so weiter. Das war meine Vorstellung von Spiritualität. Ich kann Osho einen großen Dank aussprechen, da er mich stark mit dieser Vorstellung konfrontierte.

Es ist albern zu denken, Bewusstsein verfolge irgendeinen besonderen Zweck und wäre stärker vorhanden, wenn man ernst ist, als wenn man Spaß hat. Oder Bewusstsein wäre stärker da, wenn du deine Augen schließt. Wir haben alle möglichen Vorstellungen, aber wenn wir wirklich hinschauen, sehen wir, dass es so nicht sein kann. Osho hat mich von der Vorstellung befreit, dass die wirklich wichtigen Dinge im Leben etwas sehr Ernstes sind.

Das hat mir später dabei geholfen, besser zu verstehen, worum es im Leben geht. Geht es darum, jeden Monat meine Miete zu bezahlen? Das scheint mir kein hinreichend guter Grund, also ich schätze, das ist es nicht. Geht es darum, ein Kind zu zeugen? Darauf sind viele Menschen ganz scharf. Deine eigenen Gene an die nächste Generation weiterzugeben, ist es das, worum es geht? Das scheint auch keine sehr gute Antwort zu sein. Worum geht es dann? Vielleicht geht es um gar nichts? Wie wäre das? Wie wäre es, die Möglichkeit in Betracht zu ziehen, dass es um nichts geht? Vielleicht geht es um die Entdeckung unserer wahren Natur.

Die Konditionierung unseres Verstandes

Als Jiddu Krishnamurthi und sein Bruder noch Kinder waren und in Indien lebten, nahm die Theosophische Gesellschaft sie auf, um sie zu Weltlehrern auszubilden. Leider starb der Bruder und die Lehrerschaft wurde Jiddu allein überlassen. Er lehnte diese Verantwortung ab, wurde dann aber auf seine Weise zum Weltlehrer.

Jiddhu Krishnamurti wurde mir von Osho vorgestellt, der uns dazu anhielt, Zeit mit ihm zu verbringen. Ich besuchte eines seiner Retreats in der Brockwood Park School in England, einer seiner drei Schulen. Er besaß eine starke Präsenz, und ich fand es schön, wenn ich ihn nachmittags mit der Schulleiterin und den Schulhunden spazieren gehen sah.

Unser Verstand ist konditioniert, das ist eine offensichtliche Tatsache. Konditioniert durch eine bestimmte Kultur oder Gesellschaft. Beeinflusst von Familie, Regierung oder religiöser Konformität und so weiter. Unser Verstand ist darauf trainiert, Angst zu akzeptieren und vor dieser Angst zu fliehen, wenn wir können, und dabei sind wir nie in der Lage, die ganze Natur der Angst und die Struktur der Angst aufzulösen. Unsere erste Frage ist also: Kann der Verstand, so belastet wie er ist, seine Konditionierung und auch seine Ängste vollständig auflösen, da es doch gerade die Angst ist, die uns diese Konditionierung akzeptieren lässt?

J. Krishnamurti

Lieber John David,
ich wurde in England geboren und obwohl ich dort nur lebte bis ich zwanzig war, habe ich offensichtlich die dortige Konditionierung angenommen. Ich bin mir nicht sicher, wie die englische Konditionierung in Bezug auf die Flucht vor der Angst funktioniert, da das nicht so deutlich ist, wie in einigen anderen Ländern, z.B. in Deutschland

und Russland. Ist es erforderlich, daran zu arbeiten, also der Angst zu begegnen und mit ihr zu arbeiten?

Wir alle akzeptieren, dass wir konditioniert sind. Dieses Konditioniert-Sein bedeutet, dass wir nach bestimmten, sich wiederholenden Mustern denken und reagieren, was zu einem roboterhaften Verhalten führt. Wenn du das verstehst, kannst du es nutzen, um vom anderen das zu bekommen, was du möchtest. Vieles von dieser Konditionierung ist so bekannt, dass es keine Entschuldigung dafür gibt, sich ihrer Funktionsweise nicht bewusst zu sein.

Zum Beispiel erinnere ich mich, dass ich vor vielen Jahren an einem frühen Morgen in der überfüllten Londoner U-Bahn war und gegen einen ziemlich großen Mann gedrückt wurde. Ich konnte nichts dafür, aber durch das große Gedränge trat ich ziemlich heftig auf seinen Schuh. Und was geschah? Er sagte: „Entschuldigung!“ – weil man als Engländer so stark auf dieses „Entschuldigung“ konditioniert ist. Wenn sich irgendjemand in dieser Situation hätte entschuldigen müssen, dann wäre ich das gewesen, da ich ja auf seinem Fuß stand, aber bei Engländern sitzt dieses „Entschuldigung“ ganz dicht unter der Oberfläche. Es kommt aus der weitverbreiteten Struktur: „Ich bin nicht gut genug.“

Engländer sind sehr mit diesem „Ich bin nicht gut genug" beschäftigt, weil sie immer darauf achten, wer den höheren oder den niedrigeren Status hat. Das hat mit der hierarchischen Gesellschaftsstruktur in England zu tun und der daraus resultierenden enormen Ungleichheit der Privilegien. Jeder möchte wissen: „Bin ich überlegen oder unterlegen? Wo ist mein Platz?“ So liegt ein „Entschuldigung“ immer schon auf der Zunge.

Ein typischer Engländer neigt dazu, wenig Selbstvertrauen zu haben. Er ist etwas schüchtern, ein bisschen zaghaft. Dies ist eine tiefe englische Konditionierung und oben drauf kommt dann natürlich noch das, was von deiner jeweiligen Familie dazu kommt. Vielleicht gehörte deine Familie zu den privilegierten Familien und schickte dich auf eine von Englands Eliteschulen, und du bist mit der Konditionierung aufgewachsen, dass du etwas Besonderes bist. Vielleicht hattest du Pech und dein Vater war Busfahrer, ein sehr guter Beruf, aber in England weit unten auf der sozialen Skala. Wahrscheinlich wäre dann nicht genug Geld da gewesen, um dich auf eine dieser Eliteschulen zu schicken, selbst wenn du möglicherweise sehr intelligent gewesen bist, und du hättest immer das Gefühl, weniger Wert zu sein als manch anderer.

Wie geht man nun mit dieser Konditionierung um? Krishnamurti stellt die Frage: *„Kann der Verstand, so schwer belastet wie er ist, seine Konditionierung vollständig auflösen …?“* Der erste Schritt besteht darin, sie zu sehen, sich ihrer bewusst zu sein. Aber das Einzige, was dich aus dieser Konditionierung herausbringen wird, und wirklich nur das, ist das „Ich“ zu erkennen, denn es ist dieses „Ich“, das konditioniert wurde, und jeder von uns hat ein anderes „Ich“.

Heute Abend haben wir russische Übersetzung, und die russische Konditionierung unterscheidet sich sehr von der deutschen oder der englischen. Es hilft, deine Konditionierungen zu kennen. Unser ganzes konditioniertes Denken, unsere Anhaftung und Identifizierung richtet sich auf das „Ich“. Wenn du also das Problem mit dem „Ich“ löst, verschwindet diese Konditionierung einfach oder wird zumindest viel, viel schwächer.

Ich bin in England geboren, aber „Entschuldigung!“ sage ich fast nie mehr als konditionierte Antwort. Es liegt mir nicht mehr auf der Zunge. Das liegt daran, dass derjenige, der „nicht gut genug“ war, einfach verschwunden ist. Es gibt keine Anhaftung mehr an dieses „Ich“, an dieses Fantasie-„Ich“. Und so ist die Konditionierung einfach von selbst verschwunden, ohne dass etwas dafür getan werden musste.

Ich kann mich sehr lebhaft daran erinnern, wie in den Monaten, nachdem sich das „Ich“ aufgelöst hatte, verschiedene Strukturen des Verstandes sehr stark zurückkamen und plötzlich niemand mehr da war, um sie in Empfang zu nehmen. Es gab eine starke Struktur „nicht gut genug“ zu sein, aber plötzlich war niemand mehr da, der nicht gut genug war und die Konditionierung konnte nirgendwo greifen. Mir fiel nach einiger Zeit auf, dass diese Strukturen sich einfach aufgelöst hatten, da das „Ich" nicht mehr existierte, und die Konditionierung daher nirgendwo anhaften konnte.

Anstatt zu versuchen, jede deiner vielen verschiedenen Konditionierungen einzeln aufzulösen – was, selbst wenn du es könntest, sehr lange Zeit dauern würde – musst du dich auf das „Ich" konzentrieren. Wenn du die Frage nach dem „Ich" eindeutig klarbekommen kannst, lösen sich alle anderen Sachen, die dich umtreiben, mit der Zeit einfach auf.

Es gibt ein schönes Zitat von Sri Ramana Maharshi:

„Man muss sich die Frage stellen: Wer bin ich? Diese Untersuchung wird am Ende zu der Entdeckung von etwas in dir führen, das hinter dem Verstand liegt. Löse dieses große Problem, und du wirst alle anderen Probleme lösen."

Darum geht es in den Open Sky House Gemeinschaften. Wir nehmen das, was auch immer an einem unserer typischen Tage geschieht, als Gelegenheit, zu sehen, wie alles mit dem „Ich" zusammenhängt. Ob wir Teller waschen, Mittagessen kochen oder den Boden putzen, wir haften immer am „Ich" an. Wir müssen herausfinden, was das „Ich" ist, auf das wir uns die ganze Zeit beziehen. Wir verhalten uns, als ob das „Ich" wirklich existiert, aber tut es das?

Wenn du anfängst, das zu untersuchen, wirst du sehr schnell feststellen, dass du dieses „Ich" nicht finden kannst. Derjenige, auf den das ganze Denken des Verstandes aufbaut, existiert also gar nicht. Wenn man das deutlich sieht, dann bricht die ganze Sache zusammen. Dieser Moment des klaren Sehens ist oft sehr intensiv und kann zum Beispiel von viel Lachen oder energetischen Phänomenen begleitet sein, die aber für sich genommen nicht wirklich wichtig sind.

Wichtig ist es, klar zu sehen, dass dieses „Ich" nur unsere Identifikation mit einem Gedanken ist, durch Konditionierungen geschaffen und in Wirklichkeit ohne Substanz. Es existiert einfach nicht. Das zu erkennen, ist die eigentliche Arbeit.

Der Film namens „Mein Leben“

Das folgende Zitat stammt von Robert Adams. Er berichtet, wie er als junger Mann Sri Ramana Maharshi besuchte. Es gibt Zweifel, ob dieser Besuch jemals stattgefunden hat, da sich niemand an ihn erinnern kann. Falls er dort war, war er ein sehr stiller Besucher, der keine Fragen stellte.

Du schaust dir einen Film an und siehst alle möglichen schrecklichen Dinge, die geschehen. Aber dann erwischst du dich selbst und sagst zu dir: „Es ist nur ein Film. Es ist nicht die Wahrheit.“ Und so ist das mit dem Leben. Du beobachtest alles, was im Leben geschieht. Du beobachtest. Du schaust. Du siehst. Doch du reagierst niemals. Du bist nie dafür oder dagegen. Du verstehst, dass dich das befreit.

Robert Adams

> *Lieber John David,*
> *ich finde es nicht einfach, mich auf die Lebendigkeit meines Herzens einzulassen, auf die Seele und gleichzeitig ohne Anhaftung zu bleiben. Ich denke, es ist ein schmaler Grat, denn der Verstand kann nach dem Lesen dieses Zitats von Robert Adams sehr leicht faul werden. Wie kann man eine Balance finden zwischen sich einlassen, sich engagieren und nicht anhaften?*

Das ist nicht leicht, weil wir in dem Glauben erzogen wurden, dass alles, was wir um uns herum sehen, riechen und hören, eine besondere Bedeutung oder Wirklichkeit hat. Wir haben nur sehr wenig Erfahrung damit, ohne diese Konditionierung wirklich tief nach innen zu schauen. Selbst wenn wir also auf intellektuelle Art verstehen, dass wir unsere innere subjektive Realität daran festmachen, was wir im Außen wahrnehmen, leben wir unser Leben weiterhin so, als sei es eine absolute Realität. Ständig verwickeln wir uns in Gefühlen und nehmen immer noch ernst, was um uns herum geschieht, selbst hier in unseren Gemeinschaften.

Wir haben einen Bewohner, der seit ungefähr acht Jahren in unserem Gästehaus arbeitet, und im Laufe dieser acht Jahre ist er mit jedem, der mit ihm zusammengearbeitet hat, in eine emotionale Schlacht geraten. Das ist ziemlich lustig anzuschauen, aber wir müssen erkennen, dass dieser Film – sei er emotional, mental oder körperlich – nur in unserem Verstand abläuft. Wenn wir ins Kino gehen, sitzen wir mit unserem Popcorn und unserer Coca-Cola vor der Leinwand. Wir wissen, dass wir im Kino sind, aber wenn der Film läuft, haben wir nach fünf Minuten unsere Coca-Cola und unser Popcorn vergessen.

Wenn es ein gut gemachter Film ist, nimmt er uns mit auf eine Achterbahnfahrt der Gefühle. Wir identifizieren uns mit der Handlung auf der Leinwand und die Emotionen erscheinen real. Nach kurzer Zeit haben wir das Kino komplett vergessen.

Wir sind völlig mit einem Charakter in dem Film identifiziert und am Ende des Films ist es ein ziemlicher Schock, wenn plötzlich die Leinwand wieder auftaucht. Wir sehen überall auf dem Boden Popcorn und leere Coca-Cola-Becher liegen und fast wie betrunken stolpern wir hinaus auf die Straße. Wir atmen tief ein und machen „Ahhh! Es ist so schön, zurück zu sein!“, als ob es Realität wäre, hinaus auf die Straße zu kommen und als wäre das, was im Kino geschehen ist, nur ein Film gewesen.

Robert schlägt vor, nicht zu reagieren, wenn man diesen scheinbar realen Film beobachtet, der auf der Straße abläuft. Du bleibst einfach ohne jegliches Urteil für oder gegen etwas, weil du weißt, dass es ebenso wie in dem Film auf der Leinwand, auch nicht real ist. Wenn du das verstehst und es tatsächlich im Alltag leben kannst, macht dich das frei. Robert hat diesen Zustand sehr deutlich beschrieben. Ich kann sein Buch *Stille des Herzens* sehr empfehlen.

Die Frage, wie man eine Balance findet zwischen sich einlassen, sich engagieren und nicht anhaften, ist eine von diesen Fragen, die von einem bestimmten Standpunkt aus gestellt werden. Sie wird von jemandem gestellt, der sich mit seinem „Ich“ identifiziert.

Nach Auffassung des Fragestellers würde er, wenn er das Leben nicht ernst nehmen würde, faul werden, und deshalb verspürt er die Notwendigkeit, sich zu involvieren und zu engagieren. Aber das ist eine falsche Auffassung, und er kann nicht sehen, dass sie aus seinem konditionierten Verstand kommt.

Bis du das wirklich völlig für dich selbst erkannt hast, ist es sehr sehr schwierig, das zu verstehen. Identifikation geschieht sehr leicht, da unsere Erziehung uns so konditioniert hat. Man hat uns erzählt, dass dieser Film des Lebens Realität ist und natürlich haben wir das akzeptiert.

Das, was sich nie verändert

Hans ist ein sehr herzlicher, zurückgezogener und einfacher Mann. Er hat viele Jahre mehr oder weniger allein in Indien gelebt. Ich interviewte ihn über seinen Meister Papaji, aber danach konnte ich ihn niemals wieder dazu bringen, über sich selbst zu sprechen. Ich versuchte es einmal. Er war ganz klar jemand, der verstanden hatte, aber er hatte leider so gut verstanden, dass er nicht daran interessiert war, darüber zu reden.

Hans war einer von Papajis frühesten Schülern aus dem Westen. Als sie sich zum ersten Mal trafen, lebte er in Deutschland und ging für jeweils drei Monate nach Haridwar in Indien, wobei er häufig mit Papaji in einem Gästehaus übernachtete. Sie teilten sich ein Zimmer und machten lange Spaziergänge am Fluss, meistens in Stille. Dort geschah es, dass er Papaji folgende Frage stellte.

Hans sagte zu Papaji: „Du kannst in Frieden und Stille bleiben, ich kann das nicht. Warum kommt und geht es bei mir? In dir sehe ich diese Stärke, Liebe und dieses völlige Im-Einklang-Sein. Meine Erfahrungen gehen vorbei.“

Papaji antwortete: „Warum sagst du, dass dieser Moment kommt und geht und nicht deine anderen Erfahrungen?“

Darauf sagte Hans: „Ich nenne meine Zustände von Frieden Erfahrung, da sie kurz sind im Vergleich zu der Dauer meines gewöhnlichen Lebens.“

Aber Papaji sagte: „Ich nenne nicht das Erfahrung. Ich nenne das, was kommt und geht Erfahrung.“

Papaji wollte, dass ich sehe – das ist deine Natur, sie kommt und geht nicht. Die anderen Dinge, die von der Kultur, der Umgebung und so weiter übernommen werden – damit meinte er andere Konditionierungen wie die Religion – sind das, was kommt und geht.

Auszug aus dem Buch **Papaji – Kraft der Gnade**

Lieber John David,
genau so ist es in meinem Leben. Ich fühle mich in all meinen Erfahrungen gefangen, wie auf einem Rad, das sich immer und immer wieder auf dieselbe Weise dreht. Ich meditiere jetzt seit mehr als vier Jahren und bemerke, dass ich viel ruhiger geworden bin als früher, aber ich habe nur sehr selten eine direkte Erfahrung meiner wahren Natur, geschweige denn, dass ich aus ihr leben könnte. Was muss sich in meinem Leben oder in mir ändern, um es mir zu ermöglichen, immer aus diesem Raum des Friedens heraus zu leben, der sich nie verändert?

Das ist eine sehr schöne Frage, und ich hoffe, eine schöne Antwort darauf zu finden. Das ist einer der wesentlichsten Punkte, die ich versuche aufzuzeigen. Ich habe hier Zuhörer mit unterschiedlichen Erfahrungen und vielleicht haben einige von euch, wie der Fragesteller, eine Erfahrung eurer wahren Natur gehabt. Ich nenne das einen „Einblick", da es so ist, als ob man hinter die Vorhänge auf die eigene Natur schaut. Viele von euch können weder meine Antwort noch die Frage wirklich verstehen, weil ihr von einem bestimmten Standpunkt aus zuhört. Diesen Standpunkt haben 99,9 Prozent der Menschheit.

Wenn du deine wahre Natur erfahren möchtest, wenn du wissen möchtest, wer du wirklich bist, wenn du während deiner jetzigen Lebenszeit die vollständige menschliche Erfahrung willst, dann ist das, worüber wir hier gerade reden, sehr sehr wichtig. Viele von euch sind spirituell Suchende, und gelegentlich habt ihr einen Einblick, und während dieses Einblicks fühlt ihr euch sehr gut. Du sagst dann zu deinem Freund: „Ich hatte eine spirituelle Erfahrung."

Hans erzählt Papaji auch, dass er manchmal eine Erfahrung hat und Papaji antwortet: „Nein, nein, so ist das nicht." Papaji zufolge machen wir in unserem konditionierten täglichen Leben mit unseren Vorstellungen, Konzepten und Urteilen und allem, was in unserem konditionierten Verstand gespeichert ist, ständig alle möglichen Arten von Erfahrungen. Tatsächlich wiederholen wir oft dieselben Erfahrungen. Wir nennen das „mein Leben" und es ist beinahe roboterhaft. Bevor wir nicht wirklich daran gewöhnt sind, nach innen zu schauen, oder wir einen Freund haben, der ein gewisses Verständnis hat und uns als eine Art Spiegel dienen kann, ist es sehr schwierig zu verstehen und zu erkennen, dass es roboterhaft ist.

Im Satsang erinnern wir uns an das, was sich niemals ändert – und das, was sich nie ändert, ist unsere wahre Natur. Sehr wenige Menschen leben im vollen Bewusstsein ihrer wahren Natur. Ich habe einschließlich Papaji vierzig oder fünfzig Menschen getroffen, die das leben. Sie sind wie seltene Tiger, die du, wenn du Glück hast, kurz hinter den Bäumen zu sehen bekommst.

Wir alle kennen die Erfahrung, Schokolade zu essen. Schokolade schmeckt sehr gut und wir suchen danach, weil wir sicher sind, dass wir, wenn wir ein Stück essen, eine gute Erfahrung haben werden. Wir haben einen Vorrat an Schokolade für den Fall, dass wir uns nicht gut fühlen. Dann werfen wir ein Stück ein, fühlen uns besser und nennen das eine Erfahrung: „Ich fühle mich viel besser. Es war eine sehr gute Erfahrung, diese Schokolade zu essen." Wir halten permanent Ausschau nach etwas wie Schokolade, das uns ein gutes Gefühl beschert, und wir erkennen nicht, dass unsere wahre Natur Schokolade ist. Was habe ich da gerade gesagt? Ich scherze natürlich.

Unsere wahre Natur kann mit Worten wie Liebe oder Frieden beschrieben werden. Diese Begriffe weisen auf etwas hin, das sich nie verändert. Wir kommen auf diesem Planeten an und wir verlassen diesen Planeten; unsere wahre Natur ändert sich nie. Sie ist eine Konstante. Papaji sagt, dass er das, was Hans eine Erfahrung seiner wahren Natur nennt, nicht Erfahrung nennen sollte, weil Erfahrungen sich naturgemäß ständig ändern, die wahre Natur aber eine Konstante ist. Wir könnten uns also fragen: „Warum weiß ich das nicht?" Es ist fast ein tragischer Witz; es ist ein Paradox des Lebens.

Wenn wir auf diesem Planeten ankommen, sind wir einfach unsere wahre Natur. Wenn wir sehr klein sind, fühlen wir uns nicht einmal von unserer Mutter getrennt. Wir erleben uns als eins mit ihr, sogar eins mit allem. Es gibt keine Trennung. Wenn wir älter werden, sagt Mama: „Johnny, Mama." Es gibt Mama und Johnny: zwei. So beginnt Johnny eine Vorstellung von Trennung zu entwickeln, die sich, wenn er größer wird, immer mehr verstärkt. Das geschieht alles ganz natürlich. Ohne es zu bemerken, übernehmen wir alle möglichen Vorstellungen – es sollte so sein und nicht so – und während wir älter werden, sammeln wir immer mehr davon an.

Ein kleines Kind ist sehr spontan und handelt aus der Unschuld heraus. Wenn wir älter werden, handeln wir zunehmend aus dem konditionierten Verstand heraus und verlieren den Kontakt zu unserer Unschuld und unserer Spontanität. Für jegliche Situation haben wir schon eine Antwort parat. Das ist eine sehr unbewusste Art zu leben.

Der Fragesteller hat gefragt, was er tun kann, um immer aus diesem Raum des Friedens heraus zu leben, der sich nie verändert. Er meditiert seit vier Jahren und ist viel stiller geworden. Meditation, Yoga, Atemübungen und Mantra-Singen sind spirituelle Praktiken. Wenn wir sie über einige Jahre praktizieren, kann das sehr wertvoll sein, vor allem bringt es einen ruhigen Verstand.

Ein anderer Wert besteht darin, dass wir lernen, unsere Aufmerksamkeit nach innen zu richten. Die größte Veränderung für jedes menschliche Wesen geschieht, wenn wir nicht dauernd nach außen schauen. Sobald wir die Richtung ändern und beginnen, unsere Aufmerksamkeit nach innen zu richten, wird unser Leben unvermeidlich anfangen, sich zu verändern. Es ist nicht so, dass „ich" mein Leben verändere, es ist einfach so, dass die Dinge sich durch das Hinschauen zu ändern beginnen. Sobald du anfängst, nach innen zu schauen, hast du für ein großes Abenteuer angeheuert. Und indem du wachsam bist, wirst du mit einigen Gedankenmustern vertraut werden, die sich immer wieder wiederholen, was unser Fragesteller beschreibt als *„Gefangensein in einem Hamsterrad, das sich immer und immer wieder auf dieselbe Weise dreht."*

Wie kommt man denn aus diesem Rad heraus? Der einzige Weg, um tatsächlich aus diesem Rad heraus zu kommen ist, zu unserer wahren Natur zu erwachen – und das ist natürlich das größtmögliche Projekt. Hier ist ein Auszug aus meinem Interview mit Hans:

„In Papajis Gegenwart fiel es mir immer leichter in Frieden zu sein." Und er sagte, dass er sich nach vier oder fünf Jahren ziemlich gut gefühlt habe. Ich fragte ihn: „Wenn du sagst, dass du dich so gut gefühlt hast, meinst du damit, dass der Verstand ruhig war und du dich klar und friedlich gefühlt hast?" Und seine Antwort war: „Nicht komplett, aber relativ gesehen ja." Und dann fragte ich: „Konntest du das auch beibehalten, als du zurück in Deutschland warst?" Er antwortete: „Nein. Ich konnte das weder durchgängig bei Papaji noch wenn ich allein war; weder in Deutschland noch in Indien. Ich konnte es nicht, weil ich die falsche Vorstellung davon hatte, es beibehalten zu müssen – als wenn es etwas wäre, das man mit Anstrengung festhalten müsste. Es kommt vielmehr in dem Moment, in dem alle Anstrengung aufhört. Es war hauptsächlich dieses Missverständnis, bei dem Papaji mir half."

Das ist ein sehr verbreitetes Missverständnis, da wir alle dazu erzogen wurden, etwas zu tun. So nehmen wir an, etwas tun zu müssen, um aus unserer wahren Natur heraus zu leben. Tust du irgendetwas, um ein Mann zu sein? Tust du irgendetwas, um eine Frau zu sein? Warum also solltest du etwas tun müssen, um du selbst zu sein, um deine wahre Natur zu sein? Es ist sehr einfach, du musst nichts tun. Es ist etwas Gegebenes. Beinahe jeder, der eine Art von Einblick hat, ist überrascht, weil er glaubte, etwas dafür tun zu müssen: „Oh, es ist einfach geschehen." Du musst nichts tun, um zu sein, wer du bist. Es ist dir nicht bewusst, aber du musst eine Menge tun, um all diese Erfahrungen aufrecht zu erhalten. Du machst ständig sehr viel, und dieses „viel tun" hält dich davon ab, deine wahre Natur zu erkennen.

Ehrlichkeit auf dem spirituellen Weg

Ohne dass es mir bewusst gewesen wäre, war Jesus mein erster Lehrer. Ich bin in der Schule mit Geschichten über Jesus groß geworden, und da ich Engländer bin, gab es auch die Feier seiner Geburt an Weihnachten und seinen Tod und seine Auferstehung zu Ostern. Später war es interessant für mich zu entdecken, dass er Teil einer spirituellen Gemeinschaft gewesen sein könnte, der Essener. Erst kürzlich habe ich herausgefunden, dass der Kern seiner Lehre dieselbe Wahrheit ausdrückt, die wir hier in diesem Buch entdecken.

Selig sind die Sanftmütigen, denn ihnen wird die Erde gehören. Die Sanftmütigen werden das Land erben und Frieden und Wohlstand genießen.

Jesus

> *Lieber John David,*
> *für mich bedeutet dieses Wort „sanftmütig“, dass sich das Ego auflösen muss, das glaubt, alles zu wissen. Das fühlt sich an wie demütig werden. Es ist häufig eine große Herausforderung für mich, aber ich kann sehen, dass der Grund darin besteht, dass mein Ego so starke Vorstellungen darüber hat, wie es sein sollte. Wenn ich dann ehrlich zu mir selbst bin und diese Vorstellungen sehen kann, beginnen sie sich aufzulösen. Könntest du etwas dazu sagen, was es damit auf sich hat, sanftmütig oder demütig zu werden?*

Was ihr am Anfang dieses Retreats bedenken solltet, ist, dass ich ein Lotse bin, ein Unterstützer, ein Erinnerer, aber dass ich es nicht für euch tun kann. Ihr müsst eine innere Entscheidung treffen, dass ihr es tun wollt. Besonders hier in der Ukraine haben viele Menschen die falsche Vorstellung. Sie denken, dass der Lehrer eine Art magischer Gott sein sollte, der wundervolle Dinge geschehen lässt. Das ist eine sehr kindliche Vorstellung von einem spirituellen Leben. Leider ist es in der Ukraine sehr häufig so, dass man nicht nach innen schauen und sich die Sachen ansehen will, die man angehäuft hat. Man möchte sich nicht einlassen.

Ich möchte euch ausdrücklich keine wundervollen Geschenke machen. Ich möchte, dass ihr euch selbst beschenkt. Wenn ich euch eine magische Pille geben könnte, hätte ich das natürlich schon vor Jahren gemacht, weil ich sehr gerne möchte, dass ihr diesen wundervollen Raum in euch selbst findet. Das bedeutet jedoch, dass ihr einen Schritt weitergehen und die volle Verantwortung dafür übernehmen müsst, dies zu einer Priorität in eurem Leben zu machen. Zu tun, worauf der Lehrer hinweist, ist immer hilfreich.

Das ist eine sehr unbeliebte Aussage und es tut mir leid, damit zu beginnen. Ich kann es nicht für euch tun, aber ich hoffe, ihr werdet euch selbst von innen heraus stärken. Ich unterstütze das sehr gerne und mache gerne Vorschläge.

Ein weiterer Punkt, den man sich am Anfang des Retreats anschauen kann, ist: Wie hört ihr das, was ich sage? Einige von euch haben mir schon viele Jahre zugehört, wie kommt es, dass das, was ich sage, keinen Eingang in eure Trickkiste findet? In den nächsten zwei Wochen werde ich nichts Neues sagen, warum also habt ihr es nicht schon in den vergangenen Jahren gehört? Was ich sage, ist im Grunde genommen sehr einfach. Ihr nehmt die Worte auf und in eurem Verstand beurteilt ihr sie von einem bestimmten Standpunkt aus. Und was ist das für ein Standpunkt? Es ist der Standpunkt eures eigenen Films.

Alles was kommt, wird mit euren Überzeugungen abgeglichen, zum Beispiel mit dem, was man euch beigebracht hat zu glauben. Was geschieht, wenn das, was kommt, nicht dazu passt? Dann habt ihr die Wahl. Ihr könnt entweder eure alten Überzeugungen loslassen und etwas Neues akzeptieren oder ihr könnt es einfach ignorieren. Wenn ihr diese neue Information immer wieder ignoriert, wird sich natürlich nichts ändern, da ihr immer das wählt, was schon bekannt ist.

Ich habe festgestellt, dass das etwas ist, das in der Ukraine sehr häufig geschieht. Beinahe jeder kommt mit enormen Erwartungen und mit vielen Vorstellungen rund um diese Erwartungen. Wenn diese nicht erfüllt werden, gehen viele wieder. Sie gehen einfach weg, anstatt zu überprüfen, ob sie vielleicht ein paar falsche Erwartungen haben. Vielleicht waren ihre Vorstellungen falsch, nicht der Lehrer.

Wenn eure Vorstellungen richtig sind, warum seid ihr dann noch nicht erwacht? Warum besteht das Bedürfnis, zu einem Lehrer zu gehen? Wenn du zu einem Lehrer kommst, musst du eine Art Vertrauen zu ihm entwickeln. Wenn du das nicht kannst, verschwendest du im Grunde genommen deine Zeit. Ohne Vertrauen wirst du den Lehrer und die neuen Informationen danach beurteilen, was du schon glaubst. Wenn du dem, was er oder sie sagt, nicht vertraust, wirst du es sehr wahrscheinlich ablehnen und wirst bei dem bleiben, was du schon kennst.

Es hat einige Jahre gedauert, bevor ich erkannt habe, dass diese Muster hier in der Kultur der Ukraine tief verwurzelt sind. Drei davon sind besonders stark. Das Erste ist, dass man immer aufschiebt, was man direkt erledigen könnte. Man macht es später. Alle machen das, die ganze Zeit. Das Zweite ist das, was ich die „ukrainische Lüge" nenne, wo eigentlich niemand ehrlich ist. Niemand würde sich selbst für unehrlich halten, da es alle so machen. Diese Unehrlichkeit ist das normale Verhalten. Natürlich ist das in gewissem Maße in den meisten Kulturen so.

Leider ist Unehrlichkeit bei der spirituellen Arbeit nicht hilfreich. Daher habe ich am Anfang dieses einfache Zitat von Jesus gewählt. Sanftmütig bedeutet demütig, und um zu eurer wahren Natur zu erwachen, müsst ihr demütig und ehrlich sein.

Ehrlichkeit ist absolut essenziell in der spirituellen Arbeit. Ihr müsst in der Lage sein zu schauen, was in euch vorgeht und ehrlich darüber reflektieren, ohne darüber zu urteilen, ob es gut oder nicht gut ist. Manchmal wird das, was ihr in euch entdeckt, euch konfrontieren und manchmal nicht. Wenn es euch konfrontiert, könnt ihr akzeptieren, dass es konfrontierend ist – ohne es zu verurteilen und ohne es persönlich zu nehmen. Wenn ihr es persönlich nehmt, werdet ihr das, was ich sage, ablehnen und nein sagen. Das sind verbreitete Muster in der Ukraine.

Die Frage nach Ehrlichkeit ist sehr wichtig. Je ehrlicher wir sind, desto mehr Nutzen ziehen wir daraus. Oftmals sind wir nicht ehrlich, da wir mit der Vorstellung aufgewachsen sind, wir müssten zu allen nett sein. Wir sollten ihnen sagen, was sie hören wollen. Ein Mitglied unserer Gemeinschaft ist eine Expertin darin. Sie sagt mir immer Dinge, von denen sie glaubt, dass ich sie hören will, weil sie mich glücklich machen möchte. Sie möchte mir grundsätzlich nichts sagen, von dem sie annimmt, dass ich es nicht hören möchte.

Ich weiß nicht, ob ihr es langsam seht, aber diese beiden Themen über die ich spreche – Aufschieben und Unehrlichkeit – befinden sich auf der persönlichen Ebene.

Das Dritte ist, dass wir sehr stark von unserem persönlichen Film beeinflusst werden. Auf Millionen unterschiedliche Arten und Weisen unterstützen und lieben wir unseren persönlichen Film – das Ego – und haben Angst, ihn zu verlieren. Wir sind in der völligen Identifizierung mit diesem Film aufgewachsen und glauben daher leider, dass das Ego das ist, was wir sind.

Wenn ich glaube, dass mein Film, die tägliche Seifenoper meines Lebens, mein Ego, das ist, was ich bin, dann werde ich natürlich Widerstand leisten gegen jeden Versuch, das zu verändern, und genauso gegen jeden Hinweis, dass es vielleicht nicht so ist, wie es scheint.

Wenn ihr Aufschieben, Unehrlichkeit und den Glauben an das Ego zusammen nehmt, könnt ihr vielleicht anfangen zu verstehen, warum einige von euch schon seit vielen Jahren bei mir sitzen und das Gefühl haben, dass sich nicht viel verändert hat. Es ist eines der größten Probleme, beim Versuch zu zeigen, dass wir alle in unserer eigenen kleinen Blase leben. In dieser kleinen Blase gibt es bestimmte Überzeugungen, bestimmte Vorstellungen, bestimmte Dinge, die wir wissen. Ich weiß, dass dies richtig ist und ich weiß, dass jenes falsch ist. Wenn ihr diese Standpunkte untersucht, könnt ihr feststellen, dass es nicht wirklich eure Überzeugungen sind, sondern dass sie euch von eurer Familie, eurer Kultur und eurer Religion vorgegeben wurden. Einige Überzeugungen sind so fundamental, dass ihr euch nicht einmal vorstellen könnt, dass es da etwas anzuschauen gibt.

Die Angst vor Autorität

Ich habe Swami Dayananda während der Aufnahmen zu meinem Film *Facetten des Erwachens* kennengelernt. Er war der führende *Vedanta*-Meister zweier großer Ashrams in Indien und eines in Kalifornien. Sein Meister war Swami Chinmaya. Swami Dayananda war ein einflussreicher Mann, er leitete einen dreijährigen *Vedanta*-Kurs und besaß die finanziellen Mittel, einhundert Schülern diesen Kurs kostenlos anzubieten. Er wurde mein liebster zeitgenössischer Lehrer. 2015 starb er.

Menschen, die Angst vor einem Guru haben, haben ein Autoritätsproblem, ein Problem, das um den Vater kreist und das sie lösen müssen. Es ist ein psychologisches Problem und es bedeutet, dass sie Angst vor Autorität haben. Der Guru ist keine Autorität. Der Guru ist derjenige, der dich sehen lässt, dass du kein bisschen anders bist als er. Er sagt nicht: „Ich bin der Guru, du bist ein Niemand." Er sagt: „Du bist das Ganze." Er sagt das nicht nur, er bringt dich auch dazu, es sehen zu können. Er unternimmt ehrliche Anstrengungen, dich das erkennen zu lassen. Worin liegt da die Autorität?

Swami Dayananda

> *Lieber John David,*
> *wann immer ich der projizierten Autorität in mir selbst begegnen muss, mache ich mich selbst sehr klein und das tut weh. Es fühlt sich an, als würde ich unter den Augen eines schrecklichen Monsters leben, das mich verurteilt. Ich kann sehen, dass das mein eigener innerer Richter ist und dass die projizierte Autorität nur ein alter Schatten aus meiner Kindheit ist.*

Diese Angst vor Autorität ist nur ein weiteres Ergebnis von Konditionierung. Das kann in etwa so aussehen: Als du noch sehr klein warst, wollten deine Eltern, dass du dich auf eine bestimmte Weise verhältst, und als kleines Kind machte dir das nicht viel aus. Nehmen wir als Beispiel die Schlafenszeit. Da ist ein Elternteil, das sehr groß ist und ein kleines Kind, das über sehr viel aktive Energie verfügt. Manchen Eltern ist die Uhrzeit vielleicht nicht so wichtig, sie warten, bis das Kind müde wird und bringen es dann ins Bett. Andere Eltern haben eine sehr klare Vorstellung von der Schlafenszeit und sie drohen dem Kind vielleicht sogar mit einer Strafe, wenn es nicht macht, was sie wollen.

Wenn das der Fall ist, gewöhnt sich das Kind daran, unter einer Art Angstherrschaft zu leben. Das Kind ist sehr klein, die Eltern sehr groß und im Laufe der Jahre prägt sich dieses Spiel von Angst und großer Autorität in unserer Psyche ein. Wenn wir älter werden, bleibt es in unserem unbewussten Verstand – wir können es auch das innere Kind oder Ego nennen. Wir neigen dazu, unser Leben aus diesen Programmierungen heraus zu leben.

Die meisten von uns sind sich dieser Programmierungen nicht bewusst, da sie so normal erscheinen. Wenn wir zum Beispiel unsere Lehrer in der Schule anschauen, projizieren wir sehr leicht die Autoritätsrolle auf sie, die wir mit unseren Eltern erfahren haben. Wenn wir später einen Job annehmen, projizieren wir dieselbe Autorität auf unseren Chef. Das Ergebnis davon ist, das wir uns selbst entmachten. Es ist sehr selten, dass sich jemand nicht durch eine Autorität entmachten lässt.

Heute gab es im Fernsehen einen sehr schönen Moment. Ich habe mir den russischen Grand Prix der Autorennen angeschaut. Ein Engländer gewann ihn, der auch schon im letzten Jahr der Sieger gewesen war. Er ist ungefähr dreißig Jahre alt und ein sehr selbstbewusster Kerl. Nach dem Rennen gehen die Gewinner in einen besonderen Raum, bereiten sich auf die Siegerehrung vor, trinken etwas Wasser und setzen die Kappen ihrer Sponsoren auf. Normalerweise sind dort nur diese drei Fahrer, die ein bisschen miteinander reden und sich auf die Siegerehrung vorbereiten.

Heute zeigte das Fernsehen, wie Präsident Putin in diesem Raum wartete. Das war eine ziemlich merkwürdige Situation, weil die

Fahrer sich nach dem Rennen eigentlich nur entspannen wollten. Sie haben nicht viel Zeit und da steht Präsident Putin und sieht aus, als würde er etwas erwarten. Ich fragte mich, was wohl geschehen würde, und der Engländer, der das Rennen gewonnen hatte, schüttelte sehr beiläufig Putins Hand. Putin versuchte, ihn zu umarmen, aber er war an dieser Umarmung nicht wirklich interessiert.

Man konnte spüren, dass er völlig mit seiner eigenen Situation beschäftigt war, und da stand diese große Autorität, der russische Präsident und wurde ganz zwanglos behandelt. Das hat mich sehr beeindruckt. Wenn ihr euch selbst in dieser Situation vorstellt, hättet ihr so lässig sein können wie dieser Engländer?

Wir projizieren sehr oft auf eine Autorität, und dann fühlen wir eine Art Angst und behandeln diese Autorität sehr vorsichtig. Meine Erfahrung als Lehrer ist, dass die Leute viel auf mich projizieren. Sie haben Vorstellungen darüber, wie ich mich verhalten sollte, wie ich meine Zeit verbringen sollte, wie ich sprechen sollte, worüber ich sprechen sollte, wie ich sie behandeln sollte und so weiter und so weiter. Wir haben jede Menge Urteile über eine Autorität.

Eltern haben oft sehr genaue Vorstellungen davon, wie sich „mein Kind" verhalten sollte, und dieses Autoritätsspiel gräbt sich tief in unsere Psyche hinein. Meistens ist die höchste Autorität in der Familie der Vater, nicht immer natürlich, aber für gewöhnlich. Da der Vater ein Mann ist, haben die meisten von uns ein männliches Autoritätsthema. Wenn ich an meine eigene Familie zurückdenke, kann ich sagen, dass meine Mutter ziemlich gelassen war, aber wenn sie das Gefühl hatte, wir bräuchten eine Art von Bestrafung, hat sie immer die große Waffe hervorgeholt: meinen Vater. Er hatte immer den Job der letzten Autorität, und diese Rolle wird über Generationen hinweg weitergegeben.

Ich erinnere mich, dass ich einmal in einem Restaurant saß und eine junge Familie hineinkam. Der Vater fragte nach der Karte, schaute hinein und bestellte dann das Essen für die ganze Familie. Er machte keinerlei Anstalten die Kinder zu fragen, was sie haben wollten. Sie wurden nicht wie kleine Individuen behandelt. Sie wurden behandelt wie „meine" Kinder.

Irgendwann verlassen wir dann die Familie, wir verlassen den Vater und gehen alleine hinaus in die Welt. In mancher Hinsicht werden wir vielleicht sogar zu unserer eigenen Autorität, aber wir versäumen es, uns mit dieser Konditionierung zu befassen, und deshalb nehmen wir sie, obwohl wir die Familie verlassen, auf psychologischer Ebene mit. Ihre Stimme ist immer noch da und wir projizieren sie auf andere Autoritätspersonen wie Lehrer oder Chefs. Die meisten von uns schauen sich das niemals wirklich an oder befassen sich damit. Es wirkt, zusammen mit vielen anderen Konditionierungen in unserem Leben, wie ein Film. All diese unbewussten Stimmen sprechen in uns und das bezeichnen wir als „Ich". Es ist wie bei einem Drehbuch für ein Theaterstück, das wir spielen, aber in unserem Leben verhalten wir uns so, als sei das völlig real.

Es macht keinen Sinn, unseren Eltern dafür die Schuld zu geben, denn sie wurden ja ebenso von ihren Eltern konditioniert. Das geht durch die Generationen, es prägt uns und wir leiden. In bestimmten Situationen fühlen wir Schmerz und das kann durchaus gut sein, da Schmerz uns hilft, nachzuforschen. Wenn du Schmerz fühlst, kannst du anfangen hinzuschauen, woher dieser Schmerz kommt und wie man sich davon befreien kann.

Was können wir tun, um die Projektion auf die Autorität fallen zu lassen? Wir können uns darüber bewusst werden, was in uns vorgeht, wir können Selbstgewahrsein entwickeln. Wir projizieren oftmals so etwas wie: „Er hat mir das angetan." Und solange wir projizieren, dass jemand uns das antut, können wir niemals wirklich frei davon werden. Der erste Schritt besteht darin zu sehen, dass es tatsächlich in dir geschieht und aus deiner konditionierten Psyche kommt. Es ist fest in deinem Verstand verwurzelt, und in jeder gleichgearteten Situation projizierst du sofort aus diesem konditionierten Verstand heraus.

Im Grunde bist du Gefangener einer Angst, die vielleicht real war, als du klein warst, die aber jetzt keinen Sinn mehr ergibt. Deshalb war ich von diesem englischen Rennfahrer so beeindruckt, als er plötzlich Präsident Putin gegenüber stand. Herr Putin hält sich selbst für eine sehr hohe Autorität.

Wir überhöhen die Autorität und machen uns selbst klein, das heißt „nicht mächtig". Die Realität ist aber, dass wir alle gleichviel Macht haben, aber den Zugang zu dieser natürlichen Macht können wir nur finden, wenn wir uns nicht in diesem psychologischen Spiel der Projektionen verfangen. Es wäre natürlich toll, wenn der Lehrer dir eine schöne Technik geben könnte, die dich bei Bedarf von der Projektion befreit. Aber so funktioniert es nicht. Wenn du dich wirklich von der Projektion befreien willst, kannst du das nur selbst machen, indem du dir deiner selbst gewahr wirst und das Spiel verstehst, das hier vor sich geht.

Wenn du anfängst, dich selbst zu sehen, wie du aus diesem Autoritätsthema heraus projizierst, wenn du es wirklich sehen kannst, dann wird es aufgrund deiner Erkenntnis von selbst aufhören. Es wird nicht aufhören, weil du es einmal oder zweimal gesehen hast. Du wirst es viele Male sehen müssen. Wenn du genug Selbstgewahrsein entwickelst, wird es schließlich einfach dahinschmelzen und von selbst verschwinden. In diesem Prozess werden auch andere Konditionierungen und Strukturen verschwinden.

Wenn du eine tiefe Sehnsucht nach Freiheit hast, danach, wirklich frei zu sein von all diesen psychologischen Konditionierungen, dann musst du beobachten und dich selbst fragen, wer da bei diesem Spiel konditionierter Projektion mitmacht: Wer bin ich? Wer ist dieses „Ich"? Sicherlich ist dieses „Ich" nicht die konditionierten psychologischen Strukturen, aber was wäre, wenn diese Strukturen alle abfallen würden? Wenn das möglich wäre, was würde übrig bleiben? Das ist eine fundamentale Frage. Sie zu verstehen kann uns wahre Freiheit bringen, denn die Realität jedes Menschen, wenn wir „Ich" sagen, ist, dass wir nicht aus all diesen Konditionierungen bestehen.

„Ich", das wahre „Ich", ist tatsächlich mein Sein, und was ist dieses Sein? Die Essenz dessen, was wir wirklich sind, ist etwas, das im Moment existiert, nicht in der Vergangenheit, nicht in der Zukunft. Es existiert nur jetzt, gegenwärtig, spontan und unschuldig. Unschuldig in dem Sinne, dass wir unsere Erinnerungen oder

Projektionen nicht in die Zukunft mitnehmen. Wir sind einfach da, in der Aura der Unschuld, die damit einhergeht. Diese Unschuld ist etwas, das wir in kleinen Kindern fühlen, da sie noch nicht so viele dieser konditionierten Strukturen angenommen haben.

Was uns von der Wahrheit abhält

Heute Abend haben wir ein Zitat von Robert Adams. Schon als Teenager hatte er Kontakt zu Yogananda in Kalifornien, dem Autor des berühmten Buches *Autobiographie eines Yogi*. Dann schien er für viele Jahre verschwunden zu sein, tauchte um 1987 in Los Angeles wieder auf und begann, Treffen mit kleinen Gruppen abzuhalten.

Die einzige Last, die du jemals hattest, ist dein Verstand. Es gibt keine andere Last. Schau, ob du deinen Verstand für ein paar Sekunden anhalten kannst und sieh, wie friedlich du bist. Wo keine Gedanken entstehen, gibt es keine Sorgen. Es gibt keine Ängste, es gibt keinen Stress, es gibt keine Wünsche, keine Begierden, keine Gier, keine Verletzungen, keine Feinde. Es ist der Verstand, die Gedanken, die diese Dinge in uns kreieren. Tatsächlich sind wir es selbst, die diese Bedingungen schaffen. Wir erschaffen unsere eigene Realität.

Robert Adams

Lieber John David,
ich begegne vielen Herausforderungen, in denen mir das Leben Situationen schafft, die viele Überlegungen und umsichtige Planung erfordern, in denen ich das Gefühl habe, mich steigern zu müssen. Ich habe dich über den Film unseres Lebens reden hören, an den wir so stark glauben und der uns davon abhält zu erkennen, wer wir wirklich sind.

Ich meditiere und mein Leben ist gut im Fluss. Ich bin oft sehr beschäftigt – muss ich mein Leben im Außen entschleunigen, wenn ich meinen Verstand zur Ruhe bringen möchte? Ist mein Leben nur ein Film, den ich loslassen sollte?

Wenn du meditierst, bewirkt das einen ruhigen Verstand. Mein Vorschlag ist, dass du eine Meditation findest, die du gerne machst und die du dann regelmäßig praktizierst, jeden Tag. Manche Menschen machen in ihrer ersten Meditation sehr starke Erfahrungen, aber für die meisten Leute mit einem aktiven Verstand braucht es Geduld. Der Nutzen kommt meist langsam, aber wenn du lange genug meditierst, wirst du sicher Momente großer Stille erfahren, in denen die Gedanken tatsächlich anhalten oder in denen zwar Gedanken erscheinen, du dadurch aber nicht gestört wirst, nicht mit ihnen identifiziert bist.

Um Angst, Stress oder Eifersucht zu erleben, braucht es Gedanken. Du bist nur eifersüchtig, wenn es einen Gedanken gibt. Daher ist das Eintauchen in diese tiefe Stille eine Erleichterung und ermutigt dich, mit der Meditation weiter zu machen. Einen ruhigen Verstand zu haben ist nicht Erwachen oder Selbstrealisation, aber dieser ruhige Verstand ohne viele Gedanken schafft einen klaren Ort oder ein klares Feld für einen Moment des klaren Sehens.

Die Identifikation mit dem „Ich" – mit dem Film – wird deutlich erkannt, so dass sie wegfallen und dir einen Einblick in deine wahre Natur geben kann. Diese Kostprobe kann dir etwas sehr Schönes geben: enormen Frieden, enorme Liebe. Liebe im Sinn von Einheit mit allem. Wenn man also über längere Zeit, mindestens einige Jahre, regelmäßig meditiert, wird man mit Sicherheit häufiger eine tiefe Stille, einen tiefen Frieden erfahren.

Robert Adams schlägt vor: *„Schau, ob du deinen Verstand für ein paar Sekunden anhalten und sehen kannst, wie friedlich du bist."* Wenn du erst einmal ein erfahrener Meditierender bist, dann wirst du tatsächlich häufig in diesen Frieden kommen. Wenn das geschieht, wird das Meditieren sehr attraktiv.

Eine weitere Sache, die ich sagen kann, ist, dass es verschiedene Arten von Gedanken gibt. Von praktischen Gedanken werden wir nicht sehr gestört. Wir benutzen den praktischen Verstand, um beispielsweise das Problem zu lösen, wie ich zum Flughafen gelange. Sobald das Problem gelöst ist, verschwinden die Gedanken. Aber es gibt auch eine andere Art von Gedanken, die ungefähr so aussehen:

„Was könnte auf dem Weg zum Flughafen passieren? Vielleicht habe ich nicht genug Zeit. Vielleicht gibt es zwei Eingänge zum Flughafen. Vielleicht werde ich unterwegs einen Unfall haben. Es könnte einen Stau geben." Diese Gedanken produziert unser denkender Verstand, und wenn unser denkender Verstand nicht besonders ruhig ist, dann können sie sich immer weiter im Kreis drehen.

Um dein Leben zu leben, brauchst du praktische Gedanken. Um das Abendessen zu kochen, musst du wissen, woher du die Lebensmittel bekommst und wie man den Herd benutzt, aber über das schlechte Essen gestern Abend nachzudenken und ob du zu viel Wein getrunken hast, schafft eine niemals endende Unruhe. Es sind diese Art Gedanken, die uns plagen.

Du fragst, ob du entschleunigen musst, um deinen Verstand zu beruhigen. Oft stellen wir uns eine spirituelle Umgebung als etwas sehr stilles, sehr ruhiges vor. Mein spiritueller Anfang war in einem Ashram in Indien. Der Guru verstand, dass Westler einen sehr regen Verstand haben, also hat er es so eingerichtet, dass er uns den halben Tag beschäftigt hat und den anderen halben Tag hat meditieren lassen. In diesem Beschäftigt-Sein haben wir schrittweise gelernt, wie wir im Außen beschäftigt und gleichzeitig selbstgewahr sein können. Wir können innerlich ruhig bleiben, indem wir uns nicht mit unseren Gedanken identifizieren und an ihnen anhaften.

In unserer Gemeinschaft, dem Open Sky House, haben wir vor einigen Jahren die Entscheidung getroffen, dass wir gerne finanziell unabhängig sein wollen. Das schafft eine sehr stabile Situation, denn man könnte sagen, dass die Gemeinschaft ihr Schicksal in den eigenen Händen hält. Auf Basis dieser Entscheidung entwickelten wir vier Unternehmen: einen Seminarbetrieb, ein Gästehaus, eine Kunstgalerie und einen Verlag.

Und so entsteht unvermeidlich eine betriebsame und effiziente Umgebung. Wir haben auch jeden Tag drei Meditationszeiten und am Abend gibt es häufig Treffen wie dieses hier. Es gibt also viele Gelegenheiten still zu sein und gleichzeitig eine große Betriebsamkeit, bei der es darum geht, die Geschäfte am Laufen zu halten. Aber was auch immer wir tun, unser Fokus liegt darauf, die Realität unseres inneren Lebens ohne Urteile oder Erwartung zu untersuchen. Wir beginnen zu sehen, wie ausgezeichnet der Verstand darin ist, Sorgen, Ängste, Unbehagen und Wünsche hervorzubringen. Wie Robert sagt: *„Es ist der Verstand, es sind die Gedanken, die bewirken, dass diese Dinge zu uns kommen. Tatsächlich erschaffen wir diese Bedingungen. Wir kreieren unsere eigene Realität."*

Diese Kreation ist die Geschichte, an der wir in unserem Verstand festhalten, eine tägliche Seifenoper, die Tag für Tag das ganze Jahr hindurch läuft und die wir „mein Leben" nennen. Du fragst: *„Ist mein Leben einfach nur ein Film, den ich loslassen sollte?"* Es ist etwas, das nicht losgelassen werden kann. Es funktioniert nicht zu entscheiden, dass ich jetzt loslasse. Man muss klar erkennen, dass das „Ich" nicht existiert und dass deshalb auch dieser Film oder dieses Ego nicht existiert. Es geht nicht darum, es gehen zu lassen. Etwas, das nicht existiert, kannst du nicht gehen lassen. Es existiert nur scheinbar und wir sind scheinbar mit dieser scheinbaren Existenz identifiziert. Im richtigen Moment, wenn wir klar sehen, wird es wegfallen. Es wird wegfallen, ohne dass du etwas machst. Genau das wird durch Roberts Worte bestätigt: *„Die einzige Last, die du jemals hattest, ist dein Verstand. Es gibt keine andere Last."*

Die falsche Suche nach Liebe

Lasst uns über Liebe sprechen. Wir Älteren erinnern uns an Richard Alpert, den Harvard-Professor, der in den 60er Jahren alle möglichen Experimente mit LSD machte, der Autor der spirituellen Bibel *Be Here Now - Sei jetzt hier: ein dreiteiliges Handbuch für die innere Reise.* Als er nach Indien ging, um einen Lehrer zu suchen, bekam er den Namen Ram Dass. Er fand einen wunderbaren, unglaublichen, indischen Guru: Neem Karoli Baba. Er war zu jener Zeit schon sehr alt und er war immer in eine Decke gehüllt. Er hatte nicht wirklich eine Lehre, aber in seiner Gegenwart konnte man gigantische Liebe spüren. Und diese gigantische Liebe, man könnte es auch ein Energiefeld nennen, wirkte genauso wie eine Lehre. Dieses Zitat stammt aus einem neuen Buch von Ram Dass mit dem Titel: *Be Love Now – Der Weg des Herzens.*

Wenn wir über das Herz sprechen, kann man leicht das emotionale Herz mit dem spirituellen Herz verwechseln, da sie, obwohl sie beide das Herz sind, verschiedene Ebenen des Bewusstseins repräsentieren. Da gibt es das emotionale Herz, das wir alle kennen, um das es in der Romantik und der Poesie für gewöhnlich geht (ausgenommen mystischer Poesie) … Es hat viele „Haken", die permanent Anhaftung verursachen und ständig unsere Egos bestätigen … Emotionen entstehen und werden von unserem Verstand interpretiert, sie entstehen und vergehen. Wenn wir ärgerlich sind, verspüren wir in unserem Verstand Ärger. Der emotionale und äußere Stimulus oder der innere Impuls, der ihn auslöst, für gewöhnlich irgendeine Frustration, die zu Ärger führt, erregt den Verstand und wirbelt die Gedanken durcheinander wie ein Windstoß, der vorbeikommt … Liebe ist genau genommen ein Zustand des Seins und ein göttlicher Zustand, der Zustand, nach dem wir uns alle zurücksehnen. Das äußere Objekt der Liebe stimuliert ein Gefühl von Liebe, aber

die Liebe ist in uns. Wir deuten es so, als käme sie von außen und wollen daher die Liebe besitzen, und wir greifen im Außen nach etwas, das schon in uns ist.

Ram Dass

Lieber John David,
mir ist dieses Thema sehr vertraut, da ich viele besitzergreifende Liebessituationen erlebt habe, voller Eifersucht, Bedürftigkeit und Unsicherheit, alle entstanden aus diesem tiefen Missverständnis, dass die Liebe von außen kommt. Nun bin ich erfahrener, da ist mehr Raum in mir und eine Basis, mit der ich verbunden bleiben kann. Und obwohl ich mich nicht mehr so in den Stürmen verliere, verstehe und lebe ich diese Wahrheit noch nicht wirklich. Ich bin noch nicht wirklich davon überzeugt, dass diese Liebe schon in mir ist. Es ist so eine unglaublich tiefe Konditionierung. Könntest du etwas darüber sagen, woher diese Missverständnisse kommen?

Das ist das Thema, das mehr menschliches Leiden verursacht als jedes andere. Leider sind wir zu dem Verständnis gelangt, dass Liebe von jemand anderem kommt. Deshalb rennt der Großteil der Menschheit umher und sucht nach jemandem, der sie liebt. Wenn wir dann einmal so jemanden gefunden haben, möchten wir sichergehen, ihn nicht zu verlieren, deshalb dieser Vertrag, der sich Ehe nennt.

Wenn ich darüber nachdenke, ist es wirklich ein Wahnsinn, aber ich denke nicht oft darüber nach. Wichtiger ist, dieses Missverständnis zu untersuchen, dass die Liebe von jemand anderem kommt, wobei dieses Missverständnis im Grunde aus dem falschen Verständnis entsteht, wer wir sind.

Wenn wir aufwachsen, werden wir konditioniert zu glauben, dass wir von allen anderen getrennt sind. Wir haben Mama und andere enge Familienmitglieder so oft „Ich liebe dich" sagen hören, dass sich diese Konditionierung allmählich aufgebaut hat, und so scheint es, als gäbe es jemanden, getrennt von mir, der mich liebt. Ohne, dass viel über Liebe gesprochen wird, lernt das Kind, dass Mama Papa liebt und Papa Mama liebt.

Das wird vielleicht nicht immer so ausgedrückt, ist aber sicherlich über viele Jahre hinweg die Erfahrung des Kindes. Mit dieser falschen Vorstellung davon, wer ich bin, zusammen mit diesem täglichen Theater, dass Mama und Papa sich lieben und dass sie auch mich lieben, komme ich natürlich zu dem Schluss, dass die Liebe von jemandem im Außen kommt. Wenn einer dieser engen Menschen mir also entgegenkommt, mir nahe kommt, dann verspüre ich vielleicht auch Liebe. Meine eigene Erfahrung suggeriert, dass Liebe von außen kommt.

Erst wenn wir beginnen, durch Meditation oder spirituelle Praktiken nach innen zu schauen, können wir eine Erfahrung machen, die uns das infrage stellen lässt. Ich würde diese Erfahrung einen Einblick nennen, einen Einblick in unsere wahre Natur. Wenn dies geschieht, wird ein anderes Verständnis von Liebe möglich. Wir fallen in einen Raum, in dem es kein Bedürfnis gibt etwas zu verändern. Einen Raum, in dem alles perfekt ist, wie es ist, und wir uns sehr genährt fühlen. Wir fühlen eine gigantische Liebe: göttliche Liebe, bedingungslose Liebe, wahre Liebe, authentische Liebe. Alle diese Begriffe weisen auf eine Art von Liebe hin, die etwas anderes ist als die romantische Liebe.

Normalerweise erleben wir Liebe emotional, was bedeutet, dass wir sie in unserem Verstand erleben. Diese Vorstellungen von Liebe werden durch romantische Geschichten genährt, die uns in Popsongs oder Hollywood-Filmen vermittelt werden. Manche dieser Filme drehen sich um Familiendramen und enden sehr oft in der Kirche – die Frau trägt ein schönes weißes Kleid, der Mann einen schönen Anzug und beide sind sehr nervös. Und laut Hollywood ist dies der Anfang eines Lebens voller Glück und voller Liebe. Es ist daher sehr schwer, aus dieser immensen Suggestion herauszukommen, dass wir jemanden finden müssen, der uns liebt.

Nur sehr wenige schauen nach innen und entdecken ihre eigene Liebe. Es ist nicht wirklich korrekt, wenn ich „eigene“ Liebe sage, denn tatsächlich ist diese Liebe universell. Es ist eine fundamentale Energie des Universums und wird von jedem gleich erlebt. Es ist nicht meine Liebe oder deine Liebe, es ist einfach. Lass uns das Wort „authentische“ Liebe verwenden. Diese Liebe ist unser Wesen. Sie kommt nicht aus dem Verstand. Sie hat eine andere Qualität, mit der wir nicht so vertraut sind, da nur wenige von uns sich wirklich tief genug nach innen wenden, um das zu verstehen.

Wenn wir darüber nachdenken, was Liebe ist, kommt sofort die Vorstellung von romantischer Liebe auf. Nur sehr wenige können sich direkt mit unserem göttlichen inneren Wesen verbinden. Du sagst in deiner Frage, dass du, obwohl du inzwischen erfahrener bist, diese Wahrheit aufgrund der unglaublich tiefen Konditionierung noch immer nicht völlig verstehst und lebst.

Sehr oft erfahren wir Liebe als etwas, das durch eine andere Person ausgelöst wird, es sieht so aus und es fühlt sich vielleicht auch so an, dass die Liebe vom anderen kommt. Und doch kannst du, wenn du tiefer schaust und genau beobachtest, erkennen, dass diese Liebe tatsächlich in uns ist. Sie ist immer in uns, immer verfügbar. Leider ist es uns die meiste Zeit nicht möglich, uns mit dieser Liebe zu verbinden, da wir immer in eine andere Richtung schauen.

Wir sind immer mit unseren Anhaftungen beschäftigt, also mit „meiner Geschichte“, mit „meinem Leben“. Wir sind so beschäftigt mit diesem Film über „mein Leben“, dass wir ihn nicht hinter uns lassen können, um zu erfahren, was wahr ist.

KAPITEL 2

Unsere Konditionierung

Indem wir uns unsere Strukturen und Konditionierungen anschauen und sie beleuchten, werden sie uns immer weniger beeinflussen. Das ist Transformation, die Entwicklung hin zu mehr Offenheit und Bewusstheit, so dass wir uns nicht länger mit den alten Strukturen identifizieren. Das gibt uns die Möglichkeit zu sehen, wer wir wirklich sind.

Unsere Konditionierung

Wir beginnen nach innen zu schauen, nach dem, was in unserem Leben falsch ist, was uns im Weg steht, um in jedem Moment frei und präsent zu sein, und wir unternehmen Schritte, um uns aus der Konditionierung zu befreien.

Vielleicht praktizieren wir Yoga oder Meditation, um den Verstand stiller werden zu lassen oder wir entscheiden uns, unser Leben tiefgreifend zu ändern, uns von Gewohntem zu lösen, unserer Intuition zu folgen und uns in einer bewussteren Umgebung aufzuhalten, wo wir uns genährt fühlen.

An einem bestimmten Punkt finden wir vielleicht auch einen spirituellen Lehrer, einen Lotsen, der uns zu einer tieferen Begegnung mit uns selbst führt.

Innere Arbeit

Von allen Menschen, die mir bislang begegnet sind, ist Papaji derjenige, den ich am meisten geliebt habe und demgegenüber ich die größte Dankbarkeit empfinde. Als ich gerade in Lucknow angekommen war, begegneten wir uns an seinem Tor. Er fragte mich, wo ich wohne, wo meine Taschen wären und ob ich seine Hilfe bräuchte. Am nächsten Tag war ich in seinem Haus zum Mittagessen. Drei Wochen später erkannte ich in seiner Gegenwart die Wahrheit.

Ich fragte Papaji zwei Wochen nach meinem Erwachenserlebnis, ob es bei dieser Verwandlung so etwas wie eine Entwicklung gebe oder ob man sie kultivieren könnte. Er lachte nur und antwortete: „Du willst doch kein Bauer werden, wenn es gar nichts zu kultivieren gibt."

John David, aus **Papaji – Kraft der Gnade**

Lieber John David,
ich bin auf dieses Zitat gestoßen, als ich dein Buch Papaji – Kraft der Gnade *las. Es hat mich tief berührt und ich konnte fühlen, dass es bei meiner ganzen Arbeit auf dem spirituellen Weg nur darum geht, alles aufzulösen, was meiner wahren Natur – die ja einfach da ist – im Weg steht. Siehst du das auch so? Was würdest du heute zu diesem Zitat sagen?*

Du sagst, dass deine Arbeit auf dem spirituellen Weg darin besteht, alles aufzulösen, was deiner wahren Natur im Weg steht. Das sehe ich nicht so. Natürlich ist es sehr gut, wenn du dir der Strukturen deines Verstandes bewusst wirst, aber mit der Vorstellung, dass mit dem Erkennen dieser Strukturen ein Weg geebnet wird und deine wahre Natur sich irgendwie offenbart, stimme ich nicht überein.

Die Arbeit besteht darin, zu erkennen, wie identifiziert du mit einem illusionären Ego oder Film bist. Wir identifizieren uns so sehr damit, dass wir wirklich glauben, das zu sein.

Spirituelle Arbeit besteht darin, zu erkennen, dass du nicht das Ego oder dieser Film bist. Das ist ein bisschen anders als du es beschrieben hast. Ja, du musst alles aus dem Weg räumen, was zwischen dir und deiner wahren Natur steht, aber eigentlich geht es nur um eine Sache. Es ist die Identifikation mit all diesen verschiedenen Strukturen, die sich auflösen muss.

In unserem konditionierten Verstand gibt es viele Gedanken und Gedankenmuster, die die Tendenz haben, sich zu wiederholen. Diese Wiederholung hilft uns zu erkennen, dass es nicht sein kann, dass wir das wirklich sind. Ja, es ist gut, sich seiner selbst gewahr zu werden und dadurch zu erleben, dass die Macht dieser Strukturen abnimmt.

In diesem Sinne kann man sagen, dass du die Strukturen auflöst, die dich von deiner wahren Natur trennen, aber es ist nicht so, dass du durch das Beseitigen dieser Strukturen schließlich zu deiner wahren Natur kommst. Der Verstand kann das ganz leicht so verstehen. Wir müssen erkennen, wie sehr wir mit etwas identifiziert sind, das nicht wahr ist. Darin besteht die innere Arbeit. Das kann schnell geschehen oder nach mehreren Jahren des Selbstgewahrseins. Aber wenn man es wirklich ganz deutlich erkennt, fällt in einem Augenblick alles in sich zusammen, weil wir dann nicht mehr mit dem „Ich" identifiziert sind, das all das in unserem konditionierten Verstand festhält.

Bei mir war es so, dass eine enorme Energie freigesetzt wurde, als ich meinen Moment mit Papaji hatte. Wenn ich heute darauf zurückschaue, ist es fast so, als hätte ich einen Sack voller Steine hinter mir hergezogen, und in diesem Augenblick wurden alle Stricke durchgeschnitten und viel Energie wurde freigesetzt.

Eine Woche später saß ich mit Papaji. Mein Herz war voller Dankbarkeit für ihn. In mir ging immer noch eine Art energetisches Phänomen vor sich und weil ich es gewohnt war spirituelle Arbeit zu machen, muss ich ihn etwas in der Art gefragt haben, ob nun ein

Prozess beginnt. Er scherzte und fragte mich, warum ich ein Bauer werden wolle, wenn es nichts zu kultivieren gäbe. Rückblickend war das wahr und auch nicht wahr. Derjenige, der etwas tun wollte, war scheinbar verschwunden. Aber die Bewegungen des Verstandes, die alten Strukturen des Verstandes, hatten ihre eigene Dynamik. Für einige Zeit waren sie noch da, dann verschwanden sie nach und nach.

Ich fing an, das zu beobachten. Nicht, dass ich irgendetwas tat und sicherlich kultivierte ich auch nichts, aber da fand ein Selbstgewahrsein statt, das sogar heute noch, zwanzig Jahre später, fortbesteht. In diesem Gewahrsein konnte ich Bewegungen des Verstandes deutlicher wahrnehmen, als in der Zeit, bevor die Identifikation aufgehört hatte. Ich fühlte mich sofort sehr befreit von diesen alten Mustern, sie waren einfach weggefallen, aber manche der tiefer verwurzelten kamen zurück.

Das vielleicht absurdeste Muster für mich war: „Ich werde nicht überleben." Der Moment des Erwachens war genau der Augenblick, in dem ich nicht überlebt hatte – dieses „Ich" hatte schlichtweg nicht überlebt. Wenn diese Struktur wieder hochkam, fand ich das immer etwas seltsam. Mein Verstand brachte es fertig, diese alte Struktur von „Ich werde nicht überleben" immer wieder zu wiederholen, obwohl ich klar verstanden hatte, dass „Ich" nicht überlebt hatte!

Das machte mir einmal mehr deutlich, dass die Strukturen des Verstandes reine Fantasien sind – vielleicht ist Illusion ein besserer Begriff – denn was könnte ein besseres Beispiel dafür sein als: „Ich werde nicht überleben." Ich verstand es sehr deutlich, „Ich" hatte nicht überlebt, ich war sehr glücklich darüber und fühlte mich daher ganz wundervoll. Warum sollte ich also Angst haben, nicht zu überleben? Soweit ich das sehen konnte, hatte das nichts mit der Realität zu tun. Das hat mir enorm dabei geholfen, klar zu erkennen, dass diese Bewegungen des Verstandes Illusionen waren.

Rückbindung an unser Sein

Ich habe heute Abend ein schönes Zitat von Georges Gurdjieff. Er war ein Mystiker, der ein einzigartiges, faszinierendes und ziemlich geheimnisvolles Leben gelebt hat. Als junger Mann begab er sich auf eine sehr intensive spirituelle Suche, die ihn um die Welt führte und auf der er spirituellen Meistern, einzigartigen Persönlichkeiten und religiösen Kulturen begegnete. Seine Reisen und Abenteuer sind in dem Buch *Meetings with Remarkable Men* hervorragend wiedergegeben.

Die Stärke und Kraft seines Charakters sowie sein brennendes Feuer für die Wahrheit haben mich sehr beeindruckt. Noch tiefer beeindruckt war ich, als ich feststellte, dass er in den 20er Jahren eine spirituelle Gemeinschaft in der Nähe von Paris gegründet hatte. Er wollte die Menschen zu genau der gleichen intensiven inneren Arbeit und Transformation anhalten, die ich auch in den Open Sky House Gemeinschaften anrege und zu der ich immer wieder ermutige.

Du bist im Gefängnis. Wenn du aus diesem Gefängnis heraus willst, musst du zuerst einmal erkennen, dass du im Gefängnis bist. Wenn du denkst du bist frei, kannst du nicht entkommen. Das Leben ist nur dann real, wenn „ich bin“.

Georges Gurdjieff

Lieber John David,
mein erster Meister sagte, dass wir, wenn wir klein sind, mit einem tieferen Teil der Liebe, Energie und Intelligenz in uns verbunden sind. Und mit dieser Verbindung leben wir in unserem Sein. Aber dann wird diese Verbindung, dieses Energiefeld gestört und wir verlieren die Verbindung und suchen erneut nach ihr im Außen. Aber das Außen gibt uns die Liebe nicht, weil wir uns selbst nie für gut genug halten, und deshalb versuchen

wir besser zu werden, uns zu vervollkommnen. Er sagte, dass wir durch diese ganzen schmerzhaften Gefühle hindurchgehen müssen, aber ist das wirklich notwendig?

Wir haben an diesem Wochenende großes Glück. Ihr habt schon gesehen, dass wir zwei kleine Wesen hier haben. Sie sind erst fünf Wochen alt und so leben sie, wie du gesagt hast, völlig im Sein. Wenn sie tief schlafen, dann kann man sehen, dass „Gott“ da ist, weil niemand da ist. Es berührt einen tief, wenn man diese Energie des Nichts spürt. Wenn wir älter werden, werden wir immer mehr dazu gedrängt jemand zu sein. Wir werden älter und wollen gebildeter, klüger und intelligenter sein. Wir versuchen, immer „mehr“ zu sein.

Diese Reise führt uns ins Außen. Wir lesen Bücher, gehen zu Vorträgen, vielleicht studieren wir, wir suchen etwas. Wir haben vergessen, wonach wir genau suchen, und gleichzeitig haben wir eine Erinnerung an etwas, an einen Ort oder ein Gefühl des Wohlbefindens.

Wir haben vergessen, wie man dorthin gelangt, denn im Prozess des Erwachsenwerdens wurden wir darauf konditioniert, uns immer mit der Welt zu beschäftigen, anstatt mit unserem Inneren. Vielleicht hat dich eine Krise zu deinem ersten Lehrer geführt, der dir gesagt hat, du sollst nach innen schauen. Er hat dir gezeigt, dass du bestimmte Strukturen im Kopf hast, wie „Ich bin nicht gut genug“ oder das schmerzhafte Gefühl, von dem du erzählt hast. Jede Lebenserfahrung ist anders und damit auch die Strukturen von jedem Menschen – manche sind mehr emotional, manche eher intellektuell.

All das schafft eine Barriere und trennt uns von diesem Ort im Innern, von dem du gesprochen hast, von unserem wahren Selbst. Das ist es, was Gurdjieff in diesem Zitat sagt. Wir sind in uns selbst gefangen. Wir schneiden uns von uns selbst ab und fühlen uns auch im Außen getrennt von allen anderen. Auf einer gewissen Ebene versuchen wir, uns wieder zu verbinden und sehr oft versuchen wir das durch eine Beziehung.

Wir suchen nach einem anderen Menschen, der uns das gibt, was wir verloren haben. Wir probieren es mit Liebesaffären, aber letztendlich – auch wenn wir es immer wieder mit anderen Partnern versuchen – ist es sehr wahrscheinlich, dass sich diese tiefe Sehnsucht nach der verlorenen Liebe nie durch einen Partner erfüllen wird.

Liebe ist ein schwieriges Wort, doch benutze ich es in einem anderen Kontext als „Ich liebe dich". Man kann sagen, dass Liebe das gleiche ist wie unser wahres Selbst, und tatsächlich müssen wir nichts dafür tun. So ist die Wahrheit eigentlich sehr, sehr einfach. Wenn wir aufhören zu agieren, wenn wir aufhören uns abzugrenzen und einfach nur sind, haben wir ganz mühelos einen Einblick in diese verlorene Liebe.

Ich kann an deinem Gesicht sehen, dass du schon einmal einen Einblick gehabt hast, und die Dinge, die du gesagt hast, sind absolut wahr. Du hast das gut verstanden. Du möchtest wissen, ob du durch den Schmerz hindurch gehen musst, und die Antwort ist etwas subtil.

Bei jedem Menschen ist es anders. Wir alle haben Herausforderungen, Dinge, mit denen wir umgehen müssen. Es sieht so aus, dass jeder von uns, der auf diesem Planeten ankommt, eine andere Reise vor sich hat.

Diese beiden Babys sind fünf Wochen alt. Schon bei ihrer Geburt waren sie sehr unterschiedlich, und diese Unterschiede haben in den fünf Wochen zugenommen. Eine von ihnen ist sehr entspannt. Sie weint nicht viel und ist glücklich, während sie einfach nur daliegt und umherschaut, um die Farben und das Licht zu erleben. Die andere hatte vom ersten Augenblick an Schwierigkeiten. Sie hatte Schwierigkeiten zu essen, ist ziemlich anfällig und sehr empfindlich, vielleicht überempfindlich. Sie hat schon vier Tage im Krankenhaus verbracht. Sie hatte eine Infektion, und man musste ihr Nadeln in den Kopf stechen, damit sie Antibiotika bekommen konnte.

Dieses kleine Mädchen, ohnehin sehr anfällig, zieht so im Vergleich zu der anderen schon einen ganz anderen Lebensweg an. Es bedeutet nicht, dass diejenige, die entspannt und zufrieden zu sein scheint, später in ihrem Leben nicht vielleicht auch einige

Schwierigkeiten haben wird. Aber offensichtlich haben sie sehr unterschiedliche Lebenserfahrungen. Würdest du das Schmerz nennen? Ich bin mir da nicht sicher, da wir auch durch freudige Erfahrungen, durch ganz viele unterschiedliche Erfahrungen gehen müssen. Jede Erfahrung zeigt uns etwas, und gemeinsam kreieren sie diese Barriere, die uns daran hindert, einfach nur zu sein.

Darum sind wir an diesem Wochenende zusammen gekommen, um einander zu unterstützen, tiefer ins Innere zu gelangen und uns mit unserem wahren Selbst wieder zu verbinden. Wir brauchen einen Moment, in dem wir das „Ich bin" erkennen, von dem Gurdjieff spricht.

Ich bin sicher, dass fast alle hier so einen Moment schon einmal hatten, vielleicht einen kraftvollen Moment, in dem ihr einfach nur im Sein wart und das klar erkannt habt. Als ob ihr auf etwas gestoßen seid, das ihr immer schon gekannt habt. Vielleicht habt ihr sogar gelacht, ein wildes Lachen, weil ihr erkannt habt, dass ihr nach etwas sucht, das ihr immer schon hattet.

Diese Reaktion ist sehr häufig und oft hinterlässt diese tiefe Erfahrung des wahren Selbst eine Art Lächeln. Ich sehe es auf deinem Gesicht. Es kommt direkt aus deinem wahren Wesen und es ist das gleiche Lächeln, das man manchmal auch bei Statuen oder Gemälden von Buddha findet. Wenn du dir Buddha nicht als Person, sondern eher als Energie vorstellst, dann stellt dieses Lächeln das wahre Sein dar, die Buddha-Natur.

Es ist nichts Persönliches. An diesem Wochenende werden wir entdecken, dass die wahre Natur wie ein Pool ist, in dem wir uns begegnen. Das ist etwas sehr Schönes. Das ist einer der starken Effekte, wenn wir zusammen kommen. Einfach indem wir zusammen sind, unterstützen wir diesen Raum.

Entscheidung für bewusstes Leben

Chögyam Trungpa war ein legendärer tibetisch-buddhistischer Meister, der die Naropa Universität in Boulder, Colorado inspirierte. Er war ein Freigeist, der sich seinen Leidenschaften hingab und oft betrunken war! Er war ganz er selbst. Ich mag das.

Die* Sangha *ist eine Gemeinschaft von Menschen, die das absolute Recht haben, durch deine Gewohnheiten zu schneiden und dich mit ihrer Weisheit zu füttern. Sie haben auch das absolute Recht, ihre eigenen Neurosen vorzuführen, damit du sie durchschaust. Die Verbindungen in der* Sangha *sind wie saubere Freundschaften – ohne Erwartungen, ohne Forderungen, aber gleichzeitig erfüllend. Eine wahre Sangha ist nur möglich mit einem Reservoir an Liebe, Intimität und Vertrauen. Es braucht Verbindlichkeit, Bereitschaft, Zeit und Geduld, um diese dringend benötigte Umgebung herzustellen.

Chögyam Trungpa

Lieber John David,
ich möchte in meinem Leben eine Veränderung herbeiführen. Alle meine Freunde und die Familie um mich herum sind nett, aber ich sehe, sie sind unbewusster als ich, und ich spüre, dass mir das nicht dabei hilft, klar zu werden. Meine Frage ist: Wenn ich mich verändern möchte, ist es dann notwendig, mich in eine Umgebung zu begeben, in der die Leute bewusster sind als ich?

Ich fühle mich ein wenig unsicher, weil ich auch dem ganzen Stress in meinem Leben entkommen und Zeit allein verbringen möchte. Ich finde es schwer zu entscheiden, ob ich mich einer spirituellen Gruppe anschließen sollte, die mich unterstützt, oder ob ich einen Ort finden sollte, an dem ich still werden und allein sein kann.

Das ist eine generelle Frage, auf die es nicht wirklich eine allgemeingültige Antwort gibt, denn in gewisser Hinsicht sind wir alle sehr verschieden. Der Weg eines jeden Menschen ist einzigartig, obwohl es eigentlich keinen Weg gibt. Schon die Idee, dich selbst verändern zu wollen, ist eine falsche Idee. Sich selbst verändern zu wollen, beinhaltet noch die Vorstellung von einem kleinen Selbst. Da gibt es jemanden, der sich selbst verändern kann. Das ist immer noch auf der Ebene des Persönlichen.

Wir alle brauchen unterschiedliche Situationen. Für den einen kann es zur richtigen Zeit wundervoll sein, Zeit allein zu verbringen, in die Natur zu gehen und still zu sein. Für einen anderen kann es hilfreich sein, in einer unterstützenden spirituellen *Sangha* zu sein.

Wenn du lange Zeit allein bist, besteht die Gefahr, dass du nicht genau weißt, wonach du suchen sollst. Im Himalaya gibt es viele berühmte Höhlen, in denen Menschen viele Jahre verbracht haben, und ich bin mir sicher, dass es zu ihrem Nutzen war. Wenn du dich dazu entscheidest, mit anderen Leuten in einer Gemeinschaft zu leben, hast du den Vorteil einer ständigen energetischen Unterstützung – oder wie Chögyam Trungpa es ausdrückt: „... *eine Gemeinschaft von Menschen, die das absolute Recht haben, durch deine Gewohnheiten zu schneiden und dich mit ihrer Weisheit zu füttern.*" Aber gleichzeitig bist du nie wirklich allein. Es hängt eben davon ab, was in deinem Leben los ist.

Unsere Gemeinschaft ist über die Jahre stiller geworden und wir haben festgestellt, dass neue Leute davon profitieren, die Möglichkeit zu haben, in diesen Pool der Stille einzutauchen. Beide Situationen haben ihre Vorteile und wahrscheinlich sind beide zu unterschiedlichen Zeiten notwendig.

Stille ist auch in Gemeinschaft möglich. Vielleicht haben wir manchmal in unserer Gemeinschaft nicht genug davon. Wie soll man das beurteilen? Jeder muss sein natürliches Maß bei diesen Dingen finden. Was verursacht uns Stress? Was bringt uns dazu, uns nicht still zu fühlen? Mit ziemlicher Sicherheit ist es unser konditionierter Verstand. Wir haben bestimmte Gedankenstrukturen und manche davon beeinträchtigen uns.

Natürlich, wenn man alleine ist, kann man ganz still dasitzen, aber im Inneren schlummert vielleicht ein riesiger Berg von Strukturen. Vielleicht gehst du mit einem sehr unruhigen Verstand in die Höhle, doch nach dreißig Jahren sind nicht mehr viele Gedanken übrig. Aber nicht jeder möchte sein Leben in einer Höhle verbringen. Wenn du jemand bist, der es gut findet, beim Aufdecken der Strukturen Unterstützung zu bekommen, dann ist eine spirituelle Gemeinschaft eine gute Alternative. Natürlich geht es bei allem was du machst darum, zur Stille zu kommen.

Eine spirituelle Gemeinschaft bietet den Raum und die Unterstützung, dir der Strukturen des unbewussten Verstandes, die dein Leben steuern, bewusst zu werden. Wenn du zum Beispiel glaubst, „Ich bin nicht intelligent genug", dann wirst du in der täglichen Arbeit mit dieser Vorstellung konfrontiert werden und ermutigt, dir der Auswirkungen bewusst zu werden.

Indem du dir diese Strukturen anschaust und sie beleuchtest, werden sie weniger Einfluss auf dich haben. Das ist die Transformation, die du meinst. In dieser Entwicklung geht es darum, dich mehr und mehr zu öffnen und bewusst zu werden, so dass du dich nicht länger mit diesen alten Strukturen identifizierst.

Die meisten von uns sind durch ihre Konditionierungen verletzt worden. Wir wurden von unseren Familien und der Gesellschaft in eine Form gepresst und haben nie richtig erkannt, wer wir unter dieser Konditionierung oder über sie hinaus sind. Das Wasser wurde getrübt. Wenn man in einer Gemeinschaft zusammen arbeitet, gibt es viele Spiegel, die es uns möglich machen, zu erkennen, wer wir sind. Mit Menschen zusammen zu sein, die auch daran interessiert sind, sich selbst zu erkennen, bietet einen klaren Spiegel, in dem wir all die Dinge sehen können, die wir nicht sind. Das ist nicht immer angenehm. In diesem Prozess haben wir die Möglichkeit, zu erkennen, wer wir wirklich sind. Dieses Spiegeln ist einer der größten Vorteile, wenn man in einer Gemeinschaft lebt.

Therapie: Tun oder nicht tun

Wenn du aufwachen willst, sind Traumata kein Hindernis. Du kannst trotzdem erwachen. Du kannst genau jetzt erwachen. Es dauert nur einen Augenblick. Aber wenn du dieses Erwachen leben willst, wenn du in Freiheit leben willst, dann wirst du dich mit ihnen auseinandersetzen müssen.

John David

Lieber John David,
vor einigen Jahren habe ich eine Therapie gemacht, da ich ein tiefes emotionales Unbehagen in meinem Körper-Geist-System gespürt habe, dem ich mich nicht allein stellen konnte, da es immer zu intensiv wurde. Ich habe für ungefähr sechs Monate Therapie gemacht, und es gab Momente der Befreiung und des Sehens. Aber es hat viel Zeit in Anspruch genommen und es war sehr teuer. Das grundsätzliche Gefühl, nicht okay zu sein, ist noch immer sehr stark in mir. Wäre eine Fortsetzung der Therapie gut, um diesen tiefen emotionalen Schmerz zu lösen, um meine blinden Flecken zu sehen? Oder was würdest du empfehlen? Wie denkst du über Therapie?

Ich habe keine besondere Meinung zu Therapie, aber es ist eine wichtige Frage. Ich würde sagen, Therapie, wie auch Meditation sind wichtige Werkzeuge, um deinen Verstand zu verstehen, um dich selbst sehen zu können und kennen zu lernen.

Sobald du eine regelmäßige Meditationspraxis hast, wirst du unausweichlich einige deiner unbewussten Strukturen erkennen können. Wenn du dich außerdem auf ein bestimmtes emotionales Thema konzentrierst, kannst du einen Einblick in das bekommen, was auf einer tieferen Ebene geschieht.

Vielleicht gibt es eine emotionale Reaktion, die sich in ähnlichen Situationen wiederholt, wie zum Beispiel in einer Beziehung.

Für eine Weile geht alles gut und dann endet die Beziehung ganz plötzlich. Wir fühlen uns verlassen und es tut sehr weh. Du sagst: „Mein Partner hat mich verlassen und ich fühle mich furchtbar." Oberflächlich betrachtet mag das die Situation sein, aber wenn du still sitzen würdest oder eine Therapie zum Schmerz des Verlassen-Werdens machen würdest, dann würdest du sehr schnell mit tieferen Schichten in dir in Berührung kommen.

Du warst vier Jahre alt und deine Eltern haben sich getrennt. Du bist bei einem Elternteil geblieben und der andere ist gegangen, vielleicht mit einem neuen Partner, vielleicht ohne. In diesem Moment hast du dich von dem Elternteil, der gegangen ist, sehr verlassen gefühlt.

Viele Jahre später endet deine eigene Beziehung und du fühlst denselben überwältigenden Schmerz des Verlassen-Werdens. Es ist sehr wahrscheinlich, dass etwas aus der Vergangenheit im unbewussten Verstand – dem Keller, dem inneren Kind, dem Ego – dieses starke Gefühl des schmerzlichen Verlassen-Werdens auslöst. Deine frühen Konditionierungen und Erfahrungen bestimmen, was sich in deinem Keller befindet.

Die Dinge, die dort festgehalten werden – wir können sie Strukturen des Verstandes nennen – warten darauf, als irgendein starkes Gefühl aufzutauchen. Aber mit dem, was dort vor sich geht, sind wir möglicherweise nicht sehr vertraut. Es kann sein, dass wir nicht wirklich hinschauen wollen. Vielleicht denken wir, dass es viel einfacher ist, den Partner zu beschuldigen, der uns verlassen hat: „Es ist sein Fehler. Er hat mir das angetan."

Diese Haltung ist ziemlich unreif, denn sobald du anfängst nach innen zu schauen, manchmal mit Hilfe einer Therapie, manchmal durch Meditation, wirst du anfangen zu verstehen, wie der unbewusste Verstand mit dem bewussten Verstand interagiert. Wir beginnen zu verstehen, dass, welche Emotion wir auch immer gerade fühlen, sie fast immer durch etwas in unserer Vergangenheit verursacht wird.

In der Welt der Psychologie und der Psychiatrie wird das im Wesentlichen so gesehen. Wenn du dich für spirituelle Freiheit interessierst, dann wirst du mit Sicherheit irgendwann mit dieser Betrachtungsweise in Kontakt kommen, denn wenn du dich nie damit beschäftigst, würdest du die Emotionen wahrscheinlich einfach ausleben. Es kommt vor, dass man wütend ist, ohne dass es dafür einen besonderen Grund gibt. Aber meistens ist man wütend, weil im unbewussten Verstand etwas berührt wurde.

Wenn wir einmal verstehen, wie das funktioniert, können wir erkennen und begreifen, was sich in unserem Keller befindet. Ich schlage vor, mit Meditation zu beginnen. Wenn du über einige Jahre regelmäßig meditierst, wirst du verstehen, dass alles, was auch immer jetzt geschieht, seine Wurzeln in einem früheren Ereignis hat; meist in einer Zeit, als du noch sehr jung warst. Es kann sogar sein, dass sich vieles davon ereignete noch bevor wir sprechen konnten. Was auch immer geschehen ist, es wartet in deinem Unterbewusstsein, in deinem Keller. In unserem Leben als Erwachsener passiert dann etwas, das diese alte Erinnerung auslöst, zum Beispiel fühlst du dich in einer Beziehung verlassen. Wenn das mehrere Male passiert, solltest du prüfen, ob das etwas mit deinem Inneren zu tun hat. Denn es ist nicht wahrscheinlich, dass jeder Partner die gleiche Dynamik hat, die diese Struktur weckt.

Jede Beziehung hat bestimmte Themen, die nach einiger Zeit die Tendenz haben, zur Trennung zu führen. Wenn du eine gesunde Meditationspraxis hast, werden Themen und Strukturen, die dir nicht bewusst sind, ganz natürlich an die Oberfläche kommen. Wenn diese Strukturen dir über längere Zeit starke Schmerzen und Leiden verursachen, kann eine Therapie durchaus Licht in eine bestimmte emotionale Geschichte bringen.

Während der letzten zehn Jahre in unserer Open Sky House Gemeinschaft hatten wir relativ viele Bewohner, die aus meiner Sicht eine Therapie brauchten. Wenn du die gesamte Gesellschaft betrachtest, braucht wahrscheinlich fast jeder eine Therapie, denn unglücklicherweise hat fast jeder neurotische Verhaltensmuster. Man findet tatsächlich sehr selten jemanden, der ein erfülltes, friedliches, glückliches Leben führt. Und sogar so jemand hat vielleicht Strukturen, die manchmal Leiden hervorrufen.

Es ist sehr wichtig, was für eine Therapie man macht. Meine Erfahrung ist, dass einige Therapeuten – vielleicht nennen wir sie konventionelle Therapeuten – ihre Rolle darin sehen, einen dazu zu bringen, dass man in der Gesellschaft gut funktioniert. Diese Art der Therapie kann mehrere Monate dauern oder sogar Jahre und birgt die Gefahr einer Art Selbst-Hypnose: „Mit mir stimmt etwas nicht."

Die Dynamik zwischen dem Therapeuten und dem Patienten bietet zahlreiche Gelegenheiten für Projektionen. Vielleicht verliebst du dich in deinen Therapeuten oder du hasst deinen Therapeuten. Starke Emotionen dieser Art sind Projektionen auf eine Autorität, wie Mama oder Papa, so dass es wichtig ist, einen Therapeuten zu finden, der eine neutrale Position einnimmt. Wenn du darüber hinaus einen Therapeuten findest, der ein spirituelles Verständnis hat, hast du eine größere Chance, dich nicht mit der Therapie selbst zu identifizieren.

Ein Trauma ist eine besondere Struktur aufgrund einer bestimmten alten Erfahrung, die, als sie geschah, großes Leid verursachte, vielleicht einen Schock. Die Folge dieses Schocks war, dass das gesamte Körper-Geist-System eingefroren ist. Das geschieht häufig bei sexuellem Missbrauch oder bei häuslicher Gewalt. Das Nervensystem des Kindes kann die starke Energie des Erwachsenen in diesem Moment einfach nicht verarbeiten und das hinterlässt eine tiefe Verletzung in der Psyche.

In solchen Fällen kann eine Therapie nützlich sein und uns helfen, das Geschehene zu verstehen. Die Strukturen sind ein Schleier, der uns davon abhält, uns mit unserer wahren Natur zu verbinden. Wenn wir allerdings wirklich frei werden wollen, müssen wir eine Balance finden, uns alte Strukturen anzusehen und ebenso im Moment präsent zu sein, ein offenes Herz zu haben und verletzlich und zugänglich bleiben. So können wir vermeiden, dass wir uns nicht ständig in den Verstand zurückziehen, der in die Vergangenheit blickt.

In den vielen Jahren meiner spirituellen Suche war ich auch für einige Zeit in Oshos Ashram. Viele Menschen aus dem Westen, die in den späten 60er und 70er Jahren zu Osho kamen, waren New Age Therapeuten und er ermutigte im Ashram alle Westler dazu, sich auf sie einzulassen. In den frühen Tagen des Ashrams waren ungefähr die Hälfte von Oshos Schülern Westler, die andere Hälfte waren Inder.

Allgemein gesprochen machten die Westler Therapie und die Inder Meditation, aber natürlich meditierten auch die Westler. Es gab alle möglichen Workshops. Häufig trugen Leute Teddybären oder Barbie-Puppen herum, es passierten viele verrückte Dinge. Das sorgte für eine sehr lebendige Energie in der Gemeinschaft.

Die Therapeuten entwickelten sich nach und nach zu einer festen Einrichtung, die später zur „Osho Multiversity" wurde und immer neue Workshops erfand. Es gab auch Leute, die hatten vielleicht mehr Geld als Verstand und besuchten ständig die aktuellen Workshops, denn das Kollektiv schien das zu fördern.

Wenn wir dauernd mit Therapie beschäftigt sind, die das Ego – dieses „Ich", dieses Unbewusste – als das akzeptiert, was wir sind, stellen wir diesen Film niemals grundsätzlich in Frage. Wir fragen uns nie, wer da überhaupt eine Therapie macht – wir bleiben schlichtweg damit identifiziert. Therapie, die von einem spirituellen Verständnis getragen ist, hat vor allem zum Ziel, diese fundamentale Frage nicht zu vergessen, während sie einige spezielle Aspekte der Psyche untersucht.

Wenn du noch relativ neu darin bist, dir deiner selbst bewusst zu werden, ist Meditation ein wesentlicher Aspekt, um einen ruhigen Verstand zu bekommen. Außerdem kann dir die Meditation auch zeigen, was sich in deinem Keller befindet. Mit zunehmendem Fortschritt bekommst du mehr Selbstgewahrsein und letztendlich übernimmst du die volle Verantwortung dafür, was emotional geschieht. Du projizierst nicht mehr auf dein Gegenüber. Wenn du einige besonders schwierige Strukturen hast, kann eine Therapie sehr hilfreich sein. Sobald du etwas freier von diesen inneren Strukturen wirst und du dir viele deiner emotionalen und neurotischen Themen angesehen hast, wird Therapie immer unwichtiger. Wichtiger ist es, ein offenes Herz zu haben und einfach präsent zu sein.

Wenn dann die Strukturen wie ein Sturm über den Ozean brausen, hast du schon die Werkzeuge, die du brauchst. Es kann vorkommen, dass du dich mit dem Sturm identifizierst, aber sobald er hinter dir liegt, kannst du sehen, was geschehen ist. All das hängt von deiner Reife als Suchender ab.

Gegen den Fluss des Lebens

Obwohl ich ihm noch nicht begegnet bin, fühle ich mich Adyashanti sehr verbunden und nahe. Er ist ein amerikanischer Lehrer aus der Nähe von San Francisco. Ich mag seinen direkten Ohne-Unsinn-Ansatz. Sein Buch *Sein – Die wahre Natur der Erleuchtung*, in dem er über die Eigenschaften des Erwachens spricht, hat mich zutiefst berührt, da er Worte für Dinge findet, die ich schwierig finde auszudrücken.

Eine Gemeinschaft ist fließend und beweglich, und sobald du dich nicht mitbewegst, fällt etwas in dir zurück. Wenn die Lehre nicht lebendig gehalten wird, wird sie schwächer. Deine eigene Verwirklichung geht zurück, wenn du dich nicht mit ihr bewegst. Daher schlage ich immer vor, dass du im Entdeckermodus lebst. Nicht in einem Entdeckermodus, in dem du nach der ultimativen Lösung Ausschau hältst, denn das ist die größte Illusion von allen. Lebe im Entdeckermodus, weil die Wahrheit so lebt.

Adyashanti

Lieber John David,
wenn ich Widerstand gegen den Fluss der Gemeinschaft spüre, versuche ich zu sehen, was in mir ist, was sich nicht bewegen will. Fast immer kann ich sehen, dass es mich ärgert, wie die Dinge sind. Ich möchte nicht vertrauen und mich hineinbegeben und habe Widerstand dagegen, der neuen Herausforderung offen zu begegnen. Ich kann sehen, dass der Widerstand mir nicht wirklich hilft, da ich zurückfalle, obwohl ich glauben möchte, einen guten Grund dafür zu haben. Nach dem Zitat von Adyashanti kann man leben, ohne langanhaltende innere Widerstände aufzubauen. Man sollte sich mehr auf den Fluss dessen einlassen, was gerade ist. Was schlägst du vor, wenn Widerstand hochkommt und wie kann man ohne ihn leben?

Der Widerstand, über den Adyashanti hier im Zusammenhang mit dem Leben in der Gemeinschaft spricht, kann man auch als Widerstand gegen das Leben selbst sehen. Die Welt ist ohnehin eine große Gemeinschaft, und derselbe Widerstand kann auch in einer Familiensituation oder in einer Beziehung da sein.

Adyashanti schlägt vor, dass wir im Moment leben. Eines der Probleme einer spirituellen Gemeinschaft besteht darin, dass wir zusammenkommen, da wir an Selbsterkenntnis interessiert sind und dann eine Art großen Knall erwarten, der eines Tages in der Zukunft geschehen wird. Er nennt dies *„die größte Illusion von allen"*.

Wir erwarten, dass in der Zukunft etwas Wunderbares geschehen wird. Er betont, dass es viel wichtiger ist, im Entdeckermodus zu leben und sich nicht auf diesen großen Knall zu fokussieren. Was, wenn er nicht geschieht? Es ist besser, mit Offenheit im Augenblick zu leben, da alles, was in jedem Moment geschieht, die Möglichkeit bietet, etwas zu sehen oder zu verstehen. Wenn du die kleinen täglichen Geschehnisse für unwichtig hältst und immer auf dieses besondere Etwas wartest, kannst du dein ganzes Leben verpassen.

Die Vorstellung von einem großen Knall ist in post-kommunistischen Ländern wie Russland und der Ukraine sehr verbreitet. Es gibt die Idee, dass, wenn man einfach nur mit dabei ist, ein Wunder geschehen wird, dass es so etwas wie eine geheime Übertragung gibt und es irgendwann einfach Peng! macht. Leider bedeutet das oft, dass es einen Widerwillen gibt, die Verantwortung für das eigene Erwachen zu übernehmen, und ein Teil dieses Widerwillens drückt sich darin aus, den Rat des Lehrers nicht anzunehmen.

Heute Morgen bekam ich eine ziemlich erschreckende E-Mail. Ich werde sie vorlesen, denn sie beschreibt die Situation vieler Menschen.

> *Lieber John David,*
> *du hast recht. Seit langer Zeit habe ich keine spirituelle Arbeit gemacht, mich nicht hingegeben. Sobald das Retreat vorbei ist, gehe ich wieder meinen alten Gewohnheiten*

nach. Ich weiß das. Das Herz öffnet sich nur für einen kurzen Augenblick. Keine Verantwortung tragen, nur die Liebe des Meisters ausnutzen.

Dies stammt von einer Frau, die seit fast drei Jahren meine Retreats besucht und die der Gemeinschaft und der Arbeit der Gemeinschaft sehr verbunden ist. Aber sie sagt, dass sie keinerlei spirituelle Arbeit macht, und sie weiß, dass sie nach diesen drei Wochen, wenn sie wieder zurück in der Ukraine ist, genau das machen wird, was sie getan hat, bevor sie hierhergekommen ist. Sie kann sehen, dass sie innerlich keine Verantwortung übernimmt. Das ist für den Lehrer eine sehr schwierige Situation, denn er möchte nicht, dass Menschen von ihm abhängig sind.

Wenn du dich entscheidest Verantwortung zu übernehmen, kann die Führung und Unterstützung durch einen Lehrer alles viel einfacher machen. Doch es ist ziemlich sinnlos, Zeit mit dem Lehrer zu verbringen, nur damit du dich gut fühlst und deine Probleme verschwinden. Für ein oder zwei Wochen läufst du glücklich umher, und dann, wenn der Lehrer geht, bricht alles wieder zusammen und ist so wie vorher.

Ein großer Teil der spirituellen Arbeit besteht darin, dir deinen eigenen Mist anzuschauen, der wahrscheinlich nicht einmal dein eigener Mist ist, sondern nur „der" Mist. Es liegt alles in deinen Händen. Wir geben manchen Teilen der Gesellschaft enorme Macht, zum Beispiel den Regierungen und den Kirchen. Warum bekommen sie diese große Macht? Weil wir alle einer völligen Gehirnwäsche unterzogen wurden. Wir stellen nicht einmal in Frage, was man uns gesagt und gelehrt hat.

In der Schule hatte ich ein Unterrichtsfach, das sich religiöse Studien nannte. Es waren keine religiösen Studien, es war das Studium der protestantischen Kirche und eigentlich war es überhaupt kein Studium. Es war eine tiefe Konditionierung, eine Gehirnwäsche. Als kleiner Schuljunge war mir natürlich nicht bewusst, dass ich einer Gehirnwäsche unterzogen wurde. Wir haben alle eine Gehirnwäsche erhalten und wir wissen es nicht einmal;

wir geben unsere ganze Macht ab. Es ist uns nicht einmal bewusst, dass wir unsere ganze Macht weggegeben haben, weil wir vielleicht niemals Macht hatten, und deshalb scheint es uns ganz normal keine zu haben.

Für die unter euch, die viele Jahre mit den Sowjets unter dem Kommunismus gelebt haben, ist das, was ihr wirklich wollt, euer eigenes egozentrisches Leben leben, aber leider funktioniert das hier nicht. Die Entscheidung am persönlichen Film festzuhalten wird euren Energiefluss blockieren. Ihr müsst bereit sein, diesen Film loszulassen.

Ihr habt jetzt die Wahl: Gebt ihr euch weiter eurem Ego hin, euren persönlichen Wünschen, oder gebt ihr euch dem höheren Selbst hin, der bewussten Präsenz und der Gemeinschaft? Unser Verstand ist sehr schlau, deshalb haben wir sehr gute Methoden, Strategien zu finden, um unseren Widerstand zu erklären.

In der Frage heißt es: *„Was schlägst du vor, wenn Widerstand hochkommt und wie kann man ohne ihn leben?“* Sehr einfach: Gib dich dem Fluss des Lebens hin und dann wirst du keinen Widerstand spüren. Es ist dasselbe, wie sich der Existenz hinzugeben. Die Existenz ist die Intelligenz, die dafür gesorgt hat, dass es perfekte Bedingungen für das Leben auf diesem Planeten gibt. Dafür musst du nichts tun, es ist ein Geschenk. Du hast ein offenes Herz und sagst ja, und dann entfaltet sich das Leben von Augenblick zu Augenblick. Das ist sehr einfach, aber natürlich ist es nicht einfach das umzusetzen. Widerstand kommt aus unserem Ego, von unseren Vorstellungen: „Meine Vorstellung ist anders als die der anderen um mich herum.“ „Wir sollten das nicht blau streichen, orange ist viel besser.“

Wenn man diesen ganzen egoistischen Ideen folgt, würde man die Möglichkeit verpassen, *„im Entdeckermodus“* zu leben. Ihr müsst euch anschauen, was es mit diesem Widerstand auf sich hat. Kommt der Widerstand aus eurem Keller, eurem konditionierten Verstand oder kommt er frisch aus diesem Moment? Wenn er aus dem Moment kommt, kannst du die anderen ansprechen und sagen: „Hey Leute, wir sollten uns dazu treffen, vielleicht wäre es besser, es so zu versuchen …“. Da ist nichts verkehrt dran. Ein anderes Beispiel für Widerstand ist, wenn ich sage: „Es ist sehr wichtig, dass ich morgen zum Zahnarzt gehe. Ich muss gehen und es ist mir egal, was um mich herum geschieht.“ Diese Art von Widerstand ist eine permanente Sabotage der Energie der Gemeinschaft und letztendlich eine Sabotage deines eigenen Erwachens.

Die Rolle des Meisters

Osho war mein erster spiritueller Meister. Er war eine umstrittene Persönlichkeit. In den 70er und 80er Jahren hat er viele Menschen angezogen, indem er die östlichen und westlichen spirituellen und materiellen Kulturen miteinander verbunden hat. Dadurch ist ein sehr kraftvolles Feld entstanden, das innere Arbeit und Erwachen unterstützt hat.

Ich kam auf sehr mysteriöse Weise zu Oshos Ashram, zu einer Zeit in meinem Leben, in der ich nicht bewusst darüber nachdachte, Teil einer spirituellen Gemeinschaft zu werden. Dennoch erinnere ich mich, dass ich, als ich durch „Das torlose Tor" – wie der Haupteingang genannt wurde – gegangen war, sofort ein tiefes Gefühl des Nach-Hause-Kommens hatte. Es war als wäre ich an einem Platz angelangt, an dem ich mich wirklich akzeptiert und zutiefst genährt fühlte. Die folgenden fünfzehn Jahre, in denen ich immer wiederkam, haben mein Leben völlig verändert, sowohl durch Oshos Kraft und Präsenz, als auch durch das überwältigende transformative Energiefeld der Gemeinschaft.

Durch mich werden alle Illusionen erschüttert. Ich bin hier, damit alle Illusionen zerbrechen. Ja, das wird dich irritieren. Es wird dich verärgern. So wirke und arbeite ich. Ich werde dich von Grund auf sabotieren. Solange du als Verstand nicht vollständig zerstört bist, gibt es keine Hoffnung für dich.

Osho

Lieber John David,
wenn ich dieses Zitat von Osho höre, kommt sehr viel Angst auf. Es fühlt sich so an, als ob ich viele nette Dinge über Spiritualität sagen könnte, aber wenn es wirklich darauf ankommt, will mein Ego gar nicht verschwinden. Es ist mir bewusst, dass die Aufgabe des Meisters darin besteht, das Ego herauszufordern und die Illusion zu zerstören.

Hast du das bei deinen Meistern so erlebt? Und hat das zu deinem Erwachen beigetragen?

Dich mit Spiritualität zu befassen ist leicht, da du damit angenehme Vorstellungen verbindest. Du bist mit deinem Leben nicht so zufrieden und du siehst Spiritualität als einen Weg, das zu verbessern. Am Anfang ist es recht einfach, du liest Bücher, schaust eine Menge Videos und fängst an, eine spirituelle Praxis zu üben.

So beginnt unser Interesse an Spiritualität. Der Meister hat vielleicht eine sehr unterhaltsame und charismatische Energie. Am Anfang ist das oft so. Wenn dann der Schüler anfängt, wirklich zu hören was gesagt wird, wächst die Verbindung zwischen ihnen. Du kommst zu den Treffen, und wenn du wieder gehst, fühlst du dich energetisch gut. Vielleicht fühlst du dich für ein paar Tage in Frieden. Alles ist wunderbar.

Wenn der Prozess weitergeht, verändert sich etwas. Du glaubst dass du zuhörst, aber höchstwahrscheinlich tust du das am Anfang nicht. Wenn du mehr verstehst, werden auf energetischer Ebene stärkere Dinge mit dir geschehen, so dass sich die Verbindung zwischen dir und dem Meister verändert. Gleichzeitig kommst du mehr mit deinem eigenen Film in Kontakt. Nicht im absoluten Sinn, aber zum Beispiel als jemand aus Hamburg mit einer jüdischen Familie und bestimmten Vorstellungen und so weiter. Wir identifizieren uns mit unterschiedlichen Filmen.

Nach und nach besteht die Aufgabe des Meisters darin, als Spiegel zu agieren, der dir zeigt, dass du dich mit so etwas wie einer Geschichte identifizierst. Wir haben hier eine Freundin aus Italien. Ihre Geschichte beinhaltet natürlich Pizza und Spaghetti. Und wir haben hier jemanden aus Hamburg. Seine Geschichte beinhaltet wahrscheinlich viel Regen. Ich wüsste nicht was sonst noch. Hamburger natürlich! Es muss in Hamburg viele Hamburger geben. Jemand aus Italien wird eine ganz andere Geschichte haben. Das hängt von vielen unterschiedlichen Faktoren ab.

Das geht alles solange ganz gut, bis der Meister eines Tages irgendetwas über jüdische Menschen sagt. Er sagt dies nur nebenbei zu allen, aber tatsächlich sitzt eine jüdische Person aus Hamburg im Raum und greift es auf. „Oh!" Plötzlich passiert etwas. Von all den vielen Dingen, die gesagt wurden, wird dieses eine herausgepickt, weil es an einer Überzeugung rührt. Diese Überzeugung wird plötzlich erschüttert, sie wird hinterfragt.

Das ist ein wichtiger Augenblick, denn, wie Osho sagt, *„müssen die Illusionen erschüttert werden. Ich bin hier, um alle Illusionen zu zerbrechen. Ja, das wird dich irritieren. Es wird dich verärgern."* Das geht dann immer weiter. Wenn du dich dem Lehrer oder der Lehrerin weiter hingibst, wenn du genug Zeit mit ihm oder ihr verbringst, so dass er oder sie dich wirklich kennenlernen kann, dann wird er oder sie viele Wege finden, um dich zu provozieren. Wenn es dich provoziert, bedeutet das fast mit Sicherheit, dass der Lehrer dort einen Haken sehen kann, der von dir angeschaut werden muss.

Wir alle haben viele Haken. Ich erinnere mich, dass ich einen typisch englisch-bürgerlichen Charakter hatte, mit allen möglichen Vorstellungen über England, die Briten und die europäische Zivilisation. Dann kam ich nach Japan. Wie du weißt, bestehen Toiletten in Japan nur aus einem kleinen Loch im Boden. Die Japaner liegen und sitzen auf Strohmatten und essen ihr Essen mit Stäbchen. Kannst du dir vorstellen, wie primitiv das einem „kultivierten" bürgerlichen Europäer erschien? Meine Haltung war Abwehr, doch je länger ich blieb, umso mehr Einfluss hatte es auf mich. Aus meinem ursprünglichen Aufenthalt von ein paar Monaten wurden mehrere Jahre. In dieser Zeit musste ich mir meine Vorstellungen wirklich ansehen. Das war mitunter sehr schmerzhaft und es machte mich sehr verletzlich.

Einmal lebte ich in Japan mitten in Tokio, ganz allein in einer kleinen Wohnung. Sie war eine Kiste, ein Raum, man konnte es nicht einmal als Wohnung bezeichnen. Sie war auf dem Dach eines Bürogebäudes. Ein Freund von mir hatte dafür gesorgt, dass ich sie kostenlos nutzen konnte. Dort lebte ich einige Jahre. Das war meine Höhle.

Als ich dann später zu Osho kam, ging der Prozess weiter. Am Anfang fand ich es aufregend dort zu sein, zu sehen, was da vor sich ging und zum ersten Mal Meditation zu erleben. Ich fand es spannend, dass so viele Menschen in Stille in dieser großen Halle saßen. Ich war sehr berührt von dem Meister, wie er in seinem Rolls Royce angefahren kam und wunderschöne Kleider trug. Das war alles sehr beeindruckend. Am Anfang war es ein großer Spaß.

Aber in den folgenden Jahren gab es sehr viele schwierige Augenblicke. Augenblicke, in denen ich mich extrem verletzlich fühlte. Ich erinnere mich an einen Workshop, in dem ich mich sehr gut fühlte, wirklich gut, tatsächlich fantastisch. Aber offensichtlich hatte ich mich sehr seltsam verhalten und störte den Workshop. Als ich einem der Organisatoren des Ashrams begegnete, sagte er mir, ich sollte ein paar Tage lang nicht am Workshop teilnehmen. Ich sollte besser am Fluss sitzen, in den Park gehen und ein bisschen ausspannen.

Was war geschehen? Hatte ich eine großartige spirituelle Erfahrung? War das ein Einblick in das Absolute? Wenn man mich das damals gefragt hätte, hätte ich wahrscheinlich ja gesagt. Ich hätte sowieso nicht gewusst, was ein Einblick in das Absolute ist. Ich fühlte mich absolut wundervoll. Es war mir ganz egal, ob ich irgendetwas störte. Wenn ich jetzt zurückblicke, war es vermutlich so, das, was an dem Tag – oder für einige Tage oder Wochen – vor sich ging, mich überfordert hatte. Ich konnte nicht damit umgehen. Es war zu viel. Es störte meine Vorstellungen und mein Ich-Empfinden zu stark. Meine Identität war zu sehr oder zu schnell erschüttert worden. Und so geriet ich für einige Tage aus der Spur.

Ich erinnere mich an einige sehr intensive Momente. Überall sangen Vögel, die Sonne schien, der Garten um den Meditationsraum war wie ein Dschungel. Trotzdem erinnere ich mich auch an viele Zeiten, in denen ich verzweifelt herumsaß. Ich war dermaßen erschüttert worden, dass ich mich wahrscheinlich in einem Schock befand oder in tiefer Verletzlichkeit. So etwas in der Art. Das ging so weiter, sogar über mehrere Jahre. Am Ende geschah ein Erwachen. Es kam durch die Herausforderungen. Spirituelle Arbeit greift dein Ego an, deinen Film, das, womit du dich identifizierst. Das muss nach und nach aufgelöst werden.

Wenn das alles zu plötzlich geschieht, gibt es oft eine Reaktion, einen Widerstand und leider gehen die Menschen dann. Sie beenden die Arbeit mit dem Lehrer. Sie glauben, der Lehrer sei im Unrecht. Hier muss man vorsichtig sein, denn wenn du von Lehrer zu Lehrer gehst, vermeidest du, dich auf einer tiefen Ebene zu hinterfragen, und deine Identifikation mit dem falschen Selbst wird sich niemals auflösen. Dieser Prozess ist die eigentliche Arbeit. Das Problem besteht darin, dass wir das wahre Selbst nicht erkennen können. Warum? Weil wir mit dem falschen Selbst identifiziert sind. Wir glauben, dass wir das falsche Selbst sind.

Solange wir nicht hinterfragt werden, verstehen wir nicht, worum es bei unserem falschen Selbst geht, und wir können nicht sehen, dass es nur eine Illusion ist, eine Geschichte. Wenn man aus Italien kommt, ist es eine Geschichte mit Spaghetti und wenn man aus Hamburg kommt, ist es eine Geschichte mit Hamburgern. Das ist ein weniger wichtiger Teil unserer Identität. Man kann leicht auf Spaghetti oder Hamburger verzichten, damit hat niemand wirklich Probleme. Aber wenn die Dinge immer näher kommen, kann ein großer Widerstand auftreten. Man will nicht wirklich hinschauen und die Dinge nicht loslassen. Viele Menschen mit gutem spirituellen Potenzial sabotieren sich, weil sie den Lehrer verlassen.

Fast jeder erlebt irgendwann starken Widerstand: „Jetzt muss ich gehen … dieser Lehrer taugt nichts, er sagt immer das Falsche … ich mag die Farbe seines Bartes nicht." Wenn du an diesen Punkt kommst, ist das ein großartiger Augenblick. Es ist nicht der Moment wegzulaufen. Es ist genau der Zeitpunkt, um nach innen zu schauen und mit brutaler Ehrlichkeit zu betrachten, was vor sich geht. Du kannst es dem Lehrer sogar direkt mitteilen. Menschen erzählen mir alles Mögliche, vieles, über das man normalerweise nicht spricht – mich stört das überhaupt nicht.

In meinen frühen Tagen schaute ich oft in mich hinein und fühlte etwas, mit dem ich aber nicht in Kontakt kommen konnte, und ich wusste nicht, um was es ging. Es hat Jahre gebraucht, bevor ich Zugang zu dem bekam, was in mir vorging und es auch ausdrücken konnte. Das ist etwas, was bei den meisten Leuten nicht so schnell geschieht. Bei mir jedenfalls nicht.

Habe ich deine Frage beantwortet? Ja, natürlich ist das eine verrückte Situation mit dem Ego. Wir sind völlig mit etwas identifiziert, das wir Ego – unsere Identität – nennen und von dem wir denken, es zu sein, und genau dieses Ego bringt uns zu einem spirituellen Meister und begibt sich in diese große Gefahr, da es ja genau die Aufgabe des Meisters ist, es herauszufordern. Am Anfang ist das Ego bereit, ein bisschen hinterfragt zu werden, aber an einem bestimmten Punkt möchte es nicht mehr hinterfragt werden. Das ist ein schwieriger Drahtseilakt. Wie auf Messers Schneide. Es ist eine Erfahrung, die jeder kennt, der spirituelle Arbeit macht.

Ob dies zu meinem Erwachen beigetragen hat? Ich würde sagen, dass ich in den ganzen fünfzehn Jahren, die ich bei Osho war und dann später bei Papaji, herausgefordert wurde. Und durch diese Herausforderung wuchs ein tiefes Verstehen und vieles löste sich auf und fiel von mir ab.

Rückblickend sehe ich, dass durch meine Zeit mit Osho, in der ich seinem Rat und seinen Lehren folgte, mein Ego sehr geschwächt war, als ich bei Papaji ankam. Das Ego zu schleifen und zu polieren ist ein wesentlicher Teil der spirituellen Arbeit. Wenn du dich so unwohl fühlst, dass du weggehen musst, ist genau das der Moment, in dem eine große Veränderung geschehen kann. Also lauf nicht einfach weg.

Hast du Osho von Anfang an vertraut oder hast du ihn als spirituellen Meister in Frage gestellt?

In Japan machte mich ein Freund auf ihn aufmerksam und ich hatte überhaupt kein Interesse an ihm. Später, durch einen eigenartigen Zufall, war ich in Mumbai und erinnerte mich an diesen Freund, der mir gesagt hatte, dass ich für einen indischen Meister bereit sei. Ich dachte, er sei vielleicht in Oshos Ashram, und ich fuhr hin, um nach ihm zu suchen. So kam ich dort hin. Ich hatte es nicht bewusst geplant.

Ich war einer dieser starken Kopfmenschen: „Warum? Warum denkst du das? Was ist das hier?“ Mein Verstand drehte durch. Ich habe alles hinterfragt. Daher würde ich sagen, ich habe mich langsam in den Meister verliebt. Für manche Menschen ist das eine schrittweise Angelegenheit. An einem gewissen Punkt habe ich entschieden, ein *Sannyasin* zu werden und mir von Osho einen Namen geben zu lassen. Das war eine große Entscheidung. Nachdem ich einmal diese Entscheidung getroffen hatte und ich meinen Namen bekommen hatte, war da eine enorme Euphorie. Nicht gerade Hingabe, aber ein Schritt in Richtung Hingabe. Das war sehr wichtig.

Ist es wichtig, einen Namen vom Meister zu bekommen?

Ich glaube nicht, dass das so wichtig ist.

Was ist dann der Grund, dass du Namen gibst?

Ich versuche einen Namen zu finden, der ein Potenzial zum Ausdruck bringt, das ich in dem Menschen sehe. Der Name soll zu diesem Zeitpunkt einen bestimmten Aspekt der Person unterstützen.

Einige Leute haben schon zwei oder drei Namen nacheinander bekommen, aber man muss das nicht so ernst nehmen. Es ist eine spielerische Angelegenheit, aber wenn du einen Namen annimmst, heißt das auch, dass du mich als deinen Lehrer akzeptierst. Wenn also jemand um einen Namen bittet, sollte er auch zu diesem Schritt bereit sein. In dieser Hinsicht ist es ein Anerkennen unserer Verbindung.

Ich finde auch, dass es besser ist, einen lebenden Meister zu haben, als einen toten Meister. Auf einen toten Meister kannst du so viel projizieren wie du willst, aber wenn du einen lebenden Meister hast, wird er dich mit Sicherheit konfrontieren, indem er Dinge sagt, die du nie erwartet hättest. Das ist eines der Spiele, die die Meister spielen. Sie versuchen, dich ein bisschen verrückt zu machen.

KAPITEL 3

Der Verstand

Der Verstand möchte, dass alles beim Alten bleibt. Er hat ein Interesse daran, dass alles so bleibt, wie es ist, daher versteht er nicht viel vom Loslassen. Wenn wir mit der inneren Arbeit beginnen, ist es wichtig zu durchschauen, wie unser Verstand versuchen wird, unsere Transformation zu sabotieren.

Der Verstand

Wir sind daran gewöhnt, uns auf eine bestimmte Art und Weise zu verhalten und zu funktionieren. Wenn wir auf dem spirituellen Weg herausgefordert werden oder beginnen, etwas über uns selbst zu erkennen, dem wir zuvor vielleicht ausgewichen sind, dann ist es entscheidend, sich diesem Prozess zu öffnen und ihn zuzulassen.

Indem wir unserem konditionierten Verstand, unseren Wünschen, Urteilen und tiefsitzenden Ängsten begegnen und uns ihrer bewusst werden, beginnen wir frei zu werden.

Geh nicht zurück

Osho, die meiste Zeit seines Lebens als Bhagwan Shree Rajneesh bekannt, war ein ehemaliger Philosophieprofessor. In mehr als sechshundert Büchern sprach er über viele historische Meister und interpretierte ihre Lehren für ein zeitgenössisches Publikum neu. Seine Zeit in Oregon, USA, war kontrovers und als er nach Puna in Indien zurückkehrte, beschuldigte er die US-Regierung, ihn langsam zu vergiften. Er starb 1990 im Alter von 58 Jahren.

Die meisten Menschen befinden sich zwischen Tier und Buddha. Und dort existiert die Angst. Angst ist Spannung. Ein Teil von euch will zurück zu den Tieren. Es zieht dich zurück und ruft: „Komm zurück! Es war so schön – wo gehst du hin?" Aber irgendwie weiß ein anderer Teil in dir ganz genau, dass es dein Schicksal ist, ein Buddha zu werden. Der Same ist da! Und der Same spricht zu dir: „Finde den Nährboden, den richtigen Nährboden, und du wirst ein Buddha werden. Geh nicht zurück, geh vorwärts."

Osho

> *Lieber John David,*
> *nach der Entscheidung, beim* Sangha-*Wochenende dabei zu sein, fühlte ich eine enorme Energie und ein Gefühl der Befreiung. Ich denke, an diesem Wochenende habe ich einen Einblick bekommen, was es bedeutet zu dienen. Und heute, in der Meditation, bekam ich plötzlich einen sehr schmerzhaften Einblick in ein Muster, das mich die letzten vierzig Jahre stets begleitet hat. Was soll ich tun?*

Der Sinn der *Sangha* besteht darin, an dir selbst zu arbeiten. Die Entscheidung, sich zu dieser inneren Arbeit zu verpflichten, bedeutet immer eine intensive Zeit. Es ist eine tiefgehende Entscheidung, die den Verstand beiseite lässt. Wir wissen, dass es schwierige Momente auf dieser Reise geben wird und es ist eine große Unterstützung, sich mit anderen Menschen in der *Sangha* verbunden zu fühlen, und dafür benötigen wir ein offenes Herz.

Es gab so viele Momente, in denen ich in meinem Herzen fühlen konnte, dass dies der richtige Ort ist und jetzt der richtige Schritt in meinem Leben; es gibt nichts mehr, was ich vom Außen möchte.

Wenn du dich einer solchen Entscheidung näherst, ist es gut zu beobachten, was der Verstand macht. Es ist nichts Persönliches, sondern jeder Verstand möchte, dass alles beim Alten bleibt. Der Verstand hat ein Interesse daran, dass alles so bleibt, wie es ist und deshalb ist er nicht immer der beste Ratgeber.

Als ich im Mai nach Deutschland kam, hatte ich wirklich nicht vor, hierher zu kommen. Ich habe es nicht forciert. Diese Erkenntnis, die ich heute hatte, berührt mich sehr tief. Es war zunächst schmerzhaft, dann hatte ich einen schrecklichen Nachmittag und jetzt bin ich dankbar, dass ich es gesehen habe.

Das ist eine sehr reife Sichtweise, wenn du sehen kannst, dass es nicht nur darum geht, sich die ganze Zeit gut zu fühlen. Die Leute, die in die *Sangha* kommen, denken, sie ist wie ein großes Eis; man kann herkommen, daran schlecken und sich gut fühlen. Die meisten Menschen sind schon damit glücklich, ihre Maske ein bisschen umzugestalten, aber was wir hier anstreben ist, sie abzunehmen. Und warum wollen wir die Maske abnehmen? Wir wollen ausschließlich sein, wer wir wirklich sind. Es ist sehr einfach und es ist wirklich sehr schön. Aber leider greift unser Verstand auf die unterschiedlichsten Strukturen zurück und entwickelt dann die Vorstellung, dass wir zu einer Art Monster mutieren, wenn wir werden, wer wir sind.

Wenn die Maske fällt oder sich auflöst, sind wir in Wirklichkeit allesamt schöne, spontane und unschuldige Menschen. Es ist so schön, diese authentische Unschuld leben zu können. All die Tricks und Spiele können sehr ermüdend sein, und dennoch lässt die Vorstellung einer Veränderung oft eine Menge Angst aufkommen.

Wenn man diese Angst sehen kann, gibt es eine Chance, sie zu verändern. Ich würde sagen, du hast das sehr gut gemacht.

Ich fange an zu weinen, entschuldige bitte.

Es stört uns nicht, dass du weinst, das ist sehr schön. Warum sollte es nicht in Ordnung sein zu weinen? Wenn Weinen die Antwort auf diesen Augenblick ist, ist das völlig authentisch. Das ist eine Möglichkeit sich auszudrücken. In deinen Tränen teilst du eine tiefe Frustration mit – dass es dir anscheinend gerade in deinem Leben, auf der Arbeit, mit der Familie oder mit Freunden nicht erlaubt ist, authentisch zu sein. Wir haben eine Gesellschaft geschaffen, die uns von unserer Authentizität trennt. Wir sind hochentwickelte Roboter oder Marionetten und derart konditioniert, dass niemand die Fäden halten muss, wir tun das von ganz allein.

Im Inneren kann dir zum Weinen zumute sein, doch wir haben gelernt, dass wir nicht weinen sollen. Viele Männer würden nicht vor einer Gruppe von Menschen weinen. Es liegt in deinen Händen, diese Trennung in dir zu verändern. Nur *du* kannst entscheiden, dass du das nicht mehr mitmachen willst und einen Ort finden, an dem du authentisch sein kannst, an dem du in jedem Moment der sein kannst, der du bist. Niemand sagt, dass das einfach ist.

Die meisten Leute gehen voll darin auf, ihre Rolle zu spielen. Sie sind nicht authentisch und wenn ich das sehe, tut es mir ein bisschen weh.

Es sollte dir sehr weh tun. Wenn du die derzeitige Gesellschaft betrachtest, ist Weinen eine der authentischsten Reaktionen. In Westeuropa zum Beispiel finden sich wirklich gute, respektable und herzliche Menschen in einer Situation wieder, in der sie sich wie abgetrennt von sich selbst fühlen. Sie spielen eine Rolle anstatt sie selbst zu sein. Und für was? Um mehr Geld zu machen? Einen größeren Mercedes zu besitzen? Das macht keinen Sinn. Würdest du zu diesen Leuten gehen und sie fragen, was sie stattdessen wollen, würden sie vermutlich sagen: „Authentisch sein“. Aber wir haben eine

Situation geschaffen, in der es sehr schwierig ist, authentisch zu sein, denn alles was wir kennen, ist unsere Rolle zu spielen.

Ob du einen komischen Hut bei McDonalds trägst oder ob du eine Führungskraft in einer großen Firma bist, du hast eine bestimmte Rolle und du weißt, was diese Rolle beinhaltet – auch wenn es nicht ausgesprochen wird. Sobald du erkennst, dass das, was passiert, nicht wirklich das ist, was du willst, werden sich dir andere Möglichkeiten eröffnen. Das Leben ist voller Reichtum und Fülle. Es wird dir diese Möglichkeiten geben. Wenn du einen Kompromiss eingehst, wirst du in die gleiche Lage kommen wie alle anderen – du wirst innerlich gespalten sein.

Wenn es nach mir ginge, würde ich eine Million in der Lotterie gewinnen.

Wenn du eine Million in der Lotterie gewinnen willst, dann willst du von der Welt da draußen abhängig sein. Das ist eine vollkommen falsche Vorstellung.

Ich brauche eine Million, um ein kleines Apartment auf den kanarischen Inseln zu kaufen, wo ich leben möchte.

Eine Million und die kanarischen Inseln bedeuten, dass du komplett die Orientierung verloren hast. Du glaubst an die Welt im Außen.

Ich habe oft das Gefühl, dass ich so, wie ich bin, nicht in Ordnung bin, dass ich anders sein sollte. Ich sollte irgendwie besser sein.

Leider ist das eine sehr verbreitete menschliche Konditionierung. Es ist eine verrückte Welt, in der fast jeder versucht, wie jemand anderer zu sein. Das Ganze macht keinen Sinn. Warum können sich nicht alle so akzeptieren, wie sie sind und einfach ihr Leben leben? Vor vielen Jahren war ich für kurze Zeit in der Modebranche tätig. Einmal gingen wir zu den Modeschauen nach Paris. Ich habe sogar ein paar Models kennengelernt. Ich fand es sehr interessant, dass diese Frauen, die die meisten Menschen für äußerst schön halten, genau dieselben Urteile über sich selbst hatten, wie jede andere Frau. Das war für mich eine gute Lektion. Ich habe erkannt, dass Selbsturteile wenig Realitätsbezug haben. Ein schöner Aspekt unserer Arbeit ist, dass sie uns in eine tiefe Akzeptanz dessen bringt, wer wir sind. Du bist also an den richtigen Ort gekommen.

Ich wäre gerne so wie ich bin, wenn ich nicht fürchten müsste, dass ich dann nicht geliebt werde, fürchten müsste, abgelehnt zu werden.

Jeder hat eine andere Struktur, die ihn davon abhält, so zu sein, wie er ist.

Aber seitdem ich in der Sangha *bin, habe ich mehr und mehr Vertrauen gewonnen, so zu sein wie ich bin … und dabei geliebt zu werden.*

Ohne diese liebevolle Umgebung, die dabei hilft zu vertrauen, ist es nicht so leicht. In der Gesellschaft gibt es keine Unterstützung dafür, mehr zu vertrauen. Tatsächlich arbeitet die Energie dort entgegengesetzt. Das ist leider der Grund, warum die Menschen in unserer Welt so neurotisch sind. Sie versuchen verzweifelt, jemand anderer zu sein. Das ist wirklich komisch. Von hundert Menschen versuchen mindestens neunundneunzig, jemand anderer zu sein.

Ich würde sagen, dass die Sangha *mich ermutigt, zu sehen, was innen ist. Wenn ich etwas einmal gesehen habe, kann ich damit beginnen, mir und auch anderen das zu zeigen – was in der „normalen" Gesellschaft nicht akzeptiert ist.*

Ehrlichkeit und so zu sein, wie man ist, gehen Hand in Hand. Auch zu erkennen, dass wir nicht wirklich die Wahl haben. Wir werden niemals so sein wie ein anderer; wir werden immer so sein, wie wir sind. Wenn wir das akzeptieren können, gibt es eine enorme Toleranz. Jeder ist willkommen.

Zum Zeugen werden

Siddartha Gautama wurde später als Gautama Buddha berühmt. Er ist bekannt für seinen eigenen Weg zur Wahrheit, bei dem er über den Verstand und die Anhaftung an die Form hinaus ging, erwachte und diese Botschaft verbreitete. Seine Worte sind über Jahrhunderte erhalten geblieben und erzeugen immer noch eine tiefe Resonanz.

Es ist besser, sich selbst zu erobern, als tausend Schlachten zu gewinnen. Dann ist der Sieg dein. Er kann dir nicht genommen werden. Nicht von Engeln oder Dämonen, Himmel oder Hölle. Frieden kommt von innen. Suche ihn nicht außerhalb.

Gautama Buddha

> *Lieber John David,*
> *ich habe immer geglaubt, dass Buddhas Ausdruck „sich selbst zu erobern" eine Art Handlung oder ein Tun bedeutet. Aber nun sehe ich, dass es mehr um eine tiefe Selbstakzeptanz geht, und um die klare Erkenntnis, dass die Dinge, die uns leiden lassen, nicht wirklich so sind, wie wir denken. Es wäre interessant für mich, wenn du etwas darüber sagen könntest, was dieser Ausdruck für dich bedeutet.*

Ich denke, inzwischen sehen wir alle, dass der Versuch, etwas außen in der Welt zu ändern nicht funktioniert – es ist eine gigantische Arbeit. Es ist für den Menschen einfach nicht möglich, dieses Maß an Kontrolle zu erreichen, aber wenn du siehst, was in dir vorgeht, wie du dein eigenes Leiden erschaffst, dann kannst du das stoppen.

Jetzt zum Beispiel fühlen wir uns gerade gut. Aber sobald wir darüber nachdenken, was nächsten Monat geschehen könnte, kommt Angst hoch und wir fühlen uns nicht gut. Wir beginnen zu leiden. Wenn du durchschaust, dass du dieses Leiden selbst erschaffen hast, dann kannst du deine Aufmerksamkeit auf diesen

Gedanken oder diese Angst oder was auch immer richten und einfach sehen, dass es in deinem Verstand kreiert wurde.

Wir kennen die Zukunft nicht, sie ist noch nicht geschehen. Normalerweise projizieren wir etwas aus der Vergangenheit in die Zukunft. Wir verbringen auch sehr viel Zeit damit, aufgrund von etwas Vergangenem mit uns selbst zu kämpfen: „Wenn ich meiner Freundin nur mehr Blumen und Schokolade mitgebracht hätte, dann hätte sie mich nicht verlassen." Das schafft schon wieder neues Leiden, aber dieses Leiden geschieht nur in unserem eigenen kleinen Film. Ich sollte es nicht kleinen Film nennen, denn es ist eher ein Epos, das sich durch unser ganzes Leben zieht. Hier ist das Ego aktiv, aber es ist möglich, diesen Mechanismus zu verstehen. Wenn du durchschaust, wie er funktioniert, stärkt dich das sofort, da du nun selbst Meister deiner eigenen Situation bist.

Buddha sagt, wenn du diesen Sieg erreicht hast, werden weder *„Himmel noch Hölle"*, weder *„Engel noch Dämonen"* ihn dir nehmen können. Er sagt: *„Frieden kommt von innen"*. In dieser Woche hatten viele von uns während der Selbsterforschung für einen oder zwei Augenblicke eine Erfahrung dieses Friedens, der von innen entsteht, wenn wir nicht in die Zukunft projizieren oder die Vergangenheit betrachten.

Wie das Schicksal es will, bekam ich fünf Minuten bevor ich herunterkam, diese E-Mail eines alten Freundes, der heute Abend unter uns ist:

Ich glaube, ich habe zum ersten Mal deutlich gesehen wie Leiden entsteht: durch die Projektion von jemandem (ich) irgendwohin ins Außen, weg von der Quelle, weg von der Stille. Dieser Jemand, der das Leiden entstehen ließ, fühlte sich nicht länger als Teil der Einheit. Er fühlte sich abgetrennt. Dann geschah ein wortloses inneres Verstehen. Dieser Moment war wie ein vollständiges Verstehen und wie ein vollständiger Friede. Keine Frage, keine Antwort, nichts. Das hielt eine Weile an und dann stiegen aus diesem Nichts Bilder auf. In diesen Bildern, die aus dem Nichts aufstiegen, konnte ich den Beginn der Trennung erkennen. Es steigt ein Bild von etwas auf, das im Außen zu sein scheint, und dann gibt es etwas, das scheinbar danach verlangt. Die Trennung beginnt. In einem Augenblick gibt es Frieden, Einheit und Stille und ab einem gewissen Punkt ist das dann nicht mehr so.

Sagst du, dass das Leiden da ist, weil du diesen stillen und friedlichen Moment verlassen hast?

In diesem Moment konnte ich das deutlich sehen.

Das Leiden ist entstanden, weil du nicht präsent gewesen bist. Dein Verstand wurde aktiv und zog dich in Bilder und Gedanken.

So würde ich das nicht ausdrücken. Ich wollte nur sagen, dass diese Bilder aus dem Nichts kamen.

Na gut, alles kommt aus dem Nichts. Normalerweise sind wir auf das fokussiert, was aus dem Nichts kommt. Diese Bilder und Gedanken erschaffen das, was ich den Film nenne, das Epos, das wir „Mein Leben" nennen. Wir versuchen, uns zwischen der Vergangenheit und der Zukunft zu bewegen.

Ich weiß das, aber heute habe ich es wirklich verstanden – ich habe es in jeder Zelle meines Körpers gefühlt.

Das ist eine wundervolle Erfahrung. Du hast in diesem Moment einen Einblick in die Wahrheit gehabt. Wir erschaffen unser Leiden, indem wir uns mit den Bildern und den Gedanken identifizieren. Wie Buddha sagt, wir haben es in der Hand und wir können es besiegen.

Du bist bei vielen Treffen gewesen und hast diese Worte viele Male gehört. Du hast sie auf deine eigene Weise interpretiert und nun, plötzlich, hast du deine eigene Erkenntnis, dein eigenes Wissen. Wenn du dem Wissen Raum gibst und es zur Priorität machst, wird es in dir klarer und stärker werden. Du bist dabei, dich selbst zu erobern.

Es ist schockierend zu erkennen, dass wir unser Leiden selbst erschaffen. Es ist viel angenehmer zu sagen, dass mir jemand etwas antut, oder dass in der Welt irgendetwas geschieht, das mich leiden lässt.

Wir beschuldigen gerne das Außen. Dadurch fühlt es sich so an, als hätten wir nichts damit zu tun. Er hat mich eifersüchtig gemacht – etwas, das er getan hat, hat mich eifersüchtig gemacht. Es ist unangenehm, nach innen zu schauen und zu sehen, dass wir Vorstellungen davon haben, wie andere sich verhalten sollen, und das wir leiden, wenn sie sich nicht so verhalten. Wenn wir erkennen, dass wir aufgrund unserer Vorstellungen leiden, dann können wir das sehr schnell ändern.

Ich erinnere mich, dass ich vor vielen Jahren in Leipzig eine Frau traf, eine Professorin der Asienwissenschaften. Sie erzählte mir, dass sie das Selbst noch nie erfahren habe und ich sagte ihr: „Also gut, wenn du morgen kommen möchtest, können wir sehen, was geschieht."

Wir saßen dann in einem ganz leeren Zimmer und machten eine geführte Selbsterforschung. Nach ungefähr zwanzig Minuten liefen ihr Tränen über das Gesicht, und ich konnte fühlen, dass sie sehr berührt war. Alles war sehr schön, nichts geschah, bis plötzlich ihr Handy klingelte. Eigentlich kein Problem – wir saßen einfach in diesem Zimmer und das Telefon klingelte, aber in diesem Moment entschuldigte sie sich für das Klingeln und das warf sie sofort aus diesem Zustand heraus.

Ein Vogel hätte singen oder ein Auto hätte vorbeifahren können, das hätte überhaupt nicht gestört, aber sie identifizierte sich und sagte „mein" Telefon! Das war genug, um sie zurück in ihren konditionierten Verstand zu bringen. Wenn wir an der Quelle sind, stört uns nichts.

Präsenz ist der Schlüssel

Während meines jährlichen Arunachala Retreats nahm ich immer wieder Schüler mit zu Besuchen bei Swami Dayananda und so entstand eine intensive Verbindung. Er war ein sehr beeindruckender Mann. Er hat viele Bücher veröffentlicht und war der führende *Vedanta* Meister in Indien. Er hat viele Lehrer ausgebildet und sie sogar beim Aufbau ihrer eigenen Ashrams finanziell unterstützt. Swami Dayananda repräsentierte Indien auf internationalen Konferenzen und lebte selber zugleich sehr einfach.

Der Verstand ist voller Wünsche und wenn einer von ihnen Freiheit ist, dann bekommt dieser Wunsch vielleicht hier und da etwas Aufmerksamkeit. Aber wenn jemand versteht, dass er genau das im Leben will, und wenn der Wunsch, frei zu sein, wirklich vorrangig ist, dann werden alle anderen Wünsche untergeordnet und lösen sich auf. Das geschieht automatisch. Du musst nichts tun.

Swami Dayananda

> *Lieber John David,*
> *ich habe das Gefühl, dass ich innerlich an etwas festhalte und mich selbst mit einer Art Sehnsucht identifiziere, die mich vorangetrieben hat. Ich habe ein bisschen Angst, diese Sehnsucht aufzugeben, denn sie scheint ein Teil von mir zu sein.*

Es hängt davon ab, worum es bei dieser Sehnsucht geht. Wir sind nie wirklich zufrieden. Wir denken, wenn wir nur diese eine bestimmte Sache bekommen könnten, dann wären wir glücklich, aber natürlich macht uns das nicht glücklich und wir wollen etwas anderes – ein neues Auto, einen neuen Partner, viel mehr Geld. Da ist immer das Gefühl, dass etwas fehlt und das führt zu neuem Begehren.

Schau dir die erfolgreichen Leute in Hollywood an: berühmt, gutaussehend oder talentiert. Sie haben viel Geld, große Häuser und ein wunderbares Leben in Hülle und Fülle. Sind diese Menschen wirklich glücklich? Laut Klatschpresse sind sie es ganz klar nicht. Sie sind völlig in der Geschichte ihrer Wünsche gefangen. Wenn du sehr arm bist und nichts hast, dann hast du kleine Wünsche. Und mit der Zeit werden diese Wünsche größer. Wenn du eine Hollywoodlegende wirst, was kannst du dir dann noch wünschen? Nichts. Das kann großes Leiden hervorrufen. Man muss diesen Kreislauf von Wünschen durchschauen. Er ist hoffnungslos und endet nie.

Wenn du das Wort „Sehnsucht" benutzt, ist es etwas anders. Aus der Hoffnungslosigkeit des Wünschens kann die Sehnsucht entstehen, frei von all dem zu werden. Sie kann über viele Jahre da sein und muss nicht aufgegeben werden. Wenn du erkennst, dass das das Einzige ist, was du willst, wenn der Wunsch, frei zu sein deine Priorität wird, dann werden sich die anderen Wünsche auflösen. Diese Sehnsucht ist es, die dich zur Wahrheit führen wird. Sie ist sehr, sehr wichtig und darf nicht aufgegeben werden. Sie wird verschwinden, wenn du frei bist.

Meine Sehnsucht ist wie diese Sehnsucht, über die du sprichst. Vielleicht besteht der Schlüssel darin, präsenter zu sein.

Der Schlüssel ist, immer präsent zu sein. Du musst aufpassen, wie du das verstehst. Wenn du denkst: „Oh, das ist eine neue Aufgabe für mich. Nun muss ich das Wünschen aufgeben. Wie kann ich das Wünschen aufgeben?", unterstützt du in Wahrheit dein Ego. Damit bestätigst du andauernd dieses getrennte Ich, das das Wünschen aufgeben will. Indem du präsent bist, kannst du das ganze Thema aufgeben.

Sei dir deiner Wünsche bewusst. Nimm sie zu dir zurück und erkenne, woher deine Wünsche kommen. Die meisten Wünsche entstehen aus einem Gefühl des Mangels heraus. „Wenn ich einen besseren Job hätte, dann wäre ich glücklich. Das Leben wäre viel besser." Wünsche entstehen aus dem Gefühl, dass jetzt gerade etwas fehlt. Kannst du das sehen? Wenn du wirklich präsent bist, hast du kein Gefühl des Mangels. Da ist nur diese wunderbare Energie.

Etwas, das du mehr in dein Leben integrieren könntest, ist die Selbsterforschung. Am Anfang ist es nicht so leicht, deshalb musst du beharrlich sein. Wenn du noch sehr an der Welt hängst und alle möglichen Wünsche hast, zum Beispiel, dass die Welt dir Glück, Liebe und viel Geld geben soll, wird dir diese Erforschung nicht viel nützen. Wenn du die richtige Priorität hast und du lange genug praktizierst, wirst du an den Punkt kommen, an dem der Verstand beginnt, die Erforschung zu unterstützen. Es ist fast so, als ob man dem Verstand einen neuen Trick beibringt. Der Verstand ist ein wenig dumm und merkt nicht, dass dies zu seinem eigenen Niedergang führen wird.

Jeder Gedanke steigt aus der Quelle auf, aus dem Selbst. Und sofort greifen wir nach ihm und machen ihn zu „meinem". Wir identifizieren uns mit diesem Gedanken, diesem Wunsch: „Ich bin hungrig." Tatsächlich gab es nur einen Gedanken an Hunger, aber sofort, nahtlos, wird der Gedanke an Hunger zu „*Ich* bin hungrig". Dann folgt natürlich ein weiterer Gedanke: „Wie komme ich an Essen? Ich kann nicht bis zum Mittagessen warten. Ah! In meiner Tasche habe ich einen kleinen Schokoriegel. Oh! Wie schade, er ist geschmolzen – die ganze Tasche ist verklebt. Es wird eine Weile dauern, bis ich diese Schokolade aus meiner Tasche entfernt habe." So läuft das normalerweise ab.

Die Selbsterforschung empfiehlt, dass du bei diesem ersten Gedanken oder Wunsch anfängst und sofort fragst: „Zu wem kommt dieser Gedanke?" – noch bevor er sich an das „Ich" anhaftet. Das ist natürlich sehr subtil und wenn du das dann mit allen auftauchenden Gedanken fortsetzt, wirst du feststellen, dass Gedanken und Wünsche nach und nach weniger werden. In deinem Verstand wird es mehr Raum geben, mehr Stille und Leere.

Wenn du es richtig verstehst, geduldig bist und von Anfang an die richtige Priorität setzt, dann wirst du ziemlich sicher zur Selbsterkenntnis gelangen. Du erkennst das Selbst. Du gewinnst die Goldmedaille. Du erkennst, dass du nie vom Selbst getrennt warst. Du bist dieses Selbst. Es ist deine wahre Natur.

Hör auf, den Gedanken zu folgen

Etwa zwei Jahre nach Oshos Tod hörte ich von Papaji. Bekannte von mir kehrten mit einer Art innerem Strahlen zurück, nachdem sie ihn besucht hatten. Als ein enger Freund von mir zurückkam, war er sehr berührt und mir war klar, dass ich Papaji besuchen würde. Daraufhin lebte ich fast fünf Jahre in seiner *Sangha* in Lucknow. Wie für viele andere, war es das größte Glück in meinem Leben.

Du bist reif für Erleuchtung, wenn du nichts anderes mehr willst. Um geboren zu werden, wirst du neun Monate immer größer und größer. Für Erleuchtung musst du immer kleiner und kleiner werden, bis du vollständig verschwindest.

Papaji

Lieber John David,
vor etwa acht Jahren habe ich meine spirituelle Suche begonnen. Ich meditierte, suchte Gleichgesinnte und verbrachte Zeit an Orten, an denen eine gute Energie war.

Vor etwa vier Jahren bekam ich starke Depressionen. Aber ich konnte spüren, dass die spirituelle Reise mich für diese tiefere Schicht in mir selbst geöffnet hatte. Seither habe ich viele tiefe Emotionen und psychologische Strukturen gesehen und viele haben begonnen, sich aufzulösen.

Aber zur Zeit fühle ich mich irgendwie festgefahren. Ich habe eindeutig eine Priorität für die Wahrheit, aber meine Wünsche, meine Anhaftungen und mein Ego sind immer noch stark. Braucht es einfach nur Zeit, wenn die Priorität da ist, oder gibt es etwas, was ich tun kann, damit das Ego vollständig verschwindet?

„Du bist reif für Erleuchtung, wenn du nichts anderes mehr willst.“ Papaji würde sagen, dass das der letzte Wunsch sein muss. Dann würde er erklären, dass es nicht wirklich ein Wunsch wie alle anderen

Wünsche ist, es ist eine tiefe Sehnsucht, die letzte Priorität. Jedoch kann sehr leicht irgendein alter Wunsch auftauchen. Wir müssen ununterbrochen wachsam sein, um diese Wünsche zu sehen.

Ich erinnere mich an eine Freundin, die in Papajis Wohnzimmer saß. Jemand kam herein und sagte zu Papaji: „Ich gehe jetzt mal einkaufen." Die Freundin sagte sofort: „Oh, kannst du mir etwas mitbringen?" Nachdem die Person gegangen war, wies Papaji die Freundin zurecht: „Schau dich an! Da sitzt du, scheinbar still, dann kommt jemand und bietet dir an, etwas zu kaufen, und sofort willst du einen Lutscher haben. Das solltest du beobachten!"

So verhalten wir uns die ganze Zeit. Wenn wir wirklich ehrlich sind, können wir sehen, dass wir ständig etwas wollen. Vielleicht sind die meisten unserer Wünsche eher klein, aber selbst wenn sie klein sind, sagt das etwas aus. Es sagt: „Ich bin hier so, wie ich bin, nicht in Ordnung. Vielleicht wäre es dort drüben besser. Vielleicht würde ich mich besser fühlen, wenn ich einen Lutscher hätte." Der Verstand beschäftigt sich ständig damit, er produziert andauernd Wünsche.

Wenn wir immer wieder Wünsche produzieren, sind wir ständig im Verstand, im Ego, im denkenden Verstand. Papaji macht deutlich, wie wichtig es ist, still zu sein. Wenn wir ihn fragten, was seine Lehre sei, sagte er immer: „Sei still." Das bedeutet, keinen Gedanken aufkommen zu lassen.

Das war auch sehr deutlich im Alltag von Sri Ramana Maharshi und in seinem Ashram zu sehen. Er ist berühmt dafür, der stille Guru zu sein. Viele Stunden des Tages verbrachte er damit, mit seinen Schülern in Stille zu sitzen. Er beantwortete Fragen, aber in der Regel wurde nicht viel gesprochen. Die ganze Gruppe, die dort in Stille saß, strahlte einen überwältigenden inneren Frieden aus. So in Frieden zu sitzen ist deine wahre Natur und deine wahre Natur ist vollkommen still – ohne Begehren. Sobald diese Stille durch ein Verlangen gestört wird, aktivieren wir den denkenden Verstand und sind dann schnell wieder in unserem Film, in unseren Strukturen gefangen.

Kürzlich hatten wir ein zehntägiges Retreat in Denia, bei dem auch einige aus der Open Sky House Gemeinschaft Hitdorf dabei waren. Wir sind nur wenige Minuten von der Mittelmeerküste entfernt, wo man spazieren gehen oder Fahrrad fahren kann. In unserem tropischen Gartenparadies haben wir einen riesigen Swimmingpool. Der Garten ist so groß, dass du hunderte von Metern gehen kannst. Es gibt viele Möglichkeiten sich zu bewegen. Als die Leute aus Hitdorf nach zwei Wochen wieder zurückflogen, war eine Frau innerlich besonders still. Doch am nächsten Tag machte sie ein riesiges Drama. Worum ging es bei diesem Drama?

Nun, sie meinte, sie käme nicht damit zurecht, an ihrem Computer zu sitzen und hätte das dringende Bedürfnis, sich körperlich zu bewegen. Vielleicht ist das ganz normal, nachdem man zwei Wochen in der Sonne verbracht hat, aber andere waren auch zurückgekommen und für die war es kein Thema. Diese Frau lebt seit drei Jahren in der Gemeinschaft und das ist eines ihrer Dramen, das sich ziemlich regelmäßig wiederholt. Sie wurde konditioniert zu glauben, dass sie glücklicher wäre, wenn sie viel Sport treiben würde. Ihre Mutter war Sportlerin.

Papaji hat darauf hingewiesen, dass Selbsterkenntnis in dem Moment geschieht, wenn du verschwindest. Was bedeutet das? Es bedeutet, dass dein Ego nicht länger am Steuer sitzt, dass du tief in dir realisierst, dass der Gedanke – z.B. „Ich brauche körperliche Bewegung“ – nur ein Gedanke ist. Es ist kein Gedanke, der aus der Realität des Augenblicks herrührt, sondern ein Gedanke, der aus dem konditionierten Verstand kommt und wahrscheinlich viele Jahre zuvor entstanden ist.

Wir sind ständig in unseren konditionierten Vorstellungen verhaftet. Was also tun? Du kannst dir selbst gewahr werden. Das bedeutet, nach innen zu schauen und dir bewusst zu sein, was gerade geschieht. Für diese Frau heißt das zum Beispiel, dass sie sich ihrer Struktur zum Thema Sport bewusst wird und versteht, dass es ihre eigene Struktur ist, die vor vielen Jahren durch ihre sportliche Mutter geschaffen wurde und dass sie vollkommen damit identifiziert ist.

Die Einladung ist, zu schauen, selbstgewahr zu sein und deine Vorstellungen bewusst zu beleuchten. Wenn du auf deine innere

Welt fokussiert bleibst, wirst du an einen Punkt kommen, an dem du die Entstehung dieses Gedankens zu fassen bekommst, ohne an ihn angehaftet zu sein – „Ah, da ist wieder diese Vorstellung über Sport und Glücklichsein." Um diesen Moment zu fassen, müssen wir sehr offen sein und sehr still werden. Das ist schwierig, weil wir so stark an den jeweiligen Strukturen hängen, die da hochkommen. Sie scheinen uns vollkommen normal – wir nennen sie „Ich".

Wie unser Fragesteller berichtet: Als er anfing, tief nach innen zu schauen, schienen die emotionalen und psychischen Strukturen kein Ende zu nehmen. Jetzt fühlt es sich so an, als sei er im Geburtskanal stecken geblieben. Das ist gar nicht so einfach. Die ersten Jahre in der Gemeinschaft waren ziemlich schwierig für ihn. Da hatte er auf jeden Fall etwas Depressives oder man könnte auch sagen, er vermied, wirklich hier zu sein. Er war ein Tagträumer und einige Leute frustrierte das, weil es sehr schwierig war, wirklich an ihn ranzukommen. Dennoch ist er ein attraktiver Typ.

Nach und nach konnte die Gemeinschaft ein Spiegel für ihn sein und ihm zeigen, was da los war. Während der letzten zwei Jahre hat sich in seinem täglichen Leben einiges geändert. Die Tagträumerei wurde weniger und die Präsenz nahm zu. Es gibt Zeiten, in denen er sehr präsent ist, und es gibt immer noch Zeiten, in denen er sehr abwesend ist.

Aber weil er eine tiefe Priorität hat, gibt er nicht auf. Da ist immer etwas in Bewegung. Diese Bewegung ist möglich, weil ihm jedes Mal, wenn er hätte aufgeben können, klar wurde, dass seine innere Priorität ihm nicht erlaubt abzudriften. Und jedes Mal, wenn das geschah, gab es einen Schritt zu einem tieferen Verstehen. Nach acht Jahren Priorität kommt seine Frage aus einer tieferen Erkenntnis. Dennoch sagt er: *„ ... meine Wünsche und die Anhaftung an mein Ego sind sehr stark."*

Natürlich könnte man meinen, dass es schneller gehen sollte. Ich weiß wirklich nicht wie lange so ein Prozess dauert, das ist sehr individuell. Vier Jahre ernsthaftes Schauen sind nicht sehr lang. In unserer Gemeinschaft haben wir Leute, die seit sechs, acht und zehn Jahren intensiv schauen. In meinem Fall – ich habe sehr langsam gelernt – brauchte es fünfzehn Jahre. Man kann wirklich nicht sagen, wie schnell es gehen wird. Wir würden alle gerne glauben, dass es morgen Nachmittag passieren könnte. Das ist allerdings nicht sehr realistisch.

Es braucht eine starke Priorität, in der dein Verstand dich nicht mit irgendeinem Verlangen stört. Es war sehr interessant, Zeit mit Papaji zu verbringen, denn er war ein Lehrer für reife Seelen. Menschen aus der ganzen Welt kamen zu seinen Treffen. Viele von ihnen hatten schon jahrelang nach innen geschaut. Bei vielen von ihnen passierte etwas.

Was passierte? Was haben sie gemacht? Eigentlich taten sie gar nichts. Sie hatten schon etwas getan. Papaji würde sagen, dass es als Suchender deine Aufgabe ist, einen Lehrer zu finden. Wenn du ihn gefunden hast, verbringst du soviel Zeit mit ihm wie du kannst und dann gibt es nichts mehr zu tun. Danach hängt es nur vom Lehrer ab.

Der westliche Verstand findet das ziemlich attraktiv. Wahrscheinlich hat Papaji das nicht ganz so gemeint. Es ist wie mit deinem Fahrrad einen steilen Hügel hinauf zu fahren, um dann auf der anderen Seite ohne irgendeine Anstrengung wieder runter zu sausen. Das könnte ein attraktives Bild sein.

Wenn du fragst: *„Gibt es etwas, was ich tun kann, damit dieses Ego vollständig verschwindet?"*, ist die einfache Antwort: nein. Die einfache Antwort ist, dass du ab einem bestimmten Punkt der Reise wirklich nichts tun kannst – außer wachsam sein. Durch die Wachsamkeit wirst du immer sensibler für den Moment, in dem die Gedanken auftauchen und in dem Anhaftung geschieht. Wenn ein solcher Augenblick kommt, besteht die Herausforderung darin, in der Quelle der Gedanken zu verweilen – im Selbst, deiner wahren Natur. Wenn wir zu dieser wahren Natur kommen können, dann war es das.

Das trifft es nicht ganz, denn die Gedanken und Strukturen bestehen vielleicht weiter. Genau genommen werden sie höchstwahrscheinlich bleiben, aber plötzlich gibt es keinen mehr, der an ihnen anhaftet. Das macht es sehr einfach sie anzuschauen, beinahe so, als wären sie die Strukturen von jemand anderen. Mit der Zeit verblassen sie, und eines Tages wachst du auf und bemerkst, dass du gar nichts getan hast, aber dass es da eine innere Leere gibt, die sich wie Frieden anfühlt. Kein Verlangen. Das ist natürlich die totale Revolution. Das ist die wahre Revolution – weil es deine eigene Revolution ist. Diese Revolution ist sehr anziehend, und du wirst Menschen begegnen, die möchten, dass du das mit ihnen teilst.

Ich habe kürzlich das Ultraschallbild eines acht Wochen alten Fötus gesehen. Er war sehr klein, aber dennoch, wunderbarerweise gab es eine Gestalt, die man sofort als Mensch erkennen konnte. Der wirklich magische Augenblick war, als ich plötzlich das Pulsieren des Herzens gesehen habe.

Ich frage mich, wo dieses Pulsieren herkommt. Es ist ein mystischer Augenblick. Die Existenz hat es so eingerichtet, dass es weitergegeben wird, von der Mutter zum Kind, von Generation zu Generation. Ich glaube, wir verstehen nicht wirklich wie das möglich ist oder wo dieses Pulsieren herkommt. Das Weitergeben von Bewusstsein ist genauso magisch. Wir könnten die Metapher von einer Kerze benutzen, die nicht brennt und dann in die Nähe einer brennenden Kerze kommt. So wird die Flamme weitergegeben.

Urteil und Hingabe

Mahatma Gandhi ist eine bedeutende Persönlichkeit in der indischen Kultur der Gegenwart. Sein Name ist zum Synonym für gewaltlosen Widerstand geworden und hat viele Freiheitsbewegungen inspiriert. Trotz des rücksichtslosen Vorgehens der britischen Regierung bestand Gandhi darauf, Indiens Unabhängigkeit durch gewaltlose Mittel zu erreichen.

Hingabe bedeutet, jeden Moment so zu leben, als hätte Gott ihn dir gegeben. Was auch immer geschieht, alles was dir im Leben gegeben wird, lebe so, als wäre dir alles von Gott gegeben worden.

Mahatma Gandhi

Lieber John David,
ich erlebe häufig starke Konflikte in denen mein Ego Widerstand leistet. Es fühlt sich an wie eine unbeugsame Kraft und will nicht nachgeben. Das Ego ist so groß und da ist dieses Gefühl überwältigt zu werden. Danach gehe ich durch viele Gefühle, zum Beispiel auch Belustigung, und ich kann das alles gar nicht ernst nehmen. Wie kann ich mich hingeben?

Nun, so ist es nach den Konflikten, aber kannst du das, was du gerade gesagt hast, währenddessen sehen? Ich glaube, dass du ein sehr geringes Selbstwertgefühl hast. Dein Ego ist kein Felsen, sondern du hast eher ein subtiles Ego, das sich in der Vorstellung von „Ich bin nicht gut genug“ oder „Ich kann das nicht“ verstrickt hat. Das ist eine sehr starke Prägung, die du da übernommen hast, und sie ist absolut nicht wahr.

Ich würde sogar sagen, dass du jemand bist, der sehr kompetent ist und alles kann, vom Baby ins Bett bringen über Abendessen kochen bis hin zum Dachdecken. Du hast eine breite

Palette an Fähigkeiten. Du bist eine sehr kompetente Person, die mit der Vorstellung herumläuft, nicht gut genug zu sein.

Wenn dann eine große, unverrückbare Kraft auftaucht, hast du das Gefühl, dass du diesen kleinen Knirps in dir verteidigen musst. Das ist gar nicht notwendig! Du bist ein großer, starker Berg. Es gibt keinen Grund, irgendetwas zu verteidigen. Ich denke, jeder der dich kennt, würde dich ganz anders einschätzen als du dich selbst. Dein Selbsturteil, dass du ein kleiner Knirps bist, ein kleines Stück Scheiße, wird von anderen nicht geteilt.

Du hast hier viele wunderbare Dinge vollbracht, die kaum jemand anderer so hinbekommen würde. Die Leute respektieren das, lieben dich dafür und wollen dir deshalb sogar nah sein. Aber irgendwie glaubst du, dass du dich verteidigen musst. Gegen was eigentlich?

Es ist seltsam, da ich ja weiß, dass ich all das hinkriege. Das ist nicht das Problem. Es ist das Gefühl, dass ich keine Zeit habe oder mir keine Zeit gebe oder mir nicht erlaube, den Job so zu machen, wie ich ihn gerne tun würde.

Das ist nicht wahr, da du dazu neigst, dir bei den Jobs ziemlich viel Zeit zu nehmen. Wenn überhaupt, hätten wir es lieber, dass du dir weniger Zeit nimmst. Zeit ist nicht das Problem. Vielleicht hast du die Vorstellung, dass da nicht genug Zeit ist und du nicht machen kannst, was du willst. Ich kann dir ohne Zweifel sagen, dass die Qualität der Arbeit, die du hier machst, besser ist, als die der anderen Handwerker, die wir in den letzten sechs Jahren in der Gemeinschaft hatten. Du bist definitiv der beste Handwerker und es ist wichtig, dass du dich auch selbst so siehst. Es ist nicht notwendig, dass du mit einer großen Fahne herumläufst, auf der steht: „Ich bin der beste Handwerker, den es hier jemals gegeben hat." Das nicht. Aber für dich ist es wichtig, dass du dir selbst Wertschätzung für das gibst, wofür jeder andere dir Wertschätzung geben würde.

Biografien der Meister

A - L

Robert Adams

1939 - 1997

John Davids Buchempfehlung
Stille des Herzens

Robert Adams war ein amerikanischer *Advaita*-Lehrer, der sehr von Sri Ramana Maharshi beeindruckt war. Nach eigenen Angaben verbrachte er in seinen Teenagerjahren Zeit mit Paramhansa Yogananda, der bald spürte, dass es gut für ihn wäre, Sri Ramana Maharshi in Indien aufzusuchen.

Er berichtet, wie er Sri Ramana Maharshi daraufhin in Tiruvannamalai besuchte. Es ist unklar, ob dies tatsächlich geschehen ist, da sich niemand dort an Roberts Anwesenheit erinnern konnte.

Später gab er für eine kleine Gruppe von Schülern *Satsang* in Kalifornien und dann in Sedona (Arizona), wo er 1997 starb. Roberts Lehren waren zu seinen Lebzeiten nicht sehr bekannt, aber seit seinem Tod verbreiten sie sich weiter bei allen, die sich für die *Advaita*-Philosophie interessieren.

Er ist vor allem für seine Stille bekannt und für das Buch *Stille des Herzens*, das seine Lehren enthält. Es wurde 1997 veröffentlicht.

www.robertadamsinfinityinstitute.org

Adyashanti

geboren 1962 als Steven Gray

John Davids Buchempfehlung
Sein – die wahre Natur der Erleuchtung

Adyashanti ist ein amerikanischer spiritueller Lehrer und Autor aus der Gegend um San Francisco. In seinen Zwanzigern praktizierte er Zen-Buddhismus und im Alter von 25 Jahren erlebte er eine Reihe transformativer spiritueller Erwachenserlebnisse. In den darauffolgenden Jahren setzte er seine Meditationspraxis fort und arbeitete währenddessen im Maschinenladen seines Vaters.

Mit 31 Jahren hatte er ein Erwachen, das alle seine Fragen und Zweifel zum Schweigen brachte. 1996 lud ihn seine Meisterin Arvis Joen Justi ein, selbst zu unterrichten. Er begann zunächst Vorträge vor kleinen Gruppen zu halten, die im Laufe der Jahre größer wurden. Er änderte seinen Namen in Adyashanti, ein *Sanskrit*-Begriff, der „Ur-Frieden" bedeutet.

Die Zugehörigkeit zum Zen hat er stets relativiert: *„Die Wahrheit, auf die ich hinweise, ist nicht durch irgendwelche religiösen Gesichtspunkte, Glaubenssysteme oder Lehren beschränkt, sondern ist offen für alle und kann in allem gefunden werden."*

Er schrieb mehrere Bücher *Tanzende Leere, My Secret is Silence, True Meditation* und *Sein – die wahre Natur der Erleuchtung* und produzierte Audio- und Video-Aufnahmen. Mit seiner Frau Mukti lebt er in der Nähe von San Fransciso. Gemeinsam gründeten sie die Open Gate Sangha, eine Non-Profit-Organisation, die der Verbreitung seiner Lehren gewidmet ist.

www.adyashanti.org

Anandamayi Ma

1896 - 1981

John Davids Buchempfehlung
Leben und Weisheit der glückseligen Mutter Anandamayi Ma

Anandamayi Ma wurde 1896 in Bangladesch geboren. Ihre Eltern waren arme, tief religiöse und hingebungsvolle Brahmanen, ihr Vater war ein ekstatischer Sänger und ein glühender Verehrer *Krishnas*. Der Tradition entsprechend wurde sie bereits in jungen Jahren verheiratet. Ihr Ehemann erkannte ihre außergewöhnliche Spiritualität und wurde später ihr Schüler.

Sie reiste mehrere Male durch Indien und wurde bald von vielen Menschen verehrt, zahlreiche Ashrams wurden für sie gebaut, doch sie zog immer weiter: „*Dieser Körper gleicht einem Vogel im Flug. Er sitzt eine Weile auf irgendwelchen Zweigen, und dann erhebt er sich wieder in die Lüfte … Ihr sprecht von Ashrams, in denen ich wohnen soll, aber für diesen Körper ist die ganze Welt nichts als ein Ashram!*" Sie schien völlig frei von jeglichem Ego und stets in Kontakt mit dem Göttlichen zu sein, was sich in langen Phasen der Entrücktheit und in einer tiefen Gelassenheit äußerte. Sie betonte die Wichtigkeit, alles Weltliche loszulassen und sich allein auf die Hingabe an Gott zu fokussieren. Auch ermutigte sie ihre Anhänger immer wieder, anderen Menschen zu dienen.

Sie wurde eine berühmte Heilige und gilt als die reinste weibliche Inkarnation des Göttlichen im 20. Jahrhundert. Sie prägte die Spiritualität Tausender, die während ihres langen Lebens kamen, um sie zu sehen. Sie starb 1981.

www.anandamayi.org

Annamalai Swami

1906–1995

John Davids Buchempfehlung
Final Talks

Annamalai Swami, ein direkter Schüler von Sri Ramana Maharshi, verwirklichte das Selbst nach jahrzehntelanger Selbsterforschung. Er kam in den späten 1920ern als junger Mann zu Ramanas Ashram und arbeitete dort ungefähr zehn Jahre lang, zunächst als Sri Ramanas persönlicher Assistent und später als Bauleiter.

Eines Tages assistierte er Sri Ramana im Badezimmer und fragte ihn, ob die Ekstase, die die *Sadhus* fühlen, wenn sie Marihuana rauchen, dieselbe ist, wie die des Selbst. Sri Ramana ahmte daraufhin spielerisch einen berauschten *Sadhu* nach, lief durch das Badezimmer und umarmte Annamalai. In diesem Moment, so berichtet Annamalai, erwachte er.

Nach diesem Erwachenserlebnis wusste er, dass seine Zeit im Ashram zu Ende war, und er zog in ein Haus in der Nähe des Ashrams, praktizierte jahrelang Selbsterforschung und verwirklichte schließlich dauerhaft das Selbst. In seinem kleinen Haus entstand ein kleiner Ashram, da sowohl westliche als auch indische Sucher sich von ihm, seiner Präsenz und seiner Klarheit angezogen fühlten. Er starb 1995.

Durch die Erfahrung der Selbstverwirklichung hatte er aus erster Hand erfahren, wie die Selbsterforschung erfolgreich angewandt werden kann, was seinen Rat für Suchende besonders wertvoll machte. Seine Lehren, die er in einfacher und direkter Sprache wiedergab, sind in dem Buch *Final Talks* aufgezeichnet.

www.inner-quest.org/Annamalai_Self.htm

Gautama Buddha

6. Jahrhundert v. Chr.

John Davids Buchempfehlung
Die Lehrreden des Buddha: Anguttara-Nikaya

Siddhartha Gautama wurde im 6. Jh. v. Chr. in Nepal geboren und später als Buddha bekannt. Er war ein spiritueller Führer und Lehrer, dessen Leben die Grundlage für die buddhistische Religion wurde.

Der Überlieferung seiner Lebensgeschichte zufolge war er ein Prinz, der den Komfort und Luxus seines Palastlebens verließ, um herauszufinden, was wahres Glück bedeutet und wie man Leiden überwinden kann. Nachdem er jahrelang mit unterschiedlichen Lehren experimentierte, extreme Praktiken und Entbehrungen durchlief, aber keine ihm das gab, wonach er sich sehnte, verbrachte Gautama eine schicksalshafte Nacht in tiefer Meditation. In dieser Nacht erreichte er die Selbstverwirklichung und wurde zu Buddha.

Nach seiner Realisation ging er nach Benares und teilte seine Erkenntnis fünf heiligen Männern mit. Sie verstanden sofort und wurden seine Schüler. Das war der Beginn der buddhistischen Gemeinschaft. In den nächsten 45 Jahren gingen Buddha und seine Schüler in Indien von Ort zu Ort, verbreiteten das *Dharma* – seine Lehren – und führten ein sehr einfaches Leben.

Wohin Buddha auch immer ging, gewann er die Herzen des Volkes, weil er sich mit ihren wahren Gefühlen beschäftigte. Er riet ihnen, nicht einfach seinen Worten zu glauben, sondern selbst zu entscheiden, ob seine Lehren richtig oder falsch seien, bevor sie ihnen folgten. Er ermutigte alle zum Mitgefühl füreinander und dazu, ihre eigene Tugend zu entwickeln.

www.aboutbuddha.org

Pema Chödrön

geboren 1936

John Davids Buchempfehlung

Die 3 Versprechen: Was uns Halt gibt, wenn das Leben uns herausfordert

Pema Chödrön wurde als Deirdre Blomfield-Brown 1936 in New York City geboren. Nach einem Universitätstudium reiste sie nach Frankreich, wo sie Lama Chime Rinpoche traf, der sie auf den Weg des tibetischen Buddhismus brachte. Pema studierte und praktizierte unter dem Meditationsmeister Chögyam Trungpa Rinpoche, erlangte tiefe Erkenntnis und wurde zu einer ordinierten Schülerin.

Pema Chödrön ist eine führende Vertreterin der Meditationslehre und deren praktischer Umsetzung im Alltagsleben. Sie ist weithin bekannt für ihre charmante und bodenständige Interpretation des tibetischen Buddhismus für das westliche Publikum.

Ein zentrales Thema ihrer Lehre ist das Prinzip von *Shenpa* (Anhaftung), was sie als den Moment interpretiert, in dem man in einen Zyklus von gewohnheitsmäßigen, negativen oder selbstzerstörerischen Gedanken und Handlungen gerät.

Pema lehrt und wohnt derzeit in dem Kloster Gampo Abbey, in Kanada auf der Insel Kap Breton, Nova Scotia, dem ersten tibetischen Kloster für Westler. Sie hat viele Bücher publiziert, darunter: *Die Weisheit der Ausweglosigkeit* und *Wenn alles zusammenbricht.*

www.pemachodronfoundation.org

Ram Dass

geboren 1931

John Davids Buchempfehlung
Be Here Now

Ram Dass wuchs als Richard Alpert in einer jüdische Familie in den USA auf. Er wurde ein bekannter Psychologe und experimentierte zusammen mit Dr. Timothy Leary an der Universität in Harvard mit LSD und anderen psychedelischen Drogen. Als die Universität in Harvard ihn deswegen entließ, reiste er nach Indien und begab sich dort auf die Suche nach einem spirituellen Guru. 1967 traf er seinen Lehrer, Neem Karoli Baba, mit dem er sehr eng zusammenarbeitete. Von da an änderte sich alles. Er bekam den Namen Ram Dass (Diener Gottes) und sein intensives dharmisches Leben begann.

Nach seiner Rückkehr in die Vereinigten Staaten begann er zu lehren. Er hatte entscheidenden Einfluss auf eine Kultur, die mit den Worten *Sei jetzt hier* noch immer nachhallt. Das ist auch der Titel seines Buches, das er 1971 nach seiner Rückkehr nach Amerika veröffentlichte. Er gründete die Seva Foundation, deren Ziel es ist, Lösungen für die Probleme in der Welt zu finden.

Ram Dass´ Geist hat Millionen von Menschen mit auf den Weg genommen. Er beschreibt es als, *„... ihnen zu helfen, sich von ihren Fesseln zu befreien, während ich an meinen eigenen arbeite“*.

Nach einem Schlaganfall 1997 zog er sich nach Maui auf Hawaii zurück. Seine Lehren verbreitet er immer noch über das Internet und in halbjährlich stattfindenden Retreats. Sein Lebenswerk hat er 2013 in dem Buch zusammengefasst *Polishing the Mirror: How to Live from Your Spiritual Heart.*

www.ramdass.org

Deepak Chopra

geboren 1947

John Davids Buchempfehlung

Die sieben geistigen Gesetze des Erfolgs

Als Experte auf dem Gebiet der Geist-Körper-Heilung, ist Deepak Chopra ein weltberühmter Redner und Autor der integrativen Medizin und eine prominente Figur in der New Age-Bewegung. Er wurde 1947 in Neu-Delhi in Indien geboren. Nach dem Besuch des All India Institute of Medical Sciences kam er schließlich nach Boston, wo er seine Karriere als Arzt begann.

Trotz seiner aufstrebenden Karriere enttäuschte ihn die westliche Medizin. Je mehr sich sein Interesse an der integrativen Medizin vertiefte, desto mehr fiel sein Blick auf die Grenzen der westlichen Medizin. 1985 traf er Maharishi Mahesh Yogi und engagierte sich in der transzendentalen Meditation und gründete gemeinsam mit Maharishi die Maharishi Ayur-Veda Products International. Im Jahr 1995, als er bereits ein erfolgreicher Autor war, gründete er das Chopra-Zentrum für Wohlbefinden in Carlsbad, Kalifornien.

Chopras Kernbotschaft dreht sich um die Anschauung, dass die Dekadenz des westlichen Lebens zu einer komplizierten Abhängigkeit von einer materiellen Welt führt, um Glück zu finden. Er glaubt, dass eine Person "vollkommene Gesundheit" erreichen kann, einen Zustand, „indem man frei von Krankheiten ist, niemals Schmerzen empfindet und nicht altern oder sterben kann“, da der Körper im wesentlichen aus Energie besteht und nicht aus physischer Materie. Sein erstes Buch, *Quantum Healing: Exploring the Frontiers of Mind/Body Medicine,* veröffentlicht 1989, verkaufte sich gut, aber bekannt wurde er 1993 durch seine Veröffentlichung *Jung bleiben – ein Leben lang.*

www.deepakchopra.com

Der 14. Dalai Lama von Tibet

geboren 1935

John Davids Buchempfehlung
Der Weg zum Glück: Sinn im Leben finden

Tenzin Gyatso wurde als Lhamo Dhondup in Tibet geboren. Im Alter von zwei Jahren wurde er als die Reinkarnation des 13. Dalai Lama, Thubten Gyatso, anerkannt. Er war ein glückliches und lebhaftes Kind. Die volle politische Macht des Dalai Lama übernahm er im Jahre 1950 im Alter von fünfzehn Jahren. Allerdings war seine Regierungszeit kurz, denn im Oktober desselben Jahres nahm die Volksrepublik China, ohne viel Widerstand, Tibet ein.

Obwohl er für Friedensgespräche mit Mao Tse-tung und anderen chinesischen Führern im Jahre 1954 nach Peking reiste, war der Dalai Lama 1959, nach der brutalen Unterdrückung des tibetischen nationalen Aufstands in Lhasa durch chinesische Truppen, gezwungen ins Exil zu flüchten. Infolgedessen flohen er und mehrere tausend Anhänger nach Dharamsala in Nordindien und bildeten dort eine alternative Regierung. Seither ist Dharamsala ein Zentrum für die Aufrechterhaltung und Verbreitung der tibetischen Tradition und Religion, ein Zentrum des Lernens und der Meditation für Tausende Tibeter und Menschen aus aller Welt.

Der 14. Dalai Lama erhielt 1989 den Friedensnobelpreis. In seinem langen Leben im Exil bereiste er die Welt und sprach über das Wohlergehen der Tibeter, die Umwelt, Wirtschaft, Frauenrechte, Gewaltlosigkeit, interreligiösen Dialog und viele andere weitreichende Themen. In seinen Vorträgen umgibt ihn immer ein Gefühl von Leichtigkeit, Humor, Klarheit und Weisheit.

www.dalailama.com

Mahatma Gandhi

1869 - 1948

John Davids Buchempfehlung

Mittel und Wege: Ausgewählte Reden und Schriften

Mohandas Karamchand Gandhi setzte sich schon zu Beginn des 20. Jahrhunderts als indischer Emigrant in Südafrika gegen die Rassentrennung und für die Gleichberechtigung der Inder ein. Nach dem 1. Weltkrieg entwickelte er sich in Indien zum Anführer der indischen Unabhängigkeitsbewegung. Seine Form des gewaltfreien, zivilen Ungehorsams, beeinflusste die ganze Welt. Seine Anhänger nannten ihn „Mahatma" („Große Seele").

Mit großer Entschlossenheit verfolgte er eine aktive Strategie der Nichtkooperation, um gegen viele Ungerechtigkeiten einschließlich der Unterdrückung der ärmsten Klassen Indiens zu protestieren. Mehrere Male wurde er verhaftet.

Gandhi praktizierte einen asketischen Lebensstil und blieb stets seinen Prinzipien der Wahrhaftigkeit, des Friedens und der Gewaltlosigkeit treu. 1942 startete er die „Quit India"-Bewegung, um die Briten aus dem Land zu treiben und gab für seine Landsleute die berühmte Parole aus: „do or die" – „handel oder stirb". Obwohl die Bewegung kein sofortiger Erfolg war, mussten die Briten 1947 die Unabhängigkeit Indiens gewähren. Danach widmete er sich dem Frieden zwischen Hindus und Muslimen. Im Januar 1948 wurde er in Delhi von einem Hindu-Fundamentalisten erschossen.

Das Buch *Mittel und Wege: Ausgewählte Reden und Schriften* dient sowohl als Einleitung als auch zur Vertiefung von Gandhis Leben und Lehren.

www.mkgandhi.org

Georges Gurdjieff

1866 - 1949

John Davids Buchempfehlung

Peter D. Ouspensky: Auf der Suche nach dem Wunderbaren

George I. Gurdjieff war ein einflussreicher russischer Mystiker, Philosoph, und Komponist des frühen 20. Jahrhunderts. Er lehrte, dass die meisten Menschen kein einheitliches Körper-Geist-Bewusstsein besitzen und daher ihr Leben in einem Zustand hypnotischen „Schlafwandelns" leben, es aber möglich sei, zu einem höheren Bewusstseinszustand zu transzendieren und das gesamte menschliche Potential zu entfalten.

Er wurde 1866 in Alexandropol (heute Armenien) geboren und bereiste als junger Mann den Osten. Hier begegnete er vielen Menschen und alten Lehren, die ihn stark beeinflussten und seine späteren Lehren prägen sollten. Erwähnt werden diese Wanderschaften nur in seinem berühmten Buch *Begegnungen mit bemerkenswerten Menschen.*

Nachdem er sich in Frankreich in der Nähe von Paris niedergelassen hatte, eröffnete er ein Institut für die harmonische Entwicklung des Menschen. Dort lehrte er Schülern, ihre spirituelle Natur wieder in ihr alltägliches modernes Leben zu integrieren. Gurdjieff setzte seine Lehre, dass Menschen sich physisch, emotional und intellektuell entwickeln müssen, durch eine Mischung aus Vorlesungen, Musik, Tanz und handwerkliche Arbeit in die Praxis um. 1924 erlitt Gurdjieff einen schweren Autounfall, von dem er sich nie ganz erholte. Er starb 1949 in der Nähe von Paris.

Einer seiner engsten und bekanntesten Schüler war P.D. Ouspensky, der zwei wichtige Bücher zusammenstellte *Der vierte Weg* und *Auf der Suche nach dem Wunderbaren*, die als die zuverlässigsten Dokumentationen von Gurdjieffs Gedanken und seiner allumfassenden Sicht gelten.

www.ggurdjieff.com

Jesus

6 v.Chr. bis 33 n.Chr.

John Davids Buchempfehlung

Robert Powell: Chronik des lebendigen Christus

Jesus von Nazareth war ein religiöser Führer, dessen Leben und Lehre im Neuen Testament der Bibel festgehalten ist. Er ist die zentrale Figur des Christentums und wird überall auf der Welt von vielen Christen als Inkarnation bzw. (einziger) Sohn Gottes und als Vorbild für ein spirituelles Leben angesehen.

Jesus von Nazareth wurde ca. 6 Jahre v.Chr. in Bethlehem geboren. Über sein frühes Leben ist nur wenig bekannt, aber laut Bibel begann er zu lehren, nachdem er von Johannes dem Täufer getauft worden war. Seine Lehren schlossen auch Kritik an gängigen jüdischen Glaubenspraktiken ein, ebenso soll er sich als „Gottes Sohn" bezeichnet haben. Damit zog er sich den Hass einiger Priester, Thoralehrer und auch von dem Hohepriester zu, der von den Römern eingesetzt war. Er wurde gefangen genommen, angeklagt, zum Tode verurteilt und zwischen 30 und 33 n.Chr. gekreuzigt.

Die Christen glauben, dass Jesus für die Sünden aller Menschen gestorben und wieder von den Toten auferstanden ist.

Später entdeckte Quellen, zum Beispiel das Thomas-Evangelium, werfen ein neues Licht auf diese Lehren, indem sie viele Predigten aus der Bibel weglassen und sich auf eine Kernbotschaft konzentrieren, die weit mehr im Einklang mit Aussagen des Zen, des *Advaita* oder der Nicht-Dualität steht: *„Und Jesus sprach: Wer die Bedeutung dieser Worte versteht, der wird den Tod nicht schmecken."*

www.realteachingsofjesus.com

Jiddu Krishnamurti

1895 – 1986

John Davids Buchempfehlung
Selbstgespräche: Das letzte Tagebuch

Jiddu Krishnamurti war ein indischer Redner und Schriftsteller, der sich mit Themen der Menschheit und des spirituellen Erwachens befasste. Seit seiner Kindheit wurde er darauf vorbereitet, Weltlehrer der Theosophischen Gesellschaft zu werden. Mit 27 Jahren hatte er ein spirituelles Erwachen, das sein Leben völlig veränderte. Kurz danach wies er den Mantel des Weltlehrers mit den Worten zurück *„Die Wahrheit ist ein Land ohne Weg"* und verließ die Organisation.

Nach der Distanzierung von der theosophischen Bewegung betonte er stets, keiner Nationalität, Kaste, Religion oder Philosophie anzugehören. Er bereiste die Welt, um vor größeren und kleineren Gruppen zu sprechen und widmete sich hingebungsvoll der Revolution des Bewusstseins. Er errichtete alternative Schulen, die der Jugend eine bewusstere und ganzheitlichere Bildung zukommen lassen sollten.

Seine zahlreichen Vorträge und Lehren befassten sich mit Themen wie psychologische Revolution, die Natur des Verstandes, menschliche Beziehungen, Meditation, Erforschung und Ermutigung einer radikalen Veränderung der Gesellschaft. Er betonte stets die Notwendigkeit eines tieferen Verstehens der Psyche jedes einzelnen Menschen.

Er schrieb zahlreiche Bücher, unter anderem *Schöpferische Freiheit, Revolution durch Meditation* und *Krishnamurtis Journal.* Viele seiner Vorträge und Diskussionen wurden veröffentlicht. In seinen Büchern wie auch in seinen Vorträgen wirkte er stets klar, friedlich und von einer stillen und eindringlichen Kraft.

www.jkrishnamurti.org

Lao-Tse

6. Jh v.Chr.

John Davids Buchempfehlung

Tao Te King: Das Buch vom Sinn und Leben

Lao-Tse war ein chinesischer Philosoph und Schriftsteller. Er ist bekannt als der Autor des *Tao Te King* und gilt als Begründer des philosophischen Taoismus. Obwohl seine Person eine Legende ist, wird er für gewöhnlich um das 6. Jahrhundert vor Christus datiert und als Zeitgenosse von Konfuzius beschrieben.

Der Legende nach war Lao-Tse ein einfacher, ehrlicher Mann, ein Archivar des Reichsgerichts in China. Mit achtzig Jahren machte er sich auf zur westlichen Grenze Chinas, zum heutigen Tibet, traurig und desillusioniert, dass die Menschen nicht willig waren, dem Pfad zur natürlichen Herzensgüte zu folgen. Auf Befehl des Herrschers verlangte einer der Wachposten von Lao-Tse, zuerst seine Lehren aufzuzeichnen, bevor er die Grenze passieren konnte. Er hinterließ daraufhin den klassischen Text *Tao Te King*, in dem das Tao als die wahre Essenz des Universums verstanden wird, als die einzige Konstante, die auch als Wahrheit bezeichnet werden kann.

Das *Tao Te King* beginnt mit den berühmten Worten: *„Alles was man über Tao schreiben kann, ist nicht Tao.“* Dieses Buch ist besonders wichtig in unserer modernen Welt der ständigen Ablenkung und permanenten Veränderung. Seine Worte erinnern uns daran, wie wichtig Stille, Offenheit und Vertrauen sind. Sie ermöglichen es uns, elementare Anteile in uns wiederzuentdecken, die bislang verschüttet sind.

www.taoism.net

Paul Lowe

geboren 1933

John Davids Buchempfehlung
In Each Moment

Paul Lowe wurde in England geboren, arbeitete dort zunächst als Therapeut und reiste dann nach Indien, wo er sich Oshos Gemeinschaft in Puna anschloss. Er wurde *Sannyasin* und war später Oshos engster Schüler und bedeutendster Therapeut des Ashrams.

Nach seiner Zeit mit Osho bereiste er die Welt und verbreitete seine Erkenntnisse. Er experimentierte mit der Entwicklung von Gemeinschaften und versuchte seine eigene Nische in der modernen spirituellen Bewegung zu finden. In seinen Gesprächen und Workshops sprach er über alltägliche Themen wie Sexualität, Beziehungen, Elternschaft, Kommunikation, Religion, Gesundheit, Finanzen, Karriere und Glück. Seine Sicht auf die Welt und ihre Zukunft ermutigt Menschen über das hinauszugehen, was sie normalerweise für möglich oder für unmöglich halten.

2007 hörte Paul Lowe auf zu reisen und ließ sich in Australien nieder. Von dort lehrt er über Emails, Audios, Videos und seine Webseite. Hauptthemen seiner heutigen Lehre sind die eher abstrakten und unbestimmbaren Aspekte des Bewusstseins. Paul Lowe verbreitet seine Einsichten mit Klarheit, Zugewandheit und Humor.

www.paullowe.org

Ja, in mir ist das Gefühl überwältigt zu werden, so, als ob nach jedem Job immer noch ein weiterer kommt. Ich gerate in Panik und dann fange ich an zu explodieren. Ich fühle mich wie ein Schnellkochtopf und es kommt immer noch mehr. Ich weiß, dass dieses Haus so funktioniert.

Nicht nur dieses Haus funktioniert so. Schau dir an, wie das Leben läuft. Kannst du dich an eine Zeit erinnern, in der du nicht viele Dinge zu tun hattest? Jeder ist ständig beschäftigt.

Also, ich weiß nicht. Menschen können ihr Leben verkomplizieren oder vereinfachen. Vielleicht hatte ich meinen Ausweg dadurch gefunden, dass ich das Leben so strukturiert hatte, dass es ziemlich einfach war. Es gab Zeiten, in denen Stress aufkam, aber ich war recht entspannt. Ich arbeite gerne, aber nicht, wenn es so viel Druck gibt. Und auf eine Art bin ich sehr dankbar – ich meine, ich kann es wertschätzen, aber es irritiert mich ein wenig, warum du so viel Druck erzeugen willst.

Das ist wirklich sehr einfach. Nur ein Wort: Hingabe.

Das ist schwierig.

Ich weiß. Es geht nicht darum, sich John David oder jemandem hinzugeben. Um diese Hingabe geht es nicht. Es geht um die Hingabe an den Fluss des Lebens. Wenn du dich wirklich dem Fluss des Lebens hingeben würdest, dann wäre da nicht dieser Eindruck von „nicht genug Zeit“, denn das Leben selbst würde dir Zeit geben. Es gibt einen Fluss.

Theoretisch verstehe ich das, aber praktisch bin ich oft erschöpft. Mein Körper bereitet mir eine Menge Schmerzen. Ich weiß, ich identifiziere mich mit dem Körper und wenn ich das nicht tun würde, würde ich nicht so viel leiden. Aber abends rolle ich mich meistens ziemlich erschöpft im Bett zusammen und dann kann ich nicht schlafen, weil der Verstand Überstunden macht.

Wenn du ins Bett gehst und siehst, dass dein Verstand Überstunden macht, könntest du daraus folgern, dass er das den ganzen Tag gemacht hat.

Nun, nicht wenn ich im Fluss bin. Heute hat sich das dreimal oder viermal verändert – und manchmal war es ganz einfach und dann, zehn Minuten später, hatte ich einen kompletten Zusammenbruch und der Körper gab auf.

Dass du dich am Ende des Tages erschöpft fühlst, liegt nicht unbedingt daran, dass dein Körper besonders müde ist von dem, was du den Tag über gemacht hast. Das kann manchmal der Fall sein, da du handwerklich arbeitest, was natürlich auch müde machen kann. Aber es ist eher die Überaktivität vom Verstand. Was die Leute müde macht, ist ihr eigener Verstand.

Ja, das weiß ich auch.

Du weißt alles. Du weißt, dass du alles weißt, aber du verfängst dich trotzdem.

Ja, sehr häufig.

Es gibt hier zwei Möglichkeiten: du leistest mehr und mehr Widerstand oder du kommst in den Fluss und gibst dich hin. Zu einem bestimmten Zeitpunkt macht jeder in der Gemeinschaft diese Erfahrung. Die Gemeinschaft ist eine Art Energiezentrifuge, die dich im Kreis herumschleudert, bis du dich hingibst und eins mit der Zentrifuge wirst und dann wird es sehr leicht. Oder du gehst in den Widerstand, das Ganze bricht zusammen und du gehst.

Das ist schon seit Beginn der Gemeinschaft so. Manchmal kommt es vor, dass John David einen letzten kleinen Stoß geben muss. Normalerweise geschieht es automatisch, einfach durch die Energie hier. Für mich bedeutet das, dass wir eine sehr erfolgreiche

Gemeinschaft sind, da es nicht darum geht, ein schönes Gästehaus zu führen oder all die anderen Dinge zu tun, die wir hier machen. Wir sind hier, um tief in den Fluss des Lebens einzutauchen.

Die ganze Idee dieser Gemeinschaft besteht darin, dass Menschen zusammenkommen, die wirklich frei sein wollen. Der erste Schritt besteht also darin, zu entscheiden, ob du wirklich frei werden willst, denn wenn du das nicht willst, wirst du Widerstand leisten. Wenn du wirklich frei sein willst, dann wirst du zu dir selbst sagen: „Okay, ich bin hier, ich werde es versuchen." Widerstand funktioniert hier nicht und ganz sicher wird er dir, solange du hier bist, nicht viel nützen.

In deinem Fall braucht es eine Demontage, wie bei einem alten Auto. Alles auseinandernehmen, es ölen, wieder zusammenbauen und dann wird es gut laufen. Du musst dich entscheiden: Will ich das wirklich? Bin ich bereit, mich hinzugeben? Wenn das geschieht, ist es mein Job, all deine Teile wieder zusammenzubauen. Ich muss dich nicht konfrontieren, indem ich dich terrorisiere – du bist sehr gut darin, dich selbst zu terrorisieren.

Das machst du durch deine unglaubliche Fähigkeit, Urteile zu fällen. Ist dir das schon einmal aufgefallen? Du hast viele Urteile und was sind sie am Ende? Der verzweifelte Versuch, dich an einem sinkenden Schiff festzuhalten. Du weißt, dass es sinken wird, aber du sagst dir: „Ich hätte mir diesen neuen Mantel anziehen sollen, bevor es sinkt." Aber keinen interessiert das, niemanden interessieren deine Urteile. „Ich merke gerade, dass diese Lampe hier an der falschen Stelle hängt. Wer immer sie aufgehängt hat, er hat es am falschen Platz getan … nun hängt sie genau richtig. Sehr gut. Jetzt haben wir endlich alles am richtigen Ort. Ist das jetzt nicht schön? Ganz genau die richtige Stelle." Wenn du so weitermachst, wirst du nur verrückt.

Ich mache das trotzdem.

Ich weiß! Und du wirst verrückt.

Es ist immer noch ziemlich schlimm, aber allmählich wird es besser und ich kann durchs Haus gehen und Sachen sehen, ohne zu genau hinzuschauen. Wenn ich genauer hinschauen würde, würde ich verrückt werden.

Du bist schon verrückt. Wir versuchen, dich weniger verrückt zu machen. Was du sagen könntest, um weniger verrückt zu werden, ist zum Beispiel: „Also, das Haus hat ein Dach, es gibt Wände, es gibt eine funktionierende Heizung, ich weiß, es ist nicht hoffnungslos. Ich bekomme dreimal täglich etwas zu essen. Ich habe etwas zum Anziehen. Das Leben ist nicht so schlecht."

Es macht nicht wirklich etwas aus, ob die Lampe am richtigen Platz hängt oder nicht. Wer entscheidet, dass das der falsche Platz ist? Vielleicht würde sie in der Ecke dort drüben sehr nett aussehen. Wer entscheidet das? Schau, wie schön das sein könnte. Siehst du? Sie könnte auch dort drüben stehen und ich könnte sie einmal umdrehen, so dass du die andere Seite sehen kannst. Du könntest stundenlang so weitermachen, doch wen interessiert das? Ich könnte euch alle ganz verrückt machen, indem ich über diese Lampe spreche.

Ich bin überrascht, dass du abends überhaupt bis in dein Bett kommst. Eigentlich müsstest du unter dem Gewicht all deiner Urteile zusammenbrechen. Du trägst so viele Urteile mit dir herum, dass du am Fuß der Treppe einfach zu einem Häufchen zusammenbrichst. Gönn' dir selbst mal eine Pause. Wir machen uns alle schon Sorgen, weißt du? Nimm es leicht, du machst einen guten Job. Du bist ein netter Kerl, der denkt, er sei kein netter Kerl.

Okay.

Atme das einfach mal ein. Was würdest du tun, wenn du tatsächlich ein netter Kerl wärst und du nichts beurteilen müsstest? Wie schrecklich. Stell dir das vor! Was, wenn alle Lampen genau am richtigen Platz wären? Dann könnten wir natürlich mit den Blumen anfangen, schau, sie hat diese gelbe Blume neben die rote Blume gestellt. Und schau dir diese Vase an. Da steht eine grüne Vase mit grünen Blumen, das ist nicht richtig. Ich muss das ändern. Siehst du, es ist einfach endlos. Wird es jemals eine perfekte Welt geben, in der du sagen kannst: „Okay, das passt?“ Wird es nicht. Es besteht nicht die geringste Chance.

Durch schwierige Zeiten geleitet

In den 1980er Jahren erkrankte Robert Adams an Parkinson. Zu dieser Zeit lebte er mit seiner Frau und seiner Tochter in Los Angeles und war Hausmeister von einem Mietshaus. Er gab für kleine Gruppen *Satsang*. Als sich seine Krankheit verschlimmerte, zog er nach Sedona, wo er seine Treffen fortsetzte.

Es gibt etwas in dir, das weiß, was zu tun ist. Es gibt eine Kraft, die größer ist als du, die weiß, wie man ohne deine Hilfe auf dich aufpasst. Alles, was du tun musst, ist dich ihr hinzugeben. Gib deine Gedanken, deinen Verstand, dein Ego der Strömung hin, die den Weg kennt. Sie wird sich um dich kümmern. Sie wird besser auf dich aufpassen, als du es dir jemals hättest vorstellen können.

Robert Adams

Hallo Svetlana,
schön, dass du wieder hier sitzt. In den letzten acht Monaten war es schwierig für dich, hier zu sein. Vor zwei Jahren hattest du einen tiefen Einblick und dein Leben änderte sich. Damals hattest du einen sehr guten Job als Geologin in einem Bergbauunternehmen. Dein Chef mochte dich sehr und wollte nicht, dass du gehst.

Schließlich hast du dich dazu entschlossen zu kündigen. Du hattest vor, in der Gemeinschaft zu leben, aber als du in die Gemeinschaft kamst, war es dort auch schwierig. Plötzlich hattest du keinen Halt mehr. War es in etwa so?

Ja, es war fast genauso, wie du es erzählst, aber von meiner Seite kann ich noch bemerken, dass es nicht für mich sehr schwierig war, sondern für mein Ego. Ich befürchtete, dass mein Verstand durch so viele große Veränderungen zusammenbrechen würde. Tatsächlich ist er explodiert.

Dein Verstand ist explodiert?

Vielleicht nicht ganz, aber er ist jetzt sehr viel ruhiger.

Oft kommt eine große Angst ums Überleben hoch. Ich glaube, das war eine starke Struktur bei dir.

Ja, aber dieses Problem habe ich in meinem Leben immer noch.

Wenn du dir dessen bewusst bist, ist es weniger bedrohlich. Du kannst es nicht wirklich aufhalten, aber du brauchst davor nicht mehr so viel Angst zu haben. Vor etwa einem Jahr war diese Überlebensangst bei dir so stark, dass sie in jedem Augenblick präsent war. Vielleicht hast du nicht jeden Tag Mittagessen bekommen, deshalb hatte deine Situation zu einem gewissen Teil auch eine reale Ebene. Es ist sehr gut, dass du hierher zurückgekommen bist. Kommt es dir jetzt weniger bedrohlich vor?

Jetzt ist es ruhiger und friedlicher, aber ich verstehe nicht wirklich, was ich tue oder wie ich hier hergekommen bin.

Du weißt nicht, warum du hier sitzt?

Es ist so, als würde ich nichts verstehen. Ich weiß überhaupt nichts.

Nun, ich glaube, dass du hier bist, weil du hier sein musst. Du hast eine starke und schwierige Phase der Veränderung durchgemacht, die vielleicht noch anhält. Diese Veränderung führt nicht zu John David oder zu der Gemeinschaft; sie führt zu deinem eigenen Sein. Wie bei den meisten Menschen war dein Verstand voll mit den unterschiedlichsten Gründen, warum und was du in deinem Leben gemacht hast, aber jetzt bewegst du dich auf etwas Wahrhaftigeres zu. Das ist nicht so einfach. Glaubst du, dass du sehr viel Stärke besitzt?

Etwas in mir glaubt, dass ich stark bin.

Jetzt sprichst du wie ein junges Mädchen, das sehr unsicher ist. Du wusstest, dass du in deinem Job gut warst und du hattest großes Selbstvertrauen, du warst in deiner Kraft.

Das ist wahr und ich habe gefühlt, dass ich alles schaffen kann. Es betraf nicht nur die Arbeit, sondern alles, viele Dinge. Aber jetzt ist alles anders.

Weil es so anders ist, fühlst du eine gewisse Verletzlichkeit. Es ist wie bei diesen großen Schlangen, zum Beispiel den Pythons: Sie haben enorme Kraft, aber wenn sie sich häuten, werden sie verwundbar. Du häutest dich gerade. Es ist ein sehr schöner Prozess, aber nicht einfach. Ich bin froh, dass du wieder hier bist. Es scheint, dass du wegen deiner Verbindung zu John David hier bist, aber darum geht es nicht wirklich.

Wenn du dich an unser erstes Treffen im Tee Club in Kiew erinnerst, vor ungefähr vier Jahren, da bist du gerade von einem Geschäftstreffen gekommen. Du hast dein Business Outfit getragen und warst in deiner Business Power. An diesem Abend ist etwas geschehen, was dein Leben verändert hat.

Du hast etwas verstanden, was du nicht einfach vergessen kannst. Du hast etwas gesehen, das wahr ist. Es hat etwas in dir berührt und jetzt, vier Jahre später, bist du noch immer auf dem Weg. Du bist sehr intelligent und deshalb konntest du etwas wiedererkennen. Deswegen bist du hier.

Es geht darum, mit deinem wahren Sein in Einklang zu kommen, zu sein, wer du wirklich bist und nicht so wie Vater, Mutter oder die Gesellschaft es wollen. Es ist eine Bewegung hin zu deinem eigenen Wesen, und in diesem Prozess muss das Falsche sterben. Somit ist es eine Art Sterbeprozess. Die Dinge, an die du zuvor geglaubt hast, passen nicht zu deinem Wesen. Du bist eine Expertin in der Welt der Wirtschaft und der Geologie geworden und du hast das alles geschafft, weil du durch irgendwelche alten Strukturen motiviert warst, über die du dir jetzt nicht mehr so im Klaren bist.

Ich bin durch etwas Ähnliches gegangen. Als ich mit etwa zwanzig das College verließ, bekam ich meinen Traumjob. Ich begann zu arbeiten und entdeckte sehr schnell, dass ich das nicht wollte. Es wurde sehr schwierig. Ich hatte meinen Traumjob, aber ich wollte ihn nicht. Ich fand meine Lage entsetzlich. Ich wusste nicht, was ich tun sollte, wohin ich gehen sollte. Ich hatte keine Ahnung. Also machte ich einen ersten Schritt.

Ich hörte auf zu arbeiten und studierte noch einmal, was mir ein Gefühl von Zeit und Raum gab. Das hat zwar auch nicht funktioniert, aber in diesem Suchen hat mich die Existenz aufgegriffen. Große Veränderungen begannen. Die erste Veränderung war eine räumliche – von England nach Japan. In Japan wurde es sehr schwierig, weil ich mit so viel Unsinn in John David konfrontiert wurde. Ich wurde mit meiner eigenen Konditionierung konfrontiert. Das Gewicht von all dem fühlte sich manchmal an, als ob es mich umbringen würde. Ich wusste nicht, wie ich da herauskommen sollte. Du hast sicher von dem Ausdruck „dunkle Nacht der Seele" gehört. In meinem Fall waren es drei Jahre.

Es war sehr intensiv. Dann kümmerte sich die Existenz um mich. Sie brachte mich zu jemanden, der mich auf einen indischen Ashram aufmerksam machte. Ich hatte keine Ahnung, dass das, was ich brauchte, ein indischer Ashram war. Das war völlig außerhalb meiner Lebensrealität. Ich hatte nie daran gedacht, einen spirituellen Lehrer zu haben. Als es dann dazu kam, wurde es sehr schwierig, da meine Mutter sehr geschockt war.

Sie war sehr glücklich gewesen über den Lebensweg, den ich eingeschlagen hatte; mit meinem neuen Leben hingegen war sie gar nicht glücklich. Sie hatte den Eindruck, dass es nur darum ging, in der Sonne zu sitzen, nichts zu tun und das Geld zu verschwenden, das sie für meine Erziehung ausgegeben hatten. Das erzeugte bei mir einen großen Druck, und es war nicht leicht herauszufinden, wie ich damit umgehen sollte. Das brauchte Zeit.

Ich bin sehr glücklich darüber, dass ich meinen Job aufgegeben habe. Aber am Anfang war es nicht immer angenehm. Nach drei oder vier

Monaten erkannte ich, dass ich sehr glücklich war, gegangen zu sein. Vor zwei Monaten erhielt ich ein weiteres Jobangebot als Hauptgeologin in einer großen Firma. Sie versuchten mich zu überzeugen und ich sagte ihnen: „Ich habe gerade dieses Angebot ausgeschlagen und Sie bieten mir das gleiche an." Ich habe erkannt, dass ich nicht so viel arbeiten möchte – mein Verstand will nicht so viel Aktivität – und wie mich diese Arbeit davon ablenkt, mich selbst zu fühlen und bei mir selbst zu bleiben.

Du kannst nie zurückgehen.

Es war eine dieser ganz sicheren Anstellungen.

Auch das ist nicht immer einfach. Erinnerst du dich, als du darüber nachgedacht hast, deinen Job aufzugeben, habe ich dich dazu ermutigt.

Ja, ich erinnere mich. Ich bin sogar sauer auf dich gewesen.

Ja, da bin ich mir sicher. Du bist nicht die erste Person, die wütend auf mich war. Manchmal wird ein Ehemann oder eine Frau sauer auf mich, weil Leute beschließen, ihre Beziehung zu beenden. Viele Menschen werden wütend auf mich; das ist Teil meines Jobs, das muss ich akzeptieren.

Aber im Moment und schon seit einiger Zeit bin ich dir sehr dankbar.

Es gibt andere Menschen, die sind gegangen und nicht wiedergekommen. Sie sind nicht dankbar. Warum bist du dankbar? Du bist dankbar, weil du erkennst, dass du jetzt auf einer Reise zu deiner inneren Natur, zu dir selbst bist. Das ist das allerschönste Abenteuer. Schon am Anfang hattest du einen Einblick in die Möglichkeiten. Ist das richtig? Also kennst du sie jetzt und dieses Wissen macht alles möglich.

Ich habe das Gefühl, dass ich freier geworden bin, seitdem ich meinen Job aufgegeben habe. Und viel ruhiger.

Das wird so weitergehen.

Es gab Momente, in denen ich meine ganzen Ideen über Erleuchtung und alle anderen spirituellen Dinge nicht mehr wollte. Aber dann konnte ich sehen, dass ich anfing, mich den Strukturen zu stellen, die eine Menge Schmerzen in mir verursachten. Also arbeitete noch etwas in mir und deshalb bin ich hier.

Du bist intelligent und hast Power. Das ist eine große Hilfe, obwohl du jetzt ohne deine Kraft sprichst. Du wirst vielleicht noch eine Woche wie eine Zwölfjährige sprechen, aber vielleicht auch nicht, weil deine Kraft wiederkommen kann.

Ich habe keine Zweifel daran. Ich kann sagen, dass ich eine Verbindung mit dieser Gemeinschaft habe und deshalb habe ich mich nicht verloren. Und ich bin hier. Aber als ich dieses Jahr das erste Mal gekommen bin, war es sehr schwierig.

Du bist mir immer noch ein bisschen böse. Es ist ein schwieriges Jahr, oder?

Ja, es ist schwierig. Aber ich glaube, dass alles, was geschieht, zu unserem Besten geschieht, selbst wenn jemand etwas Falsches macht.

Wie ich am Anfang schon gesagt habe, es ist immer alles richtig. Wir sind immer am richtigen Ort, machen immer das Richtige, auch wenn es schwierig ist. Was in deinem Leben geschieht, ist genauso wie bei vielen Menschen, einschließlich bei mir.

Ich hatte auch einen guten Job und gute Aussichten für die Zukunft. Meine Mutter war darüber sehr glücklich, aber in einen indischen Ashram zu gehen und in der Sonne zu sitzen, das war sehr schwierig für sie. Es war auch schwierig für mich. Als ich ihren Brief las, dachte ich, dass ich vielleicht verrückt sei, und es kamen viele Zweifel auf.

Es gibt etwas in uns, dass uns alle führt. Dem kannst du völlig vertrauen. Man kann sogar sagen, dass es die einzige Sache ist, der du ganz vertrauen kannst – deine eigene Verbindung zu allem. Du kannst ihr vertrauen und sie funktioniert immer.

KAPITEL 4

Beharrlichkeit

Wenn du in der Tiefe verstehst, dass es gilt die Identifikation mit dem Ego aufzugeben, dann wird Beharrlichkeit wichtig. Jeder spirituell Suchende wird Momente erleben, in denen er sich leicht selbst sabotieren und in Altbekanntes zurückfallen kann.

Beharrlichkeit

Es wird alle möglichen Situationen geben, vor denen du weglaufen möchtest, und einer der häufigsten Wege wegzulaufen, ist eine Beziehung einzugehen, wir verlieben uns. Es ist wichtig, zu erkennen, dass du schon Liebe bist, und dass deine Bemühungen, Liebe von außen zu bekommen, sehr leicht dein Erwachen sabotieren können.

Weglaufen kann auch anders geschehen: durch die Vorstellung, nicht gut genug zu sein oder wenn das Ego zu stark herausgefordert wird oder indem wir uns spirituelle Vorstellungen aneignen, die uns davon abhalten, tiefer zu schauen.

Verstecken in der Nicht-Dualität

Ich traf Paul Lowe 1978 in Oshos Ashram, als er Teertha hieß und einer seiner wichtigsten Schüler war. Ich spürte die unermessliche Liebe und die Leichtigkeit, die ihn umgab. Jahre später trafen wir uns in Berlin, als er wieder Paul Lowe hieß und sich mit Osho entzweit hatte. Für eine kurze Zeit hatte er eine Gemeinschaft in Norditalien. Doch er löste sie auf, weil er die Bewohner nicht dazu bringen konnte, das Licht auszuschalten!

Wir wollen es nicht sehen, wie es ist. Wir wollen es so sehen, wie wir es sehen wollen, so, wie wir es haben wollen. Wenn wir also weiterhin danach schauen, wie wir es haben wollen, sehen wir nicht, wie es ist.

Paul Lowe

Lieber John David,
ich bin davor weggelaufen, tief in mich hineinzusehen, indem ich „gemacht" habe.
Zuerst machte ich in Russland eine Art Therapie, die einen in einen sehr schönen Zustand bringt – Liebe, ein offenes Herz. Ich blieb da eine Weile dran. Dann habe ich dich und Advaita *kennen gelernt und entdeckte: „Oh! Ich bin DAS. Ich bin nichts." Und wieder brauchte ich mir nichts anzuschauen. Ich habe das Gefühl, es geht nicht tiefer.*

Ich bin nichts. Ich brauche mir nichts anzuschauen. Ja, das ist nur ein Konzept, es ist eine bequeme Vorstellung. Das ist ein häufiger Fehler, den die Leute in den letzten Jahren mit *Satsang*, mit der Nicht-Dualität gemacht haben. „Oh! Ich war bei zwei Treffen. Jetzt verstehe ich. Ich bin nicht derjenige, der ich zu sein glaubte. Ich bin nicht jemand; ich bin keine Person. Ich bin nichts. Ja! Super! Also muss ich auch nichts tun, weil ich nichts bin."

Das kann ein totales Ausweichmanöver sein. Es ist nicht falsch, wenn du sagst: „Okay, ich bin nichts." Daran ist nichts verkehrt, da das vielleicht ein besseres Verständnis ist, als zu denken, du wärest jemand. Aber es ist nicht die ganze Wahrheit, weil diese alten Strukturen immer noch in uns arbeiten. Auch dann, wenn wir herumlaufen und sagen: „Ich bin nichts, ich bin nichts." Wenn du zu sehen beginnst, dass diese Mechanismen immer noch funktionieren, dann bist du an den Punkt gekommen, wo du das erforschen musst. Das nennen wir innere Arbeit.

Letzte Nacht habe ich Eiskunstlauf geschaut. Die Goldmedaille ging an eine siebzehnjährige Russin. Das hätte Padma in ihren jüngeren Jahren sein können. Die letzten vier Jahre hat sie wahrscheinlich jeden Tag trainiert. Ich glaube, sie hat irgendetwas bei den letzten Olympischen Spielen gewonnen, vielleicht Silber, und so hat sie weiter gemacht und nun die Goldmedaille bekommen.

Du bist ein interessanter Charakter Padma, weil du immer an der Goldmedaille interessiert warst, seit ich dich vor sechs Jahren kennengelernt habe, stimmt's?

Ja.

Irgendwie hast du nicht begriffen, was es braucht, wie viel innere Arbeit nötig ist. Was da für dich hochkommt, wird nicht so leicht sein. Viele Menschen werden auf diese Weise auf die Probe gestellt. Ich selbst wurde sehr stark auf die Probe gestellt in der Phase, als ich den Schlamm wirklich hochkommen ließ. Menschen lassen sich auf ein spirituelles Leben ein, weil sie jeden Tag ein paar Tropfen Honig haben wollen.

Du möchtest ein bisschen extra Süße in deinem Leben. Du möchtest ein bisschen glücklicher, ein bisschen mehr geliebt sein, es soll alles ein wenig netter sein. Aber wenn du nicht nur ein paar Tropfen Honig, sondern den ganzen Honigtopf haben willst, musst du leider oft durch Phasen gehen, in denen es wenig Honig gibt.

Es gibt da eine Art Winter, eine Zeit ohne Honig, in der wir sehr leicht resignieren können, weil wir die Vorstellung haben, dass wir jeden Tag Honig bekommen sollten. Ich glaube, dass fast jeder, der bis zum Honigtopf kommt, durch eine schwierige Phase gegangen ist, in der nicht viel Honig da war, „eine dunkle Nacht der Seele“, in der du dich abmühst klarzukommen. Du kämpfst darum, deinen Kopf aus dem Schlamm herauszubekommen. Du musst mit dem falschen Selbst ringen, um zum wahren Selbst zu kommen.

Es scheint, dass du es in den letzten Jahren meistens nicht geschafft hast, so weit zu kommen. Stimmt das? Oder wenn du so weit gekommen bist, hattest du vielleicht einen Verteidigungsmechanismus, der dir nicht gestattet hat, dich davon berühren zu lassen.

Du hattest diesen wirklich gutaussehenden, großen, liebenswerten, dänischen Freund. Erinnerst du dich an ihn?

Ja, natürlich. (Lachen!)

Du warst sehr hart zu ihm. Sehr hart! Anstatt zu schauen, was bei dir los war, hast du immer nur geguckt, was bei ihm los war. Wenn du also diese klare Priorität für Wahrheit hast – was gut sein kann – wenn du dein Bestes geben willst, dann musst du anfangen, zu sehen, was in dir los ist. Dann ist es jedoch gut möglich, dass der Honig eben nicht einfach runtertropft und du dich weiterhin gut fühlst. Häufig fühlt man sich dann nicht gut. Wahrscheinlich wirst du jemanden brauchen, der dir hilft, solche Dinge zu sehen.

Es ist wichtig, zu erkennen, dass, wenn uns als Kinder Dinge geschehen, wir keine Wahl haben. Es gibt keine persönliche Schuld. Wir werden in eine bestimmte Situation hineingeboren und in einer bestimmten Weise konditioniert. Wenn wir Glück haben, werden wir gut behandelt, wenn wir kein Glück haben, werden wir nicht so gut behandelt. Wie auch immer die Kindheit ist, sie wird wahrscheinlich sehr starke innere Strukturen schaffen, und wenn wir sie uns nicht anschauen, werden wir nie frei von ihnen sein. Es gibt eine feine Trennungslinie zwischen zu viel Beschäftigung mit der Vergangenheit und einer Abwehrhaltung, sie uns nie anzuschauen. Es braucht eine Balance.

Ja, ich muss hinschauen was los ist. Das ist für mich eine große Entdeckung.

Du hast ein offenes Herz und deshalb glaube ich, dass du eine echte Priorität für die 24 Karat Gold hast. Vielleicht wirst du das 24 Karat Gold nicht erreichen; vielleicht erreichst du nur 18 Karat. Das ist auch ziemlich gut. Besser als Silber. Eindeutig besser als Bronze.

Ich kann sehen, dass du noch immer in eine große Geschichte verstrickt bist, von der du glaubst, dass sie für dein Überleben notwendig ist. Du denkst, ohne diese Geschichte würdest du nicht überleben – das ist nicht wahr. Der Glaube an diese Geschichte ist genau das, was dich davon abhält, das zu erreichen, was du dir scheinbar am meisten wünschst, das Selbst. Das einzige, was dich vom Selbst trennt, ist deine eigene Geschichte, und wenn du die nicht sehen kannst, frage einen Lehrer. Das ist genau einer der Gründe, warum ein spiritueller Lehrer erforderlich ist – um dir zu helfen, deine Geschichte zu sehen.

Du kannst die aller anderen sehr leicht sehen, aber große Ehrlichkeit und Einsicht ist erforderlich, um deine eigene Geschichte und deine eigenen Anhaftungen zu erkennen. Der Verstand sagt dir, dass du es selbst schaffen kannst, doch der Verstand ist das Problem – und wie kann uns der Verstand helfen, vom Verstand frei zu werden? Das ist einfach Unsinn, eine Illusion! Völliger Unsinn, an den sogar fortgeschrittene spirituell Suchende irgendwie glauben. „Ich werde es tun. Ich werde zu einem weiteren *Satsang* gehen, ich werde zu einem weiteren Lehrer gehen. Ich werde es tun. Ich werde mich von meinem Ego befreien." Das ist ein sehr schöner Trick des Verstandes. Sie haben alle spirituellen Bücher gelesen und waren bei allen ihren Lieblingslehrern, haben Stunden mit Meditation und Jahre im Ashram verbracht und dennoch hat sich nichts verändert. Sie leben nicht in Frieden.

Ich frage häufig: „Wenn du es selbst tun kannst, warum hast du es dann noch nicht getan?"

Beharrlichkeit auf dem Weg

Das Zitat über Beharrlichkeit stammt von Sri Ramana Maharshi. Als ich mit Osho in Puna lebte, hatte ich in einem ehemaligen Maharaja Palast ein paar Zimmer gemietet und fand dort in einem Müllhaufen eine alte Fotografie. Der Mann auf dem Foto war nackt, trug nur ein Lendentuch und hatte ein wunderbares Leuchten in seinen Augen. Mit der Zeit fand das Foto den Weg in mein Herz. Ich machte einen goldenen Rahmen um das Foto und hängte es an meine Wand. Später entdeckte ich, dass es sich bei dem Mann um Sri Ramana Maharshi handelte, und ich lernte seine Lehre kennen.

In zwei Wochen werden wir ins Flugzeug steigen, um seinen Ashram zu besuchen und ganz in der Nähe unser eigenes Retreat abzuhalten. In den letzten fünfundzwanzig Jahren war ich Zeuge der wachsenden Zahl von Westler, die von seinem Leben und seinen Lehren berührt wurden.

Keiner hat Erfolg ohne Anstrengung. Diejenigen, die erfolgreich sind, verdanken ihren Erfolg der Beharrlichkeit.

Sri Ramana Maharshi

Lieber John David,
im Kontext des spirituellen Erwachens ist mit dieser Anstrengung und Beharrlichkeit, von der Sri Ramana spricht, das Durchhaltevermögen gemeint, um zu einem ruhigen Verstand zu kommen, das Durchhalten in schwierigen Situationen, denen man normalerweise ausweicht? Ich frage das, denn es bedarf sicherlich keiner Anstrengung, um das Selbst zu sein. Die Anstrengung besteht darin, immer deutlicher zu sehen, was im Weg ist.

Sri Ramana hatte ein spontanes Erwachen, als er sechszehn Jahre alt war. Kurz danach verließ er sein Zuhause und kam zum Berg Arunachala, einem bekannten spirituellen Ort. Ein schöner Ort, an dem er den Rest seines Lebens verbrachte. So gesehen scheint für ihn keine Beharrlichkeit notwendig gewesen zu sein, um das Erwachen zu erreichen.

Aber nachdem er dieses spontane Erwachen hatte, verbrachte er viele Jahre meist allein, hauptsächlich in Stille. Er wanderte auf dem Berg. Er saß in einer Höhle. Er vermied Menschenmassen.

Allmählich entdeckten ihn die Menschen. Sie kamen, um Zeit mit ihm zu verbringen und ihn zu besuchen. Später kamen sie, um mit ihm zu leben und fast von alleine wurde ein Ashram gebaut, aber all das geschah sehr im Flow, man könnte sagen schicksalshaft. Er sprach oft über das Schicksal.

Er ist nicht unbedingt der Richtige, wenn es um das Thema Durchhalten geht. Ich beobachte allerdings, dass Menschen sich am häufigsten dadurch sabotieren, dass sie nicht weitermachen.

Unsere Gemeinschaft gibt es seit vierzehn Jahren. Während dieser vierzehn Jahre haben ungefähr hundert Menschen hier gelebt, und die überwiegende Mehrheit von ihnen hat sich ablenken lassen oder kam aus irgendeinem Grund an eine Mauer oder Grenze der Selbstbetrachtung. Vielleicht wurde es schmerzhaft und sie gingen.

Es wird alle möglichen Situationen geben, in denen du gerne weglaufen würdest. Beharrlichkeit bedeutet, tief in dir zu wissen, dass es etwas gibt, das aufgegeben werden muss – die Identifikation mit dem Ego. Durchhalten bedeutet, weiterzumachen. Das wird nicht immer leicht sein. Obwohl dies überraschenderweise von Sri Ramana kommt, ist es auch ein sehr guter Ratschlag, den er einem bestimmten Schüler gegeben haben muss, der ihn besucht hat.

Wir haben im Augenblick hier genau diesen Fall; ein Mann, der hier in der hinteren Reihe unseres Treffens sitzt. Ich glaube, er hat unsere Gemeinschaft vor ungefähr acht oder zehn Jahren das erste Mal besucht. Er hatte viele Fragen. Er war ein ziemlich verkopfter Typ. Er war der beharrlichste aller Besucher unserer Gemeinschaft. Er lebte etwa eine Autostunde entfernt und kam jeden Montag und Freitag zu diesen Treffen.

Das war ein enormer Einsatz. Vor ungefähr zwei Jahren zog er dann bei uns ein und vor ein paar Tagen sagte er mir, dass er im

Frühjahr gehen wird. Im Grunde gibt er auf. Je länger du innere Arbeit machst, desto mehr wird in dir aufgewühlt werden und desto schwieriger wird es. Wir haben alle unsere Vorstellungen, wie die Dinge sein sollen und wie alles wunderbar einfach sein soll. Aber so ist es nicht. Du musst durchhalten. Wie könntest du sonst etwas von großem Wert erhalten?

Ja, das Selbst ist immer da – du bist immer das Selbst – und wenn du diese wundervolle Gegenwart lebst, gibt ist es keine Frage der Beharrlichkeit. Aber die meisten Menschen leben nicht in dieser schönen Präsenz, denn es gibt viele alte Probleme und Strukturen, die aus der Familie, der Gesellschaft, der Kultur herrühren und die sich in den Weg stellen. Sie sind wie eine Trennwand, die im Weg ist.

Ich kann dir sagen, Johannes, es ist schade, dass du nach nur acht Jahren jetzt aufgibst. Acht Jahre sind nicht lang. Ich verbrachte fünfzehn Jahre mit einem Lehrer, durchlebte viele, viele Schwierigkeiten und viele langweilige Momente. Ich hatte jede Menge finanzielle Schwierigkeiten und Beziehungsprobleme. Alle möglichen Dinge kamen hoch. Fünfzehn Jahre des Kampfes. Die ganze Zeit wurde ich stiller und stiller, wobei ich vielleicht nicht einmal merkte, dass ich stiller und stiller wurde.

Man kann nicht sagen, wie lange es wirklich dauert. Als wir vor vierzehn Jahren diese Gemeinschaft gegründet haben, hätte ich fünf Jahre gesagt. Aber wir haben viele Leute, die schon länger als fünf Jahre hier sind. Und sie sind noch nicht frei von ihrem Gepäck, von ihrem Staub, wenn du so willst. Vielleicht haben sie im Laufe der Jahre Einblicke gehabt. Sie hatten Augenblicke des Verstehens, in denen sie für ein paar Momente, Stunden oder Tage absolut präsent waren.

Dann legt sich der Staub wieder und du musst weitermachen. Und warum die Eile? Warum gibt es ein Gefühl der Eile? Das ist der Verstand. Unser Verstand schafft immer eine Art Ziel, eine Art Vorgabe, und wenn wir das nicht erreichen, dann sagt uns unser Verstand „Ich bin nicht gut genug“, „Es ist zu schwierig“, „Das will ich wirklich nicht mehr“ oder „Warum sollte ich mir das antun?“

Der Verstand wird einfach nur mit kleinen, sabotierenden Ideen aufwarten. Wenn dies geschieht, ist es sehr wichtig, dass du dich tief nach innen fallen lässt und dich wieder mit dem verbindest, das mit Sicherheit jeder in diesem Raum kennt. Du musst deine eigene innere Kraft fühlen. Du musst es selbst fühlen, wie es geschieht. Und dann ist es einfach weiterzumachen.

Alle Menschen, die ich als spirituelle Lehrer respektiere, haben viele, viele Jahre lang ausdauernd gearbeitet. Und ja, es ist sicherlich wahr, dass es immer eine Versuchung gibt, vor Dingen davonzulaufen, die nicht zu deiner Vorstellung passen oder vor Sachen, die unbequem erscheinen. Sri Ramana sagt: Stopp! Bleibe! Drehe dich um und stelle dich dem, was immer es ist.

Sobald du das machst, erhältst du fast sofort ein neues Verständnis. Etwas Neues wird enthüllt und dann ist das Weitermachen eine Zeit lang leicht, bis es wieder schwierig wird. Während dieser ganzen Zeit wirst du immer freier.

Sich in einer Beziehung verlieren

Thuli Baba war ein traditioneller und äußerst ungewöhnlicher Meister. Als Kind ist er völlig im spirituellen Leben aufgegangen. Sein Vater war ein heiliger Mann und Thuli Babas Meister. Thuli Baba hatte eine Familie gehabt, aber als ich ihn traf, lebte er mit seinen engen Schülern in einem wunderschönen Ashram, der von einem westlichen Schüler gebaut worden war. Er wurde bei einer kleinen Gruppe von Westlern bekannt. Da er ein traditioneller Meister war, lebten Männer und Frauen im Ashram getrennt. Er hatte ein wunderbares Kichern und war kompromisslos.

Um die letztendliche Wahrheit zu erkennen, musst du Beziehungen und die weltlichen Anhaftungen loswerden. Wenn du denkst, dass wir unsere wahre Natur verwirklichen können, indem wir in der Welt leben und diese Welt genießen, ist das damit vergleichbar, einen Fluss auf einem Krokodil sitzend zu überqueren. Denn das Krokodil wird dich töten.

Thuli Baba

Lieber John David,
für mich fühlt es sich an, als wäre es eine natürliche Sehnsucht, nah und intim mit anderen Menschen zu sein. Thuli Baba sagt, dass man sich von Anhaftungen wie einer Beziehung befreien muss, und das finde ich verwirrend. Ich denke, dass ich vielleicht einfach etwas missverstehe. Könntest du bitte zum Thema Beziehungen und Wahrheit etwas sagen? Könnte es sein, dass die Beziehungen selbst nicht das Problem sind, sondern dass es die Anhaftungen und Strukturen sind, die uns dann innerhalb dieser Beziehungen anketten?

Es ist ziemlich klar, dass für fast jeden das Thema Intimität mit einem anderen Menschen eine starke Struktur mit sich bringt, es ist ein starkes Thema. In den östlichen Traditionen des Buddhismus und Hinduismus gibt es die Auffassung, dass man als ernsthafter spiritueller Sucher zölibatär und alleine bleiben muss.

Jedes Jahr im Januar, wenn wir zum Retreat nach Indien reisen, besuchen wir oft zwei Ashrams: einer ist von Thuli Baba und der andere von Swami Dayananda. In Swami Dayanandas Ashram wird *Vedanta* unterrichtet und sie übernehmen vollkommen diese Tradition. Es wird völlig akzeptiert, dass Männer und Frauen getrennt sind. In Thuli Babas Ashram, der im Vergleich zu Swami Dayanandas Ashram ziemlich klein ist, gibt es etwa zwölf Männer und drei Frauen – eine sehr kleine Gruppe von Menschen. Auch er macht seine Position absolut klar: die Männer und die Frauen sind vollkommen getrennt. Die Hauptgruppe in seinem Ashram sind junge Männer, die man *Brahmacharyas* nennt, was bedeutet, dass sie die Entscheidung getroffen haben, zölibatär zu leben.

Ich habe Thuli Baba diesbezüglich gefragt, indem ich darauf hinwies, dass es in westlichen Ländern eher üblich ist, eine Beziehung zu haben, und dass wir keine Tradition haben, sich für das Zölibat zu entscheiden. Seine Antwort war, dass das *karmische* Schicksal manche Menschen dazu zwingt, der Versorger einer Familie zu sein – in einer Beziehung zu sein und zu arbeiten, um Kinder aufzuziehen. Dann, wenn die Kinder erwachsen sind und der Ehepartner versorgt ist, gibt es einen Rückzug aus der Intimität und einen Fokus auf das spirituelle Leben. Du kannst sogar die Familie verlassen und dich als spiritueller Sucher auf den Weg machen. Nach Thuli Baba ist das absolut notwendig.

Das ist natürlich für westliche Menschen ziemlich schwierig, da wir diesbezüglich keine Kultur haben. Ganz im Gegenteil sind wir mit der starken Konditionierung aufgewachsen, als Paar zu leben, ein verheiratetes Paar zu sein. In den Jahren unserer Gemeinschaft war dies immer ein Thema. Welche Art von Ratschlag könnte ich geben? Mit der Zeit, nach all den Jahren und vielen Überlegungen glaube ich, dass es von Fall zu Fall unterschiedlich ist.

Gleichzeitig wurde mir klar, dass die Menschen, die sich unserer Gemeinschaft anschließen, sich zu einem Experiment des bewussten Lebens bekennen. Wahrscheinlich für eine begrenzte Zeit, weil sie erwachen, frei werden und in dieser Freiheit leben wollen. Deshalb ist der beste Ratschlag, den ich ihnen geben kann, auf eigenen Füßen zu stehen und von da aus so spontan und so intim wie möglich mit den anderen Bewohnern zu sein.

Wir haben eine wunderbare Verbindung mit einer englischen Tantra-Lehrerin, die jedes Jahr in unsere Gemeinschaft kommt und mit uns daran arbeitet, diese Intimität zu fördern. Mein Rat für westliche Menschen, die ernsthaft erwachen und ernsthaft frei sein wollen, ist deshalb, sich besser nicht auf eine feste Liebesbeziehung einzulassen.

In der Vergangenheit hatte es vielleicht den Anschein, dass ich gegen die Ehe, gegen Beziehungen und Familie und so weiter bin. Das ist immer ein Missverständnis gewesen. Vielmehr bin ich für das Erwachen. Dies ist etwas, das sich nur wenige Menschen in ihrem Leben aussuchen werden. Für diese wenigen Menschen ist mein Rat, Intimität zu leben – ich bin nicht gegen Sexualität – aber eine feste, eheähnliche Beziehung zu vermeiden.

Dieser Rat wird größtenteils ignoriert, weil das für westliche Menschen wirklich sehr schwierig ist. Unsere Konditionierungen bezüglich Intimität und Beziehungen sind sehr, sehr stark, auch, weil wir eine seltsame Vorstellung von Liebe haben. Liebe ist in unserer Kultur etwas, das vom anderen kommt.

Er liebt mich. Sie liebt mich. Ich liebe dich. Du liebst mich. Wir werden gerettet werden! So funktioniert das natürlich nicht. Liebe ist etwas, das in uns selbst ist, und deshalb führt die Erwartung, dass sie von irgendwoher oder jemand anderem kommt, zu enormen Missverständnissen. Wie viel ich auch darüber rede, die Leute vergessen meinen Rat sehr schnell, sobald sie in eine feste, abhängige Beziehung geraten.

Deshalb habe ich heute Abend gedacht, dass ich veranschaulichen könnte, wovon ich rede. Soweit ich es beurteilen kann – aus der Erfahrung der letzten vierzehn Jahre mit der Gemeinschaft und der sechs Jahre davor, als ich ohne Gemeinschaft lehrte – ist das, was die Menschen mehr sabotiert als alles andere, sich in einer Beziehung zu verlieren.

Wenn das passiert, kannst du sehen, dass Wahrheit eigentlich nie wirklich die erste Priorität war. In der Tat war es die Priorität, einen Freund oder eine Freundin zu finden und sie unter Vertrag zu bekommen, da man glaubt, dass man dann für immer glücklich sein kann, weil man jemanden hat, der einen liebt. Tatsächlich gerät man damit einfach nur in die traditionelle, konditionierte Beziehungsfalle.

Gerade jetzt haben wir ein besonders gutes Beispiel für diese Sabotage. Jill ist seit fünf Jahren hier und hat die Gemeinschaft sehr unterstützt. Als sie das erste Mal kam, erzählte sie mir etwas über ihr Leben. Sie enthüllte die Tatsache, dass sie, was Beziehungen mit Männern angeht, ziemlich entspannt ist, und dass sie sehr viele Beziehungen gehabt hatte, aber leider endeten sie oft auf eine schwierige Weise.

Sie war müde von diesen Zyklen von „Ich liebe dich“ und dem nachfolgenden Zusammenbruch der Beziehung und all der Traurigkeit und dem „was hätte sein können“ und so weiter. Ich deutete an, dass es hier in der Gemeinschaft ein bisschen anders ist, da der Fokus hier auf dir selbst liegt.

Sie schien sehr aufrichtig interessiert zu sein, es anders zu machen und ihren inneren Frieden finden zu wollen. Als einige Zeit vergangen war, entdeckte ich, dass sie ziemlich intensiv mit einem Mann in der Gemeinschaft involviert war, und allmählich fand ich heraus, dass sich diese Beziehung sehr dramatisch gestaltete, und dass beide alles taten, um den anderen eifersüchtig zu machen. Irgendwie kam es zu dem Punkt, an dem sie tatsächlich miteinander eine Rauferei hatten, und so wurde es offensichtlich, dass die Beziehung nicht mehr gesund war. Ich empfahl ihnen, weiter in der Gemeinschaft zu leben, aber sich in Ruhe zu lassen. Ich denke, dass sie das eine Weile mehr oder weniger getan haben.

Einen Monat später fingen sie nach und nach wieder an sich zu quälen, bis Jill jemand anderen fand, Pedro, mit dem sie zusammenkam. Und so ging es weiter. Ein weiteres Jahr verging und es wurde deutlich, dass es auch nach zwei Jahren in Jill wenig Frieden gab. In der Gemeinschaft war sie als die größte Dramaqueen bekannt. Fast täglich gab es Dramen, häufig angefacht durch Eifersucht.

Sie konnte nicht sehen, dass sie an ihrem getrennten „Ich" sehr festhielt, und dass dies zu dem starken Verhaltensmuster führte, dem anderen gegenüber besitzergreifend zu sein – „mein" Freund. Das führte dann zu Eifersucht, wenn „mein" Freund eine andere Person anschaute oder umarmte. Jede Frau, die freundlich zu ihrem Freund war, machte in ihren Augen etwas schrecklich Böses und wurde sehr kalt behandelt.

Ihr obsessives Verhalten hielt weiter an und brachte sie dem, weswegen sie eigentlich gekommen war, nicht näher. Sie machte einfach mit denselben Strukturen in ihrem Leben weiter, so, wie in der Zeit vor der Gemeinschaft. Sie ignorierte meinen Rat, sich aus der Beziehung zu lösen und sich anzuschauen, was dann in ihr hochkommen würde – um dann Verantwortung für diese starken Gefühle zu übernehmen und zu verstehen, dass sie aus einer Vorstellung über sie selbst als getrenntes „Ich" kommen.

Sie führte die Beziehung mit Pedro weiter fort und nach einem großen Drama wurde ausgehandelt, dass sie sich absolut in Ruhe lassen und sie beide in der Gemeinschaft bleiben würden. Aber selbst dann akzeptierte sie diese Entscheidung nicht wirklich, und ich bekam den Eindruck, dass Jill mit ihrer inneren Arbeit überhaupt keinen Fortschritt machte.

Vor ein paar Monaten spitzte sich alles zu, und es wurde beschlossen, dass sie an dem Retreat, das wir in der Ukraine hatten, teilnehmen würde. Sie würde einen Schweige-Anstecker tragen und still sein, ganz bei sich bleiben. Um den Prozess zu unterstützen, blieb Pedro in Deutschland.

Wie auch immer, um es kurz zu machen, Jill verbrachte die Zeit damit, sich mit Fantasien zu quälen, dass Pedro zur ukrainischen Gemeinschaft reisen, dort eine Frau treffen, sich verlieben und Kinder mit dieser Frau haben würde. Und als sie vom Retreat zurück kam, hatte sie weitere Vorstellungen und Fantasien, die natürlich nicht real waren.

Stilles Sitzen, Meditation und Selbsterforschung sind einfache und offensichtliche Werkzeuge, um den Geist zu beruhigen und Achtsamkeit zu entwickeln. Ständig den Geist mit Fantasien zu aktivieren, lässt keinen Raum für Frieden oder Selbsterkenntnis.

Pedro hat beschlossen, in sein altes Leben zurückzukehren und Jill wird die Gemeinschaft verlassen. Ich finde, dies ist ein sehr gutes Beispiel dafür, wie wir uns selbst sabotieren. Sie kam in die Gemeinschaft mit dem sehr aufrichtigen Wunsch, mehr Frieden zu erlangen, und doch fiel sie in die gewohnten Muster ihres konditionierten Verstandes zurück. Und jetzt, dreieinhalb Jahre später, gibt sie auf und lässt die Gemeinschaft und alle ihre Bemühungen, Frieden zu erlangen, hinter sich, weil sie ihre Beziehungsstrukturen nicht loslassen kann.

Nachtrag:
Soweit ich weiß, entschlossen sich die beiden, kurz nachdem sie die Gemeinschaft verlassen hatten, zusammenzuleben.

Liebe und Beziehung

Wir haben zwei Zitate von Deepak Chopra und ich finde sie sehr interessant, weil er nicht unbedingt aus dem *Advaita* Hintergrund kommt. Er war Maharishi Yogi sehr nahe, aber natürlich geht es immer um die eine Wahrheit – und so ist das, was er über die Liebe sagt, genau das Gleiche, was *Advaita* über Liebe sagt. Deepak machte eine Ausbildung zum Arzt und kümmerte sich etwa ein Jahr lang sehr intensiv um Maharishi. Seitdem ist er weltweit zu einem der bekanntesten spirituellen Lehrer geworden.

Die Liebe ist unser Wesen, das Wesen ist die Existenz, somit ist Liebe die Existenz. Unser essenzieller Zustand ist Liebe. Wir verdrehen das, wenn wir im Außen nach der Liebe suchen und dabei nicht erkennen, dass die Liebe, die wir im Außen erleben, ein Spiegelbild der Liebe ist, die wir für unser tiefstes Selbst haben. Wenn ich tiefstes Selbst sage, meine ich nicht dein Ego, das du nicht bist. Das Ego ist eine von der Gesellschaft hervorgerufene Halluzination. Ich meine deine Seele, die jenseits deines Selbstbildes ist. Es ist dein wahres Selbst. Dein wahres Selbst ist Liebe.

Deepak Chopra

Ich muss zugeben, dass ich das schon seit zwanzig Jahren sage, aber nie so schön, wie er es sagt: *„Das Ego ist eine von der Gesellschaft hervorgerufene Halluzination.“* Das sind wunderschöne Worte. Ich beschreibe dieses Ego als eine Art Film, den wir produzieren, in dem wir die Hauptrolle spielen und den wir uns anschauen. Er entsteht durch unsere Konditionierung, die wiederum davon abhängt, wie wir aufwachsen – und deshalb liebe ich seine Worte *„von der Gesellschaft hervorgerufene Halluzination“*.

„Die Liebe ist unser Wesen, das Wesen ist die Existenz, somit ist Liebe die Existenz.“ Das bedeutet, diese Blume ist Liebe, diese Kerze ist

Liebe, sogar dieser Stuhl ist Liebe, sogar ich bin Liebe! Wir sind alle Liebe! Alles ist Liebe. Das ist so klar und schön. Er sagt das in diesem Zusammenhang nicht, aber ich kann noch hinzufügen, dass die normale Definition von Liebe, um die es in Pop-Songs und Romanzen geht, eine chronische Krankheit ist, an der fast jeder leidet. Halte dich fern von dieser Art von „Ich liebe dich", weil das bereits Dualität ist.

In einem Interview wurde Chopra zu Beziehungen befragt und seine Antwort war:

Das erste Geheimnis, einen innigen Liebhaber oder einen Seelenverwandten in dein Leben zu bringen, ist, dich völlig zu umarmen, zu lieben und zu akzeptieren, wie du bist. Dich mit all deinen Fehlern und Unsicherheiten zu lieben, macht dich zu einem starken Magneten. Indem du tief in die Selbstakzeptanz eintauchst, wirst du feststellen, dass es für alle anderen viel einfacher ist, Frieden zu fühlen, wenn sie mit dir zusammen sind. Wenn du mit deinem ganzen Leben zufrieden bist, ist es einfach, die Tür zur Intimität mit jemandem zu öffnen.

> *Lieber John David,*
> *als ich jung war, entwickelte ich einen ziemlich starken Mechanismus, Liebe zu kontrollieren. Ich wurde mir dessen bewusst, nachdem ich Beziehungen mit Frauen hatte, in denen ich anfangs einen sehr guten Eindruck hinterließ. Alles lief sehr schön, aber schon nach kurzer Zeit, als sich das Gefühl der Liebe und Intimität in mir vertiefte, verschloss ich mich den Frauen gegenüber, ignorierte sie und behandelte sie sehr schlecht. Ist es auf dem Weg zur Freiheit gut, sich Beziehungssituationen zu stellen und sie herauszufordern, oder ist es besser, einfach davon fern zu bleiben, bis sich etwas in mir mehr geerdet hat? Eine tiefere Selbstakzeptanz vielleicht. Ich ringe sehr damit.*

Jeder hat Probleme mit Beziehungen und das Problem wird stärker, je intimer eine Beziehung ist. Ich gebe seit zwanzig Jahren Ratschläge zu Beziehungen und Liebe, aber erst jetzt verstehe ich, dass kein Ratschlag hilft, da Beziehungen durch eine sehr, sehr starke Konditionierung angetrieben werden.

Es beginnt als kleines Kind mit unseren Eltern. Bevor wir überhaupt auch nur das Wort Beziehung kennen, haben wir viele Jahre in der Atmosphäre der Liebesbeziehung zwischen unseren Eltern verbracht. Tag für Tag, ohne dass jemand darüber zu sprechen braucht, werden wir von dieser Liebesgeschichte absolut konditioniert.

Zum Geburtstag kauft Papa Geschenke für Mama, vielleicht ein paar Blumen, flüstert „Ich liebe dich“ und so weiter. Kinder wachsen mit dieser Art von Liebesgeschichte vor ihren Augen auf, konditioniert von der Idee, dass die Liebe vom anderen kommt. Ich vermute, dass nur sehr wenige Menschen jemals auf die Idee kommen, dass Liebe in Wahrheit unsere Existenz ist.

Liebe ist etwas, das mir jemand gibt und wenn er es mir gibt, fühle ich mich gut. Wenn er es jemand anderem gibt, fühle ich mich definitiv nicht gut. So ist jeder auf der Suche nach dem perfekten Partner, der ihm Liebe geben wird. Selbst wenn die Eltern eine nicht sehr liebevolle Beziehung haben, werden die Kinder noch immer etwas Ähnliches oder aber Besseres erschaffen wollen. Wenn wir aufwachsen, wirken natürlich auch die Hormone als starker Magnet. Wenn du dich auf der Ebene der Hormone befindest, wird dir kein Ratschlag helfen, und ich stelle immer wieder fest, dass auch das Alter da keinen Unterschied macht. Die schwierigste Sache in deinem täglichen Leben sind die Beziehungen zu anderen Menschen und so wird es für beinahe jeden ein großes Thema sein.

Wenn du alleine bist, bist du nur mit deinen eigenen Sachen beschäftigt, aber sobald man mit einem anderen Menschen einen engeren Kontakt eingeht, wird es ein bisschen komplizierter. Es kann zum Beispiel ein Bekannter oder ein Kollege sein, bis hin zu etwas intensiverem und intimerem, wie zusammen zu leben.

Intimere Beziehungen zwischen zwei Menschen bringen oft eine Menge Leid, nämlich dann, wenn sie dem Ego beider Partner dienen, anstatt eine gemeinsame, offene, energetische Verbindung zu sein.

Natürlich beginnt eine Beziehung meist voller Hoffnung. Wir hatten schon andere Partnerschaften und glauben, dass wir unsere Lektion gelernt haben und dass jetzt etwas Neues geschehen wird. Ein neuer Anfang mit einem neuen Partner und alles ist sehr aufregend und wunderbar und so weiter.

Aber nach und nach, vielleicht nach einigen Monaten, vielleicht erst nach ein oder zwei Jahren, merkst du, dass die Sache nicht mehr so einfach ist. Dies passiert in der Regel deshalb, weil jeder an seiner persönlichen Geschichte anhaftet. Wenn du allein lebst, hast du nur mit einer Geschichte zu tun, deiner eigenen, und wenn du ein spiritueller Mensch bist, versuchst du, dich von dieser einen Geschichte zu befreien. Sobald du eine intime Beziehung mit einem anderen Menschen hast, musst du dich auch mit der Geschichte des anderen beschäftigen.

Dann gibt es zwei Geschichten und wenn sich diese innige Verbindung fortsetzt, hast du auch noch eine dritte Geschichte, die Geschichte von „uns". In der Regel arbeiten alle Arten von konditionierten, sich wiederholenden Strukturen innerhalb dieser drei Geschichten. Es kann sogar sein, dass ihr euch füreinander entschieden habt, weil ihr bestimmte Strukturen des anderen widerspiegelt, auch wenn ihr euch dessen nicht bewusst seid.

Nach ein paar Monaten oder einigen Jahren beginnt das Gewicht der Geschichten – ihre Geschichte, meine Geschichte und unsere Geschichte – sehr oft seinen Tribut zu fordern, und ihr verbringt immer mehr Zeit damit, Missverständnisse, unterschiedliche Meinungen, unterschiedliche Überzeugungen, unterschiedliche Wünsche zu klären. Häufig zerbrechen diese Beziehungen und die Menschen trennen sich, versuchen sich an einer neuen Partnerschaft oder bleiben in der Beziehung und suchen eine Paartherapie auf, um mit all den Punkten, die zwischen ihnen aufgekommen sind, umgehen zu können.

Bis zu einem gewissen Grad können wir das nützlich finden. Wenn wir mit unserer spirituellen Reise anfangen und wir keine Beziehungserfahrung haben, kann es sehr gut sein, dass wir uns in einer schwierigen Geschichte verfangen. In solch einer Situation können wir viel über uns selbst lernen. Denn einer der großen Vorteile einer Partnerschaft ist, den jeweils anderen stark zu spiegeln. Angenommen, du hast eine mutige und energetische Verbindung, dann bin ich mir sicher, dass dein Partner sehr glücklich ist, dir alles zu erzählen, was er bei dir beobachtet hat!

Auf diese Weise können Beziehungen sehr nützlich sein, weil sie helfen können, sich selbst kennenzulernen. Wenn wir nicht eng mit einem anderen Menschen zusammengelebt haben, dann haben wir auch nicht viel Erfahrung gesammelt, wie es ist, sich selbst nahe zu sein.

Wenn wir uns Raum von einer Beziehung verschaffen und tief in unser eigenes Wesen eintauchen, können wir erkennen, dass wir tatsächlich alle eins sind. Wir sind nicht wirklich zwei. Es gibt nicht wirklich dich und mich. Wir sind alle eins.

Es fällt mir schwer, mich an jemanden zu erinnern, der bei diesem Thema jemals meinen Rat angenommen hat! Mir fällt nicht ein einziger ein, aber ich versuche es immer weiter. Unser Fragesteller hat ein Problem. Er ist auf dem Weg zur Freiheit und er fragt sich, ob er die Probleme, die er mit Beziehungen hat, angehen oder sie besser links liegen lassen soll. Das ist für ihn sehr schwierig.

Wenn er in etwas Ernsteres hineinschlittert als in ein flüchtiges Treffen auf der Hintertreppe, wird die Angelegenheit viel komplizierter. Mein Rat an ihn – von dem ich weiß, dass er ihm höchstwahrscheinlich nicht folgen wird, und er muss ihm nicht folgen, aber ich werde es auf jeden Fall sagen – ist, sich erst einmal mehr zu erden und dann vorsichtig das Gefilde von Beziehungen zu testen. Das ist ein sehr guter Rat, aber dennoch unsinnig, weil es so nicht funktioniert. Mein eigentlicher Rat ist, das Beste zu tun, was möglich ist, weil das sowieso alles ist, was man machen kann, und das gilt nicht nur für das Thema Intimität, sondern auch für alles andere, was man in seinem Leben macht. Man kann nur das Beste tun, zu dem man gerade fähig ist.

Es ist in Ordnung großartige Vorstellungen zu haben, es zu einem bestimmten Zeitpunkt perfekt zu machen, aber in diesem Moment kannst du nur das tun, was du tun kannst. Mir gefällt sehr, was Deepak darüber gesagt hat: „*...umarme, liebe und akzeptiere dich selbst ganz so wie du bist; dann agiert das Selbst wie ein riesiger Magnet und zieht die richtige Person oder Situation an.*"

Wenn du geerdeter wirst und dir klarer wird, dass dein ganzes Wesen Liebe ist, musst du nicht wirklich nach deinem Partner suchen. Es gibt in der Gemeinschaft genug Verbundenheit und Verständnis für authentische Liebe, sodass in den letzten Jahren die meisten hier nicht nach einem Partner für eine Liebesgeschichte gesucht haben.

Zur gleichen Zeit hat es viel Intimität gegeben, ohne dass viel Geschichte damit verbunden war. Ich muss sagen, dass mich das sehr berührt. Ich erinnere mich nicht, diese Empfehlung gegeben zu haben, aber ich bin froh, dass es passiert. Das ist etwas ganz Besonderes und sehr ungewöhnlich. Habe ich deine Frage beantwortet?

Dieses Thema kam vor kurzem bei mir auf – nicht mit einer exklusiven Beziehung, wie es früher war, aber ich hatte für einige Zeit eine tiefere Begegnung mit jemandem. Das gleiche Verhalten tauchte wieder auf, ich stieß die Frau von mir fort, ignorierte sie und bestrafte sie.

Nachdem du mir den Rat gegeben hast, einfach nur mein Bestes zu geben, ist das nun ziemlich anders. Ich hatte ein Gespräch mit ihr und ich konnte es sehen. Das war sehr unangenehm.

Die alten Muster zu sehen?

Ja, sie wirklich klar zu sehen, das war schockierend. Jemanden von mir wegzustoßen, nur weil sie mir gegenüber Liebe empfindet, ist eine extreme Reaktion. Früher hätte ich mich dafür stark verurteilt, aber jetzt gibt es mehr ein nüchternes Betrachten und mehr Akzeptanz.

Was du beschreibst, ist eine besondere Struktur deiner Konditionierung, und da du es beginnst zu sehen, fängst du hoffentlich an, dich selbst zu akzeptieren. Das bist du und es würde deinen Beziehungen helfen, wenn du in der Lage wärst, mit deinen Partnerinnen darüber zu reden. Wahrscheinlich haben sie auch die Struktur „Ich bin nicht gut genug". Wenn du nun anfängst, aus deiner Struktur heraus zu handeln, verurteilen sie sich wahrscheinlich sofort wegen ihrer eigenen Struktur und das Ganze wird sehr kompliziert.

Sobald du diese Struktur klar siehst und du mit deinem Partner darüber sprichst, versetzt du ihn in die Lage, dich besser zu verstehen, und das kann eurer Vertrautheit nur helfen. Es kann nur helfen, und er oder sie wird sich besser fühlen, weil du in der Lage warst, im gegenseitigen Austausch ehrlich zu sein. Das erneute Auftauchen der Struktur wird wahrscheinlich dadurch nicht verhindert, aber zumindest muss es dein Partner nicht so persönlich nehmen und dann ist er oder sie in der Lage, dich dabei zu unterstützen, es zu sehen. So wird es eine wertvolle Beziehung, weil ihr genug Nähe habt und in der Lage seid, euch gegenseitig Feedback zu geben. Es wird eine ehrliche, offene Beziehung. Auf diese Weise in Beziehung zu sein, ist sehr wertvoll.

Aber achte darauf, nicht in dieser Art Beziehungsgeschichte steckenzubleiben, da auch andere Leute dir unterschiedliche Einsichten in deine Strukturen aus anderen Blickwinkeln geben können. Also, wenn du dir über eine bestimmte Struktur, die du hast, klar geworden bist, dann brauchst du keinen festen Partner, der dich wiederholt daran erinnert. Jeder kann dich daran erinnern.

Vor Jahren habe ich öffentlich den Rat gegeben, keine Beziehung zu haben, wenn man es mit der spirituellen Arbeit ernst meint. Ein indischer spiritueller Lehrer denkt nicht einmal daran, dass Menschen Partnerschaften haben. Ein Meister in Indien würde einfach davon ausgehen, dass alle seine Schüler tief mit ihm in einer Zweierbeziehung sind und kein Interesse an anderen intimen Beziehungen haben.

Wie auch immer, der Ratschlag, den ich gerne in all meinen öffentlichen Treffen gegeben habe, war nicht falsch. Aber er war unsinnig, weil die Leute, mit denen ich im Gespräch war, nicht das Niveau der geistigen Arbeit erreicht hatten, auf dem es keinen Unterschied mehr macht, ob man eine Beziehung hat oder keine. Es geht also nicht wirklich um Liebesbeziehungen, aber es ist sicherlich wichtig, dass du es ab einem gewissen Punkt in der spirituellen Arbeit zu deiner Priorität machst, dein eigenes inneres Selbst zu erreichen und dich ganz auf die Liebe zu konzentrieren.

Dann sind Beziehungen und die anderen Dinge im Leben weniger wichtig, weil man nichts für diese tiefere Liebe tun muss. Sie ist unsere wahre Natur und daher ist es sehr einfach. Aber aufgrund all der falschen Informationen suchen leider nur sehr wenige Menschen im Inneren nach dieser Liebe. Sie suchen fast alle im Außen danach. Je leerer und ärmer wir uns innerlich fühlen, umso mehr versuchen wir, jemanden dazu zu bringen, uns Liebe zu geben. Das ist sehr tragisch und zugleich völlig normal.

Du musst gar nichts tun, um Liebe zu bekommen. Wenn du etwas machst, um Liebe zu bekommen, dann ist es nicht wirklich Liebe. Wahre Liebe ist einfach dein Wesen. Du bist die Liebe, nach der du suchst. Genauso ist es, wenn wir Erleuchtung erlangen wollen und verkennen, dass wir das schon sind. Es ist unsere wahre Natur. Das, was wir suchen, ist unsere wahre Natur. Es gibt nichts zu finden.

Eine tiefere Wahrheit über Liebe

Wir haben Eckhart Tolle bereits kennengelernt und ich habe ein Zitat, in dem er, vom Standpunkt der Wahrheit aus, sehr schön über Beziehungen spricht.

Eine echte Beziehung ist eine, die nicht durch das Ego mit seinen Vorstellungen und seiner Selbstsucht beherrscht wird. In einer echten Beziehung gibt es einen nach außen gerichteten Fluss offener, wacher Aufmerksamkeit in Richtung der anderen Person, ohne dass sich ein wie auch immer gearteter Wunsch darin verbirgt.

Eckhart Tolle

Lieber John David,
als ich erkannte, dass meine Beziehung mir nicht das erwartete Glück brachte, begann ich, innen danach zu suchen. Ich begann meine spirituelle Reise, aber meine Partnerin brachte dem kaum Akzeptanz oder Unterstützung entgegen und nun bin ich mit ihr in einem Konflikt über mich und die Richtung, die ich einschlage. Ich spüre eine offene Liebe für sie, aber ich glaube nicht, dass sie das wirklich für mich fühlt. Denkst du, ich kann mit meiner Freundin zusammenbleiben, auch wenn sie diese innere Reise nicht versteht?

Wenn du wirklich den authentischen Wunsch hast, das zu erforschen, würde ich dir in deinem Fall unbedingt raten, so viel wie möglich mit deiner Partnerin zu teilen. Erkläre ihr, dass du wegen der Liebe zu ihr in einem Dilemma bist, da du sie liebst, da du gerne mit ihr zusammen bist, sie Teil deines Lebens ist und sich dein Leben gleichzeitig verändert. Du möchtest sie auf diese aufregende Reise mitnehmen. Durch die Kraft dieser Intimität und der Liebe, die ihr teilt, kannst du sie mit dieser Reise bekannt machen. Daher würde ich diesen Ansatz sehr empfehlen – versuche, deine Partnerin mitzunehmen. Wenn sie aus irgendeinem Grund absolut nicht an Meditation oder dem Blick nach Innen oder an den Fragen, die du dir selbst zu stellen begonnen hast, interessiert sein sollte, wird es nicht leicht werden. Jetzt am Anfang ist es vielleicht in Ordnung, aber mit der Zeit können Probleme entstehen.

Worum geht es bei dieser spirituellen Reise? Es geht darum, herauszufinden, warum wir nicht in der Lage sind, einfach präsent zu sein. Wenn du anfängst, das zu untersuchen, wirst du erkennen, dass das aufgrund verschiedener Konditionierungen und Identifikationen ist. Angenommen, deine Partnerin ist völlig glücklich mit ihrem roboterhaften Leben und du bist laufend damit beschäftigt, alles in Frage zu stellen. Ich könnte mir vorstellen, dass sie ziemlich sauer auf dich wird.

Das ist auf eine Art lustig. Es geht nur um den gegenwärtigen Augenblick, und die meisten Menschen, einschließlich meiner Freundin, sind nicht in der Lage, im gegenwärtigen Moment zu leben, ohne sich um Sicherheit oder zukünftige Sicherheit zu sorgen. Das ist es, was sich in meinem Leben verändert hat. Die Zukunft interessiert mich nicht mehr und ich bin nicht an Sicherheit interessiert, weil es keine Sicherheit gibt.

Deshalb wird es schwierig. Du beginnst, den Zauber des Lebens im Augenblick zu fühlen und es wird extrem schwierig, mit Leuten zusammen zu sein, die dauernd über die Zukunft oder die Vergangenheit sprechen. Davon bekommst du nur Kopfschmerzen.

Wenn also deine Partnerin in der gewöhnlichen Konditionierung gefangen ist, wird das, je stiller und präsenter du wirst, für dich schmerzhaft und auch uninteressant sein, z.B. wenn sie davon träumt, wie glücklich sie nächstes Jahr mit dir in den Ferien sein wird, während du einfach nur die Karotten für das Abendessen schneidest. Du wirst merken, dass ihr euch nicht wirklich begegnet.

Dieses Beziehungsthema ist ohne Zweifel die größte Sabotage für das Erwachen. Es ist die Nummer eins der Gründe, warum Menschen nicht erwachen. Ich fälle kein Urteil darüber; es ist nur meine Beobachtung nach über zwanzig Jahren. Ich sehe, dass Menschen sehr oft eine Beziehung und nicht das Erwachen wählen. Warum? Weil wir tief im Inneren dermaßen konditioniert sind durch die Vorstellung, dass der andere uns Liebe gibt, und es ist nicht immer leicht, die eigene Liebe zu finden.

Du hast geplant, den Gipfel des Mount Everest zu besteigen und am dritten Camp des Berges begegnest du dieser sehr netten Frau. Sie bietet dir etwas an und du schaust den Gipfel an und denkst: „Das wird ein harter Aufstieg. Ich weiß nicht, was passieren wird. Mir könnte der Sauerstoff ausgehen oder ich könnte in eine Gletscherspalte fallen. Alles Mögliche kann da oben geschehen und sie ist genau hier, total offen." Das ist sehr verführerisch. Irgendwie hat Gott das genauso eingerichtet, so ist die Existenz.

Manchmal geht es darum, jemanden nicht verletzen zu wollen. Wenn ich anfange, darüber zu sprechen, fühlt meine Freundin den Raum und die Distanz zwischen uns und fängt an zu weinen. Ich fühle das innere Ausmaß ihrer Verletzung.

Ja, das ist schwierig. So wie du sprichst, bist du bereit dazu, sie mitzunehmen. Du sagst nicht: „Geh weg, ich werde das allein durchziehen." Du sagst: „Lass uns zusammen den Berg besteigen." Du kannst für ihre Schmerzen keine Verantwortung übernehmen. Wenn sie nicht mit dir kommen will, wirst du eine Entscheidung treffen müssen, denke ich.

Das ist wahr. Ein Schritt nach dem anderen.

Sei dir bewusst, dass dies eine der größten Sabotagen ist.

Ich mag die Metapher, den Mount Everest zu besteigen. Sie ist wirklich gut.

Entweder wirst du sie verlieren oder du wirst die Wahrheit verlieren. Du kannst sie nicht beide haben. Wahrheit ist grausam. Wenn du wirklich die Wahrheit willst, dann wird alles andere gehen müssen.

Es ist während meiner eigenen Reise immer wieder vorgekommen, dass ich mich in einer Situation wiederfand, in der ich mich zwischen der Wahrheit und etwas anderem entscheiden musste. Und ich habe immer die Wahrheit verfolgt, habe meine Familie losgelassen, einige Freunde, meine Frau und alle möglichen Dinge auf dem Weg. Über die Jahre, nicht alles von einer Minute auf die andere. Vielleicht dauert der spirituelle Weg deshalb Jahre, weil es uns Zeit kostet, uns selbst an unsere neuen Einsichten anzupassen.

Polyamorie

Wenn Osho über Liebe gesprochen hat, war das immer sehr brillant, da er die westlichen und die östlichen Erfahrungen zu einem gemeinsamen Strom zusammenführen konnte. Er wollte, dass die Menschen die Liebe feiern, sowohl als Liebhaber als auch mit der Existenz selbst, aber auch, dass sie die Liebe nicht durch ihre Begrenzungen einengen. Daher möchte ich mit einem schönen Zitat von ihm beginnen.

Wenn du eine Blume liebst, pflücke sie nicht. Denn wenn du sie pflückst, stirbt sie. Und sie hört auf, das zu sein, was du liebst. Wenn du also eine Blume liebst, dann lass sie einfach sein. Bei der Liebe geht es nicht um Besitz. Bei der Liebe geht es um Wertschätzung.

Osho

Lieber John David,
da ich verstanden habe, dass ich nicht getrennt bin, bin ich offen, Intimität zu leben, ohne besitzergreifend zu werden. Aber ich bin mir nicht ganz sicher, wie ich da meinen Weg finde, weil es in mir und um mich herum so starke Konditionierungen gibt, was es wirklich nicht einfach macht. Kannst du etwas mehr zu diesem Thema sagen und mir vielleicht die richtige Richtung zeigen?

Indem du tiefer und tiefer in das spirituelle Verstehen eintauchst – durch deine eigenen Erfahrungen, durch das Lesen von Büchern und indem du Menschen zuhörst – wirst du selbst die Möglichkeit entdecken, dass du nicht getrennt, sondern mit allem eins bist.

Wenn du mit allem eins bist, wie kann es dann sein, dass du nur eine Person liebst? Wenn du einen Garten betrittst, gibt es dort so viele Arten von Blumen. Vielleicht magst du Rosen besonders gern, aber ich bin sicher, du liebst auch andere Blumen. Wir denken nicht darüber nach. Wir lieben diese unterschiedlichen Blumen einfach alle.

Wir lieben die unterschiedlichen Hunderassen, Vögel und Bäume. Es gibt eine Vielzahl von Möglichkeiten. Es geschieht quasi automatisch, dass wir Liebe für viele verschiedene Erscheinungen empfinden. Wir haben kein Problem damit – bis es um Menschen geht. Vielleicht besteht unsere stärkste und tiefste Konditionierung darin, automatisch nach einem intimen Partner zu suchen.

Uns wurde erzählt, dass wir in Liebe leben werden, wenn wir diesen einen perfekten Partner finden und mit ihm eine Beziehung für unser ganzes Leben eingehen. Wir werden glücklich leben. Wir werden erfüllt sein.

Ich möchte euch einen Begriff vorstellen, den ich selbst bis vor kurzem nicht kannte. Er heißt „Polyamorie“ und bedeutet, mehr als nur eine Person zur gleichen Zeit zu lieben. Es scheint mir, dass dies beinahe ein natürlicher Ausdruck dessen ist, was geschieht, wenn wir einem spirituellen Weg folgen. Dann entdecken wir sehr schnell, dass wir alle eins sind. Wir sind nicht zwei; wir sind nicht viele.

Das ist eigentlich auch die Bedeutung von *Advaita* – Nicht-Dualität, nicht zwei. Wenn du dies zumindest intellektuell weißt, selbst wenn es nicht deine direkte tägliche Erfahrung ist, dann wird es sehr, sehr schwer, dich in eine Eins-zu-Eins-Beziehung einzubringen und zu glauben, dass das der einzige Weg ist, Liebe in dein Leben zu bringen.

Wenn unsere starke Konditionierung von dieser Überzeugung aufgrund der spirituellen Arbeit zusammenbricht, können wir vielleicht im positiven Sinn den Gedanken zulassen, mehr als einen lieben zu können. Es scheint mir, dass wir hier in der Gemeinschaft alle polyamor geworden sind, ohne es zu bemerken.

Auch wenn man erkannt hat, dass die Liebe schon in einem ist und nicht von außen oder vom anderen kommt, gibt es noch Gründe, Polyamorie zu vermeiden. Man muss sich dann mit Dingen auseinandersetzen wie „Ich bin nicht gut genug“, „Ich habe nie genug Liebe bekommen“, „Ich fühle mich verlassen“. Da das ziemlich unangenehm ist, vermeiden viele, wirklich zu schauen, was geschieht. Es ist einfacher, der Konditionierung zu glauben, dass Liebe vom Anderen kommt.

„Ich liebe dich" soll der Gipfel einer Partnerschaft sein, süße Worte. Wenn jemand zu dir sagt, „Ich liebe dich", ist mein Rat, damit vorsichtig zu sein, da diese Person möchte, dass du mit ihr eine Beziehung eingehst, die eigentlich dahin führt, dich besitzen zu wollen. Sie versucht, dich zu demjenigen zu machen, der sie lieben wird.

Eifersucht entsteht unmittelbar durch die Vorstellung von „mein", davon, jemanden zu besitzen. Du kannst nicht eifersüchtig sein, es sei denn, du hast die Vorstellung „diese Person gehört mir". Dann wirst du natürlich eifersüchtig, wenn sie jemand anderen zu lieben scheint, was sehr schädlich für jede Art von Liebe ist. Das ist mit Oshos Worten gemeint: *„Wenn du eine Blume liebst, lass sie einfach sein."*

Wenn wir verstehen, dass Liebe schon in uns ist, dass wir selbst die Quelle der Liebe sind, dass in der Tat unsere Essenz Liebe ist, kommt die Frage, ob wir Liebe vom anderen bekommen und ob der andere uns liebt, überhaupt nicht auf. Das ist ein grundlegendes Missverständnis. Wenn du das einmal entdeckt hast, ist es sehr schwierig, zurück zu der Vorstellung zu gehen, dass es nur eine Person geben kann, die dich liebt. Es ergibt keinen Sinn mehr.

Polyamorie bedeutet, dass du eine Beziehung mit mehreren Personen haben kannst. Wenn du diese Beziehungen allerdings mit deiner alten Konditionierung eingehst, dass du Liebe vom Anderen bekommst, wirst du das Drama und das Leid nur vervielfachen. Ich schlage vor, dass du dich intimen Beziehungen auf sehr bewusste Art näherst, in völligem Gewahrsein, dass du die Quelle der Liebe bist.

Als ich aufwuchs, bestand die einzige Möglichkeit, einen Partner zu finden, darin, zu einem gesellschaftlichen Ereignis zu gehen, zu einer Party oder zum Tanzen. Die sozialen Medien haben das völlig verändert, und nun kann man sehr schnell und einfach viele Partner finden. Es geschieht eine Revolution des menschlichen Bewusstseins und aus dieser Revolution heraus werden sich die Dinge verändern.

Für Menschen, die spirituell bewusst werden, macht es keinen Sinn mehr, nur einen zu lieben. Du kannst dich dazu entscheiden, nur einen zu lieben, doch ist dies dann eine bewusste und natürliche Wahl – und nicht eine Wahl aufgrund deiner Konditionierung.

Ich erwähne Polyamorie, um zu zeigen, dass sich die Einstellungen zu dem, was Liebe und Beziehung bedeuten, verändern. Vielleicht kann dich das zu einem bewussteren und offeneren Weg des Liebens und Lebens einladen und dazu, dich selbst freier zu erforschen.

KAPITEL 5

Hingabe

Wenn wir unser Leben auf dem Pfad der Hingabe leben wollen, dann müssen wir verstehen, dass wir ein Ego haben – unseren ganz persönlichen Film, der permanent läuft – und dass wir etwas anderes haben, das wir die Essenz nennen können. Wollen wir in tiefer Hingabe leben, dann müssen wir uns der Essenz hingeben, nicht dem Ego.

Hingabe

An einem gewissen Punkt des spirituellen Weges erkennen wir, dass uns der Verstand nicht weiter voranbringen kann, und wir lernen, was wahre Hingabe bedeutet. Wir lernen, unseren kreativen Impulsen zu folgen und sie zu nähren, uns mit unserem Herzen zu verbinden und in einem tiefen Vertrauen in das Leben zu leben, statt nach den Gedanken und Plänen unseres konditionierten Verstandes.

Wir verlassen das vertraute Sicherheitsnetz unseres Egos und fallen in etwas viel Tieferes hinein, in den Fluss des Lebens, der ohne unseren Willen geschieht, nicht durch unseren Willen.

Kreativität

Einer der attraktivsten Aspekte von Osho war für mich, wie er alles in den von ihm aufgezeigten spirituellen Weg mit einbezog. Das hatte nichts mit dem trockenen Zen-Buddhismus zu tun, der mich zunächst zur Spiritualität hingezogen hatte. Osho ermutigte uns, unsere Liebe offen zu zeigen, vielen Menschen nah zu sein, unsere Sexualität zu entdecken, unsere Kreativität, unser Feiern zu erforschen und auch unsere Stille – Spaß zu haben und unsere Ganzheit zu leben.

Und das ist die Essenz der Weisheit – in Harmonie mit der Natur zu sein, mit dem natürlichen Rhythmus des Universums. Und wenn du in Harmonie mit dem natürlichen Rhythmus des Universums bist, bist du ein Dichter, ein Maler, ein Musiker, ein Tänzer.

Osho

Lieber John David,
immer wenn ich in irgendeiner Art kreativ bin, befinde ich mich in einem schönen Raum voller Frieden und Freude, ohne viele Gedanken. Doch wenn ich nicht kreativ bin, kann ich sehen, dass mein Verstand häufig Leiden kreiert. Bringt die Kreativität mich in die Präsenz und in den Frieden oder liegt es an etwas anderem?

Heute ist ein schöner Tag. Vielleicht haben manche von euch einen Spaziergang am Fluss gemacht. Am Anfang warst du dir wahrscheinlich der Dinge, die vorher geschehen waren, noch sehr bewusst: ein Problem in deinem Leben, eine unangenehme Begegnung, die gerade passiert war.

Wahrscheinlich war dein Verstand zu Beginn des Spaziergangs sehr unruhig. Vielleicht ist das häufig so, wenn du losgehst; doch während du gehst, wirst du dir der Wärme der Sonne bewusst, der leicht kühlen Brise, der Schönheit der Bäume, des grünen Grases und der Sonnenstrahlen, die auf dem Rhein tanzen. Du wirst immer präsenter.

Die Probleme, mit denen der Verstand beschäftigt war, als du das Haus verlassen hast, sind langsam verblasst. Irgendwann wurde dir bewusst, dass du einfach nur hier warst. Der Verstand war offensichtlich weniger aktiv und du fühltest Freude – ohne einen wirklichen Grund.

Du warst in Kontakt mit deiner inneren Stille, einem Raum, in dem die Schönheit dieses Augenblicks oder eines jeden Augenblicks offensichtlich ist. Schönheit braucht keinen besonderen Augenblick. Der heutige Tanzworkshop ist vielleicht ein weiteres Beispiel, wie diese Schönheit erfahren werden kann. Die Musik geht los und du bekommst eine Idee, wie du darauf reagieren kannst. Vielleicht versuchst du sehr energetisch oder sehr „spirituell" zu tanzen.

Da ist ein Jemand – ein Jemand der tanzt. Es gibt ein Konzept oder eine Idee, und es ist nicht sehr natürlich, aber während du weiter tanzt, kommst du möglicherweise zu einem Moment, in dem niemand tanzt. Und ebenso wie beim Spazierengehen am Fluss, bist du dir deines Tanzes und der Präsenz bewusst, aber du bist dir des „Ichs" nicht bewusst. Wenn wir wirklich präsent sind, löst sich diese Person auf, mit der wir so vertraut sind.

Es hört sich so an, als ob es sehr einfach wäre, präsent zu sein, aber wenn du dich selbst ein wenig kennst, wirst du feststellen, dass du die meiste Zeit über nicht präsent bist. Dein Kopf ist ständig beschäftigt, größtenteils mit Dingen, die in der Vergangenheit passiert sind. Manche Menschen interessieren sich besonders für die Zukunft, aber meist sind unsere Gedanken mit der Vergangenheit beschäftigt.

Andererseits kennt ihr wahrscheinlich alle den Augenblick, in dem ihr einfach präsent seid. Ohne offensichtlichen Grund fühlst du einen unglaublichen Frieden im Inneren. Es herrscht ein Gefühl des Wohlbefindens, alles ist vollkommen in Ordnung. Nichts muss sich ändern und deshalb gibt es keine Wünsche mehr, nur eine überwältigende Akzeptanz des Jetzt.

Wenn du davon einen Geschmack bekommen möchtest, dann kannst du Jane kennenlernen, unsere zwei Jahre alte Besucherin. Sie tauchte an diesem Wochenende hier auf, um dir eine Möglichkeit zu geben, ihr zu begegnen. Sie ist in diesem schönen Alter, in dem es nicht viel „Ich" gibt. Sie hat noch keine Urteile über die Menschen entwickelt, die ihr begegnen. Sie macht sich keine Gedanken darüber, ob sie mit dir sprechen will oder nicht. Du siehst nur dieses schöne Lächeln und du erkennst, dass du das Göttliche ansiehst. Und natürlich gab es eine Zeit, in der du genauso warst.

Das ist das Lächeln unserer wahren Natur, unserer Buddha-Natur, das wir auch innere Stille nennen können, das Selbst, Gott. Wir glauben, davon getrennt zu sein und, dass wir vielleicht eines Tages bekommen werden, was uns fehlt. Ich sehe das nicht so. Wir alle sind das Göttliche, wir müssen nur diesen Ort in uns wiederfinden.

Nächste Woche beginnt unser Filmteam einen Film zu drehen mit dem Titel *Kunst aus der inneren Stille*. Ich möchte etwas über Kreativität aus diesem Raum der inneren Stille sagen, denn in meiner Wahrnehmung gibt es verschiedene Möglichkeiten, wie Kunst geschaffen wird. Vereinfacht könnte man sagen: Es gibt Kunst aus dem Verstand und Kunst, die aus innerer Stille kommt. Die meiste Kunst kommt aus einem aktiven Verstand, sie entsteht durch ein Konzept oder eine Idee und selten aus der Stille. Als wir zum ersten Mal in dieses Haus kamen, sahen wir die Möglichkeit, in der Gemeinschaft eine Kunstgalerie aufzubauen – unsere Wohnräume gleichzeitig zu einer Kunstgalerie zu machen. Manche hatten so ihre Bedenken, aber nun sind zehn Jahre vergangen und jedes Jahr hatten wir drei oder vier Ausstellungen.

Im Laufe der Jahre haben wir für die Gemeinschaft viele Bilder dieser Ausstellungen gekauft und sie hängen alle hier in diesem Raum. Wir nennen das unsere Dauerausstellung. Vielleicht hast du auch schon den Rest der Kunstgalerie entdeckt, die sich im ganzen Haus verteilt.

Von Anfang an wollten wir nur Kunst ausstellen, die aus innerer Stille kommt – Malerei und Skulptur, Fotografie, Grafik und Keramik. Ich hatte nur eine vage Idee, wie das aussehen könnte und glaubte, dass es wahrscheinlich fast unmöglich werden würde, genügend Werke für die Ausstellungen zu finden.

In diesem Raum sehen wir einige Bilder von Peter Royen. Er wurde ein lieber Freund unserer Galerie. Es gelang ihm, trotz seines hohen Alters, lange genug unter uns zu sein, um eine große Retrospektive und eine riesige Abschiedsparty zu seinem neunzigsten Geburtstag in Düsseldorf zu erleben, bei der er von seinen Mitkünstlern geehrt wurde. Wenige Tage nach seiner Party hat er uns für immer verlassen.

Wenn ihr euch dieses Bild von ihm anseht, werdet ihr sehen, dass es sehr, sehr einfach ist. Es ist vollkommen weiß, und wer sein Atelier besucht hat, konnte sehen, dass alle seine Gemälde diesem sehr ähnlich sind. Neunzig Prozent seiner Maltuben waren weiß.

Dieses Bild hier ist auch weiß, aber es hat einen roten Streifen am unteren Rand. Ich glaube, er hat ungefähr vierzig Jahre gebraucht, um bei einem roten Streifen anzukommen. Wenn du mit diesen Bildern Zeit verbringst, wirst du entdecken, dass sie dir keine Geschichte erzählen. Wahrscheinlich berühren sie etwas in dir, deine wahre Natur. Sie berühren einen stillen Ort im Inneren.

Diese Arbeiten hier sind ähnlich. Sie sind von Dan Hepperle und bestehen aus einfachen weißen Streifen, und obwohl beide Gemälde weiß sind, sind sie nicht nur weiß. Sie führen dich aus jeder Geschichte heraus. Sie bringen dich an einen Ort, der tiefer ist als der Verstand.

Hier sind zwei Bilder von Bettina Hachmann. Sie arbeitet in einem wunderschönen alten Wasserschloss und die Arbeiten zeigen einen abstrakten Blick aus ihrem Fenster. Und auch hier bringen dich diese beiden Bilder beim Betrachten aus jeder verstandesmäßigen Geschichte.

Christian ist auch einer unserer Künstler und heute Abend hier im Satsang. Das Gemälde in der Ecke haben wir vor sechs Jahren von ihm gekauft, und wie du siehst, hat es einen schwarzen Grund mit hellen Farben, die durchscheinen. Sein Ansatz ist sehr spontan. Er lässt die Farben auf die Leinwand tropfen und fließen, ohne sich von seinem Verstand beeinflussen zu lassen. Immer wenn ich dieses Bild anschaue, berührt es etwas sehr Sanftes und Tiefes in mir.

Es geht nicht darum, ob ich dieses Bild mag oder ob ich jenes Bild mag, denn mir gefällt fast jedes Bild. Aber vielleicht kannst du sehen, dass bestimmte Kunst dich tief nach innen führen kann, und dass Kunst helfen kann, dich zu diesem Ort zu bringen, über den ich spreche.

Der Verstand wird sprachlos, wenn man sich vorstellt, wie einige der großen Meisterwerke der Welt geschaffen werden konnten. Im Vatikan gibt es zum Beispiel eine Skulptur von Michelangelo, die er erschaffen hat, als er erst zweiundzwanzig Jahre alt war. Sie heißt Pieta und befindet sich in einer kleinen Seitenkapelle des Petersdoms. Es ist fast unmöglich, sich die enorme Geschicklichkeit und Visionskraft vorzustellen, die ein solches Meisterwerk kreiert hat.

Van Goghs Kartoffelesser wurden im östlichen Teil Belgiens während einer schrecklichen Hungersnot gemalt. Er war bei Dorfleuten untergebracht. Es zeigt eine Familie, die um einen Tisch sitzt, und du kannst in diesem einen Gemälde die ganze Atmosphäre dieser Hungersnot fühlen. Es ist nicht so, dass du es wirklich siehst, vielmehr fühlst du es an einem tiefen Ort im Inneren.

Als er in Südfrankreich war, kurz bevor er sich sein Ohr abgeschnitten hatte, malte er zwei oder drei Bilder mit Sonnenblumen. Die Energie, die von diesen Gemälden ausgeht, ist überwältigend. Wahrscheinlich kennst du seine Geschichte, zu Lebzeiten hat er nicht ein Bild verkauft, während heute eines dieser Sonnenblumengemälde rund hundert Millionen Dollar wert ist.

Ich möchte deutlich machen, dass es möglich ist, an diesen Ort der inneren Stille zu gelangen. Tanz, Musik, Malerei und andere kreative Betätigungen sind Hilfsmittel, um an diesen stillen Ort zu kommen. Wenn du meine kleine Einführung über unsere Kunstgalerie interessant findest, schaue mal auf unsere Webseite, auf der man die Bilder sehen kann, die wir ausgestellt haben: www.flowfineart.com.

Ich lade euch ein, mit mir über das Thema Kreativität zu sprechen oder vielleicht hat jemand eine Frage dazu. Eigentlich geht es dabei nicht um Kreativität; es geht um diesen Ort in uns. Es hat viele Jahre gedauert, diese innere Stille als Gemeinschaft zu finden, und ich finde es sehr interessant, dass in den letzten drei oder vier Jahren viele Menschen hier begonnen haben, ihre Kreativität auszudrücken.

Zum Beispiel Kabir, er scheint spontane Gedichte gewissermaßen zu channeln. Und sein Klavierspiel ist sehr berührend. Hast du schon immer Klavier gespielt?

Ja.

Und hat sich an deinem Spiel in den letzten drei Jahren hier bei uns etwas verändert?

Also was die Inspiration anbelangt – da gibt es etwas, das mit der Erkenntnis einhergeht, dass es da viel mehr gibt, als du denkst. Woher kommen die spontanen Gedichte? Und die Klaviermusik ist auch spontan. Wo kommt all das her?

Du spielst nicht nach Noten. Würdest du sagen, dass Gott Klavier spielt?

In gewissem Sinne, vielleicht ja. Nicht so wörtlich, wie man es verstehen könnte, aber …

Können wir ein Gedicht über Kreativität hören?

Meine Hände sind hinter meinem Rücken gefesselt,
Aber die Sirenen haben mich nicht erschreckt,
Als sie ihre Bahnen um mich schwangen.
Die Ketten wurden von den Flammen gebrochen,
Rot-heißes Metall brannte sich in meine Handgelenke.
Ich jedoch machte kehrt und sah nach oben,
Als die Erde auf mich traf,
Und ich rückwärts fiel.

Die Ketten sind aus Metall,
Aber die Seele ist die Substanz,
Die keine Struktur hat.
Sie hat keine menschliche Qualität
Oder materielle.
Sie ist das, was durch die offene Tür atmet,
Wenn du da sitzt und dem Körper erlaubst,
Sich wie ein Kanal zu öffnen.
Elektrizität, die durch Drähte fließt,
Licht in das Lagerhaus gibt.
Es ist nur der Puls des Lebens,
Der deinen Körper flutet.

War das wirklich spontan? Es kam sehr schnell.

Ja. Ich musste schnell anfangen, sonst wäre es nicht gekommen.

Konntest du fühlen, wie – ich weiß nicht das richtige Wort – spontan natürlich und wie hochenergetisch das war? Habt ihr das alle gefühlt? Es fühlte sich nicht wirklich wie Kabir an. Natürlich kennt ihr ihn nicht so gut wie ich, aber er wird es mir nicht übel nehmen, wenn ich euch sage, dass er oft sehr stark in seinem Verstand verfangen ist.

Seine Eltern dachten, sie würden ihm eine gute Erziehung angedeihen lassen, indem sie ihn auf ein Internat schickten, aber er hat sich nie ganz von diesem Trauma erholt. Im Büro finden wir ihn häufig mit dem Kopf auf dem Schreibtisch. Daher bin ich sehr berührt, wenn er diese spontanen Gedichte macht und ich frage mich: Wer zum Teufel macht das? Woher kommt das?

Es ist wirklich so, als würde sich ein Kanal öffnen. Es ist wie eine Flut.

Kannst du die Möglichkeit sehen, dass alle große Kunst – und nicht nur große Kunst, sondern auch den Boden fegen oder ein Sandwich machen – nicht wirklich persönlich ist? Wir hängen sehr an der Vorstellung, dass ich dieses Sandwich mache oder dass ich dieses Gedicht schreibe.

Gerade haben wir erlebt, dass niemand dieses spontane Gedicht gemacht hat. Wir können seinen Eltern danken, da ihm sein Aufenthalt in der Internatsschule große Kenntnisse der englischen Sprache verschafft hat. Ich bin mir sicher, dass er eine schrecklich gute Erziehung erhalten hat.

Ja, schrecklich!

Kabirs Lebenserfahrung oder seine Lebensreise ist einzigartig. Aber war es Michelangelo, der die Pieta gemacht hat? Er wurde schon in jungen Jahren dahingehend unterrichtet, ein Steinmetz zu werden und war deshalb ein Experte im Bearbeiten von Marmor. Damals gab es viele gut ausgebildete Steinmetze, aber wenn du vor dieser Skulptur stehst, passiert etwas, das jenseits von allem Persönlichen ist. Möchtest du dazu etwas sagen? Was ist deine gebildete Ansicht dazu?

Ich kann sehen, wie schwierig es ist, sich auch nur vorzustellen, dass man zu so etwas in der Lage ist. Ich hatte keine Ahnung, dass ich Gedichte kreieren könnte oder dass sie so mühelos durchkommen würden. Wahrscheinlich kann so etwas jeder machen.

Ich möchte jeden, der ein Urteil über seine Kreativität hat – ich kann nicht tanzen, ich kann nicht singen, ich kann nicht malen – einladen, das in Frage zu stellen. Denn natürlich können wir das alle, und es wird besser gehen, wenn du nicht da bist. Das klingt vielleicht ein bisschen seltsam.

Aber so ist es. Genauso fühlt es sich an.

Michelangelo hat noch etwas Erstaunlicheres als die Pieta geschaffen. Er war ein sehr begabter Steinmetz, aber er war kein Maler. Er hatte eine Verbindung zum Papst und der Papst sagte: „Siehst du diese

Kapelle? Siehst du diese Decke? Es ist eine sehr hohe Decke. Ich möchte, dass sie bemalt wird.“ Dem Papst war es sehr wichtig, dass die Arbeit fertig wurde, und so kam er oft vorbei, um zu sehen, wie es voranging.

Um die Decke zu bemalen, musste Michelangelo ein Gerüst aufstellen und auf dem Rücken liegen. Es ist übrigens ein dreidimensionales Gemälde, das sehr komplexe Maltechniken erfordert. Und es begann mit einer Katastrophe. Er hatte schon einige Zeit daran gearbeitet, und der Papst sagte, er solle sich beeilen. Da entdeckte er, dass er den Stuck falsch angemischt hatte und alles fiel wieder herunter. Sogar Michelangelo musste ein paar Dinge lernen.

Welcher Geist hat dieses erstaunliche Kunstwerk erschaffen? Man könnte sagen, dass Michelangelo ein Genie war, aber vielleicht war er jemand, der sehr gut darin war, sich nicht einzuschalten – und indem er sich nicht einschaltete, konnte eine andere Energie die Führung übernehmen.

Schicksal

Nisargadatta Maharaj war ein einflussreicher und unabhängiger *Advaita*-Lehrer, der im Rotlichtviertel von Mumbai lebte. Er wohnte über seinem *Beedi*-Geschäft (*Beedi* ist eine indische Zigarette) und traf viele westliche Sucher in einem kleinen Zimmer. Er schickte sie fort, sobald er das Gefühl hatte, dass sie ihr Potenzial erreicht hatten.

Alles, was geschieht, geschieht dem Verstand und im Verstand, nicht der Quelle des „Ich bin". Sobald du verstehst, dass alles von selbst geschieht – nenne es Schicksal, Wille Gottes oder bloßen Zufall – bleibt von dir nur der Zeuge übrig, verstehend und genießend, aber nicht beunruhigt.

Nisargadatta Maharaj

Lieber John David,
ich habe mich schon immer mit einer sehr wichtigen Frage beschäftigt: Habe ich einen freien Willen oder nicht? Ist jeder kleinste Gedanke, jede kleinste Handlung wirklich vorherbestimmt? Wenn ja, dann habe ich nicht den geringsten Einfluss auf meine spirituelle Entwicklung.

Hier in dieser Essenz, in der Quelle des „Ich bin" geschieht nichts. Was aus dieser Essenz hervorgeht und sich dann durch den Verstand manifestiert, ist das, was wir „Leben" nennen – „mein Leben". Oder etwas genauer: „die Welt".

Leider sind wir meist sehr stark mit dem verbunden, was wir „die Welt" nennen, und wir können uns nicht vorstellen, wie leicht sich unser Leben entfaltet. Sri Ramana Maharshi sagte, dass wenn du willst, dass etwas passiert, es aber nicht passieren soll, es nicht passieren wird. Und genauso, wenn es etwas gibt, von dem du nicht willst, dass es geschieht, es aber geschehen soll, dann wird es geschehen.

Warum ich hier heute Abend im Open Sky House sitze und Satsang gebe, hat mit diesem Schicksal zu tun. Als ich in Australien lebte, erhielt ich eine Art innere Botschaft, die mir sagte, dass es Zeit wäre, das Land zu verlassen.

Ich sollte nach Europa zurückgehen, aber wohin in Europa? Da ich Engländer bin, dachte ich, dass ich nach England gehen würde, aber die Existenz hatte andere Ideen und ich landete hier in Deutschland. Hier und da gab es ein paar Umwege und schließlich kam es zu dieser wunderschönen Open Sky House Gemeinschaft.

Als ich ein junger Mann in den Zwanzigern war, habe ich mir vorgestellt, Architekt zu werden und vielleicht in London ein kleines, eigenes Designerbüro aufzumachen. Das war etwas, was ich verlockend fand und woran ich großes Interesse hatte. Das schien mein Schicksal zu sein.

Dann gab es einen kleinen Tango, drei Schritte vor und zwei zurück, und schließlich fand ich mich in einem indischen Ashram wieder. Allmählich verschwand meine Idee Architekt zu werden, und ich beschäftigte mich intensiv mit Meditation. Rückblickend würde ich sagen, dass, von all den Meistern, denen ich das Glück hatte zu begegnen, Sri Ramana Maharshi derjenige war, der mich am meisten beeinflusst hat.

Das Schicksal führte mich zu ihm oder, wie Maharaj sagt, es war *„bloßer Zufall"*. Ich erlebte folgenden Zufall: In den Räumen, die ich in Puna in der Nähe von Oshos Ashram gemietet hatte, fand ich in einem Haufen Abfall ein Foto von Sri Ramana. Später ging ich zu Papaji und hinter ihm an der Wand hing genau das gleiche Foto. Man könnte also sagen, dass mein Schicksal oder der Zufall mich in Kontakt mit dem großen Meister Sri Ramana gebracht hatte. Ich spürte eine tiefe Hingabe, und als ich von Indien in den Westen zurückkehrte, fand ich mich in der Rolle eines Botschafters seiner Lehren wieder. Seine Lehren sind die Essenz der alten Lehren Indiens.

Ohne irgendeine Absicht meinerseits hatte sich die Richtung meines Lebens komplett geändert. Die Frage heute Abend war: *„Haben wir einen freien Willen?"* Die Antwort ist: nein. Es tut mir leid, aber tatsächlich ist es sehr, sehr schön, denn wenn du deine Vorstellungen loslässt, dann wird das Leben dir zeigen, wohin du gehen sollst und was zu tun ist.

Wenn du innerlich still geworden bist, kannst du dich mit diesem inneren Ort verbinden, den wir das Selbst nennen. Es ist dein Wesen. Es ist das Wesen aller. Es ist deine Verbindung zur Weisheit des Universums und sie wird dich führen, so wie das Navigationssystem in deinem Auto.

Wahrscheinlich kannst du rückblickend sehen, wie ein kleines Ereignis oder eine kleine Entscheidung in deinem Leben zu einem großen Richtungswechsel geführt hat. Du triffst jemanden, du isst gemeinsam zu Abend, triffst dich zum Mittagessen, gehst zusammen im Park spazieren. Im Laufe der Zeit entwickelst du zu diesem Menschen eine tiefere Verbindung und das führt zu einer neuen Richtung. Das ist bei jedem so, bei all deinen Freunden.

Die meisten Leute haben die Vorstellung: „Ich gestalte mein Leben." Das ganze Bildungssystem, die ganze Gesellschaft basiert auf dieser Vorstellung. Aber diese Vorstellung ist falsch, und wenn du nach und nach tiefer nach innen sinkst, siehst du, wie du immer tiefer in das Mysterium des Schicksals eintauchst.

Maharaj fährt fort: *„Sobald du verstehst, dass alles von selbst geschieht – nenne es Schicksal, Wille Gottes oder bloßen Zufall – bleibt von dir nur der Zeuge übrig, verstehend und genießend, aber nicht beunruhigt."*

Es ist eine Einladung, Zeuge zu bleiben, still zu werden und reines Bewusstsein zu bleiben. Von diesem Ort aus beobachten wir, wie sich die Dinge entfalten und wir können akzeptieren, wie sie geschehen.

Allerdings können wir uns leicht in unseren Vorstellungen und Überzeugungen verwickeln. Wir wollen, dass etwas in eine bestimmte Richtung geht, also versuchen wir ständig, unser Leben in diese Richtung zu lenken, weil wir glauben, dass uns das glücklich macht oder uns Liebe bringt.

Je mehr du diese Vorstellungen fallen lässt, desto mehr fällst du in eine große Akzeptanz, dass alles genau so ist, wie es sein sollte und dass es nichts zu ändern gibt. Wir sind da, wo wir sein sollen und was geschehen soll, geschieht. Es gibt nichts zu tun, nichts zu fürchten.

Möchte jemand nach vorne kommen und über Schicksal sprechen? Es sieht wohl so aus, dass du dazu bestimmt sein musst, heute Abend nach vorne zu kommen und zu sprechen – auch wenn du es nicht willst!

Ich habe ein Problem mit diesem Wort „vorherbestimmt". Es klingt, als ob irgendwo irgendetwas geschrieben steht und ich lebe es lediglich aus.

Das klingt, als ob es einen riesigen Computer gibt, der um den Planeten herum schwebt und das Leben von Milliarden von Menschen berechnet. Er sagt sowas wie: „Okay, heute wird Barbara diesen roten Schal und schwarze Ohrringe tragen." Aber ich glaube, es so zu sehen ist etwas kindisch, so funktioniert es nicht.

Ich finde es schwierig, auszudrücken, wie ich das empfinde. Wenn ich mir anschaue, wie ich jetzt über mein Leben denke, fühlt es sich an, als geschehe es einfach, sobald ich meine Vorstellungen darüber los lasse, wie das Leben sein könnte. Also zum Beispiel, wenn ich nicht weiß, was ich kochen soll, warte ich nur ein bisschen und dann plötzlich: Plopp, Plopp!

Ja, die Stimme schallt zu uns herab: „Steak zum Mittagessen!"

Das ist eine kleine Entscheidung im Leben, und ich denke, dass es bei großen Entscheidungen genauso funktioniert. Es ist schwieriger, loszulassen, wenn etwas für uns sehr gefühlsbeladen ist, weil dann etwas im Weg steht. Wenn das geschieht, versuche ich ruhig zu bleiben und mich mit diesem stillen Raum zu verbinden. Es ist so wie eine Frage: Was sagt dieser stille Raum zu dieser Situation? Es ist, als ob ich entscheiden kann, mich mit diesem Ort zu verbinden.

Nein, ich glaube nicht, dass du dich entscheiden kannst, dich damit zu verbinden. Ich glaube, wir sind immer verbunden. Wir sind niemals nicht damit verbunden. In Wirklichkeit, so wie ich es verstehe, ist jeder immer verbunden, und deshalb ist diese ganze spirituelle Vorstellung über die Erleuchtung nicht richtig.

Wenn man es so ausdrücken will, ist jeder immer erleuchtet, nur sind wir sehr mit einer Art konstantem Grundrauschen beschäftigt, mit Nebengeräuschen, mit Störungen. Das ist der Lärm des konditionierten Verstandes, er erschafft eine falsche Realität, mit der wir sehr identifiziert sind. Aber unter unserer Anhaftung an die falsche Wirklichkeit ist das wahre Selbst immer da und leitet und bewegt uns durch unser Leben. Das Leben funktioniert nicht so, wie wir gerne hätten, dass es funktioniert.

Heute Morgen las ich in der Zeitung eine sehr heftige Geschichte. Sie handelt von einem recht bekannten Komiker, der verheiratet ist und eine siebenjährige Tochter hat. Seine Frau schrieb einen Roman, der auf einer wahren Geschichte beruht. Es ging um einen Mann, der Frauen vergewaltigt und getötet hatte und seine Frau vertiefte sich in diese Geschichte.

Sie hatte das Gefühl, dass sie das Geheimnis, wer dieser Mann war, lösen könnte. Sie wurde zu einer Art Detektivin. Sie bemühte sich dermaßen intensiv, dass ihr Mann eines Tages zu ihr sagte: „Schlaf dich aus. Ich kümmere mich um unsere Tochter. Ich bringe sie morgen früh zur Schule und du kannst dich ausschlafen. Okay?"

Am nächsten Morgen brachte er die Tochter zur Schule. Er kam zurück und seine Frau atmete und schlief normal, scheinbar normal. Er ging ein paar E-Mails durch, beantwortete einige Nachrichten und kurz vor dem Mittagessen ging er zu ihr, um sie zu wecken. Sie hatte aufgehört zu atmen. Sie war tot. Solche Dinge passieren jeden Tag, Dinge, die gänzlich unseren Vorstellungen widersprechen, wie das Leben laufen sollte.

Schicksal – wir kommen an, wir gehen wieder. Zwischendurch glauben wir, dass wir unser Leben bestimmen. Aber das passiert nur im Verstand. Wenn wir das verstehen, fällt die Anhaftung an den Film in unserem Verstand weg.

Und gleichzeitig können wir es nicht verstehen.

Auf einer bestimmten Ebene kann man das verstehen, aber im Grunde gibt es niemanden, der das versteht.

Dienen

Da es kurz vor Weihnachten ist, dachte ich, wir beschäftigen uns heute Abend mit den Worten von Jesus. Vielleicht sollte ich etwas über ihn sagen, aber eigentlich ist er so bekannt, dass ich nicht viel hinzufügen kann. Jetzt, wo ich mehr als vierzig Jahre in der spirituellen Welt verbracht habe, kann ich zweifelsfrei sagen, dass Jesus keine Jungfrauengeburt war, er kein Festmahl aus zwei kleinen Fischen und etwas getrocknetem Brot entstehen ließ, und es ziemlich unwahrscheinlich ist, dass er auf dem Wasser spazieren ging. Versuch das mal!

Wer immer der Erste sein will, muss ein Diener für alle sein, denn sogar der Sohn Gottes kam nicht, um bedient zu werden, sondern um zu dienen und um sein Leben zur Erlösung von vielen zu geben.

Jesus

> *Lieber John David,*
> *ich fand diese Idee des Dienens immer sehr christlich, aber dann habe ich erkannt, dass es für die spirituelle Reise wesentlich ist, weil es das Herz öffnet und einen bescheiden macht. Aber ich finde in mir immer noch die christliche Vorstellung, dass ich dienen und mich nicht bereichern sollte. Könntest du bitte etwas über dieses Thema des Dienens sagen?*

Wenn wir dienen, müssen wir uns entscheiden, wem oder was wir dienen. Zu dieser Jahreszeit, kurz vor Weihnachten, werden wir üblicherweise alle dazu angehalten, uns auf andere zu konzentrieren und den Armen zu dienen, den Leidenden, den kleinen Kindern, den Behinderten und so weiter. Dies ist die christliche Vorstellung vom Dienen, aber bei dieser Art des Dienens müssen wir vorsichtig sein, worin die eigentliche Motivation besteht. Indem ich zum

Beispiel den Unterprivilegierten helfe, kann ich mich selbst als „guten Menschen“ identifizieren und auf subtile Weise dient das dem Ego oder dem falschen Selbst.

Das ist nicht das Dienen, das Jesus im Sinn hatte, aber es ist zu dieser Jahreszeit sehr verbreitet. Die Medien und Wohltätigkeitsorganisationen sprechen den Teil im Menschen an, der sich für Erfolg oder Reichtum schuldig fühlt. Es spricht deren falsche Vorstellungen vom Dienen an.

Die richtige Vorstellung vom Dienen ist, der Wahrheit zu dienen oder wenn du willst, Gott zu dienen. Aber da dieses Wort manchmal etwas problematisch sein kann, sage ich lieber, dass wir der Existenz selbst dienen.

Wir alle haben ein Schicksal, das sich in unserem Leben entfaltet, und dein Schicksal könnte es sein, den Behinderten oder Unterdrückten zu dienen. Wenn du wirklich präsent bist, wenn du mit deinem eigenen Sein verbunden bist, wird es dir zu jeder Zeit klar zeigen, worin dieses Dienen besteht.

Ich würde sagen, dass ich bis vor ungefähr zweiundzwanzig Jahren meinem eigenen Ego diente. Ich habe immer darüber nachgedacht, was das Beste für John David sein würde. Ich habe immer danach Ausschau gehalten, was ich bekommen konnte, um ein bisschen glücklicher zu werden, ein bisschen „ganzer“. Aber es kam immer aus meinem eigenen Gefühl des Mangels – mir fehlte etwas und darum suchte ich nach etwas, was mich vollständig oder zufrieden machen sollte.

Dann geschah etwas und seitdem fühle ich mich mit meinem Ego nicht mehr so verwickelt. Ich habe ein Ego, aber ich beschäftige mich nicht mehr so sehr damit, und indem ich immer mehr im Augenblick lebe, erkenne ich, dass in Wirklichkeit alles in meinem Leben ein Dienen ist. Dieses Dienen ist nicht auf jemand bestimmtes ausgerichtet. Es dient einer Art Schicksal, das sich in den letzten Jahren in meinem Leben entfaltet hat.

Wenn ich hier heute Abend sitze, sehe ich die Bewohner unserer schönen Gemeinschaft, und ich kann mich an die Zeit erinnern, als unsere Gemeinschaft spontan ihren Anfang nahm. Das war ein Jahr nachdem ich von Australien nach Europa gekommen war. Genau genommen kam ich aus Indien, da ich nach Australien eine Weile in Indien war. Kurz bevor ich Indien in Richtung Europa verließ, lernte ich einen Mann aus Deutschland kennen und so kam ich nach Deutschland.

Das hatte ich eigentlich nicht vorgehabt, aber so geschah es. Ich akzeptierte, dass meine Reise in Deutschland beginnen würde und ich dann sehen würde, wie es weitergeht. Es ging weiter und weiter und weiter, und plötzlich fand ich mich in einer Gemeinschaft wieder.

Das ist vierzehn Jahre her und während dieser Zeit kam es einige Male vor, dass ich vor der Entscheidung stand, die Gemeinschaft zu verlassen, zu fliehen. Jedoch gab es nie einen ernstgemeinten Fluchtversuch, weil das meinem eigenen Ego gedient hätte, meiner eigenen Wahrnehmung vom Selbst. Es war immer klar, dass ich diese Gemeinschaft haben soll und so gebe ich mich ihr hin. Und indem ich mich ihr hingebe, diene ich – zum einen der Gemeinschaft und zum anderen den Leuten, die diese Gemeinschaft bilden.

Eigentlich diene ich einem größeren Ganzen, von dem diese Gemeinschaft ein Teil ist. Wir sind ein Experiment, das sich über vierzehn Jahre entwickelt hat, und ich sehe darin einen Wert. Ich weiß nicht genau, was dieser Wert im Sinne eines größeren Ganzen ist, aber diese Gemeinschaft zieht Menschen an, die es ernst meinen und die gemeinsam etwas ganz Außergewöhnliches kreieren.

Sie kreieren ein liebevolles Energiefeld. Das ist einer der wichtigsten Aspekte, aber wir schaffen auch eine Art Instrument, ein Experiment eines alternativen Lebensstils für Menschen. Über die Jahre hat mich diese Alternative einer größeren Familie immer wieder sehr berührt.

Wir haben in unserer Gemeinschaft zwei Babys, Zwillingsmädchen. Zur Zeit kümmern sich etwa sechs liebevolle und verantwortungsbewusste Erwachsene um sie, zusätzlich zu ihren biologischen Eltern. Ihre Mutter war natürlich die ganzen achtzehn Monate bei ihnen, jeden einzelnen Tag, jede einzelne Minute, vierundzwanzig Stunden am Tag. Die Verbindung zwischen Mutter und Kind ist eine ganz natürliche genetische Verbindung.

Es ist nicht so offensichtlich, aber diese Verbindung besteht auch zwischen Vater und Kind. Ich war ziemlich überrascht, eine Art genetisches Samenkorn zu entdecken, das bei der Geburt der Kinder aufkeimte, und das in mir ein Gefühl der Verpflichtung weckte, sie aufzuziehen und für sie zu sorgen.

Ich sehe, dass ich keine Möglichkeit habe, dem zu entkommen. Es ist einfach Teil der Natur, ein schöner Mechanismus, um sicherzustellen, dass die Kinder ernährt, gepflegt und versorgt werden. Aber ich kann auch sehen, dass jeder, der bereit ist, diesen Kindern seine Energie und Liebe zu geben, eine Bedeutung hat.

Ich finde es immer schwierig, wenn ich Eltern sehe, die eine egobehaftete Bindung zu ihrem Kind haben. Das Kind wird zu „meinem" Kind und häufig kann man fühlen, wie die Eltern das Kind für ihre eigenen Ego-Bedürfnisse benutzen. Viel besser ist es, wenn reife, bewusste Menschen mit einer Haltung des Dienens an die Erziehung herangehen. Die Kinder werden umsorgt und vor Verletzungen geschützt, aber so wenig wie möglich beeinflusst, während sie einfach damit beschäftigt sind, Kinder zu sein.

Ich finde es sehr schön, dass ein halbes Dutzend nahestehender Menschen, die alle einen unterschiedlichen Charakter haben, für diese Babys da sind. Ich hoffe, dass der Kontakt zu diesen verschiedenen Charakteren den dominierenden Einfluss von Mutter und Vater auf die zwei kleinen Mädchen mildert und verbessert. Man kann an ihrem Lächeln erkennen, wie die beiden diese fürsorglichen Menschen genießen.

Sich um Kinder zu kümmern ist natürlich nur eine Möglichkeit, wohin unser Dienen fließen kann. Du kannst nach innen schauen und deine eigene Intuition finden, dein eigenes Sein. Du kannst damit Kontakt aufnehmen und herausfinden, was deine Rolle, deine Bestimmung ist und dann kannst du dieser Bestimmung dienen.

Wie der Fragesteller schon sagte: Das Schöne ist, dass das Herz sich öffnet. Sich um Kinder zu kümmern oder sie aufzuziehen ist eine wundervolle Art unsere Herzen zu öffnen. In diesem Sinne zu dienen ist ganz klar ein Teil des spirituellen Lebens oder der spirituellen Reise, weil sich das Herz öffnen muss. Aber dieses Dienen ist nicht das Dienen, von dem die Christen sprechen. Für mich ist das ein anderes Verständnis von Dienen – Dienen frei vom Ego.

Mitgefühl

Ich bin dem Dalai Lama nie begegnet, aber für mich ist er die Verkörperung von Mitgefühl. Schon im Alter von zwei Jahren wurde er auserwählt, der 14. Dalai Lama zu werden und das bedeutete, dass er sich schon in jüngsten Jahren in der Gesellschaft der weisesten Lamas Tibets befand. Wenn ich mich richtig erinnere, schlief er als kleines Kind immer zu Füßen eines der größten Lamas.

Tibetische Buddhisten gehören zu den herzlichsten und mitfühlendsten Menschen auf dem Planeten. Als junger Mann musste der Dalai Lama Tibet 1959 während der tibetischen Aufstände verlassen, und soweit ich das sehen kann, hat er sein Leben der weltweiten Verbreitung des Besten aus der tibetischen Kultur gewidmet, überwiegend im Westen. Es gibt jetzt ein Netzwerk von Gemeinschaften, Organisationen und reisenden Lamas, und auf diese Art und Weise bewahren sie das Beste der tibetischen Kultur.

Damals hat die chinesische Regierung beschlossen, die Tibeter zu verfolgen. Ich habe ein Video über den Dalai Lama gesehen, in dem er über die politische Situation in Tibet spricht – völlig entspannt und angesichts dieser furchtbaren Situation trotzdem lächelnd. Wenn er lächelt oder lacht, kann man die Energie und das Mitgefühl aus der Tiefe seines Wesens spüren.

Mitgefühl ist keine religiöse Angelegenheit. Es ist eine menschliche Angelegenheit. Es ist kein Luxus. Es ist entscheidend für unseren eigenen Frieden und unsere geistige Stabilität. Es ist entscheidend für das menschliche Überleben.

Tenzin Gyatso, der 14. Dalai Lama

Lieber John David,
bei meiner spirituellen Suche habe ich mich auf den Weg des Wissens und der Selbsterforschung konzentriert, in dem Versuch, herauszufinden, wer ich bin. Bei dem Wort Mitgefühl bin ich unsicher und frage mich, was es wirklich

bedeutet, da ich es so oft in der spirituellen Welt höre. Was ist deine Position zu Mitgefühl und welche Rolle spielt es bei der Selbsterkenntnis?

Das ist ein schönes Thema. Mitgefühl kommt natürlich aus einem ehrlichen und offenen Herzen. Was meinen wir mit Mitgefühl? Die Menschen als Gattung sind zutiefst voneinander abhängig und deshalb ist unser Bedürfnis nach Liebe entscheidend für unser Überleben. Ein Mangel an Liebe führt zu Leiden – physisch und mental – und der Sinn des Mitgefühls besteht darin, dieses Leiden zu verhindern. Es ist keine emotionale Reaktion. Es erfordert vielmehr ein echtes Verantwortungsgefühl und wahre Anteilnahme am Wohlergehen anderer.

Mitgefühl erzeugt Tiefe und gibt Halt, vor allem, wenn Dinge sich zum Schlechteren entwickeln, zum Beispiel bei der spürbaren Enttäuschung in einer Partnerschaft, wenn beide den wahren Charakter des anderen kennen lernen.

Im Buddhismus ist ein *Bodhisattva* jemand, der erleuchtet wird und dann nicht auf eine andere Ebene geht, sondern bleibt, um andere menschliche Wesen ebenfalls zu dieser Erleuchtung zu führen – ein Beispiel tiefsten Mitgefühls. Wahres Mitgefühl scheint für mich ein natürlicher Lebensweg für den zu sein, der ein offenes Herz erreicht hat.

Es gibt Individuen und Organisationen, die Mitgefühl verkörpern. Mir kommt Martin Luther King in den Sinn. Er gab sein Leben, um mehr Gerechtigkeit für die Afroamerikaner zu erreichen. Wir vergessen leicht, was für einen großen Mut das erfordert. Mahatma Gandhi ist ein anderes Beispiel. Er hat fast im Alleingang die britische Regierung zur politischen Freiheit für Indien bewegt. Er wählte den gewaltlosen Widerstand und bezahlte das mit seinem Leben. Wir alle sind zutiefst von der Geschichte Jesu berührt, der ebenfalls voller Mitgefühl war und das auch mit seinem Leben bezahlt hat.

Amnesty International ist eine Organisation, die politische Gefangene verteidigt und befreit. Sie unterstützt Individuen und zieht auch Regierungen zur Rechenschaft. Organisationen wie Greenpeace starten Kampagnen für gefährdete und vom Aussterben bedrohte Tierarten und für das Weiterbestehen des Lebens auf diesem Planeten.

Heute habe ich etwas über einen Mann in Venezuela gelesen. Er ist von Beruf Tierarzt und steckt fast sein ganzes Geld, das er als Tierarzt verdient, in den Versuch, einen wunderbaren Adler zu retten, der in Südamerika lebt. Er hat eine Spannweite von zwei Metern und die Kraft, Affen aus den Bäumen oder ein Rehkitz vom Boden zu greifen. Diese Adler sind sehr selten und er hatte große Mühe, sie überhaupt zu finden. Er war erfolgreich mit der Idee, die Menschen vor Ort, die diese Adler gejagt hatten, zu überzeugen, dass sie halfen, die Nester zu finden und die Küken mit Ringen zu versehen. So hat er über viele Jahre das Überleben dieser Spezies gesichert.

Beinahe jeden Tag kann man in den Nachrichten Beispiele von Menschen finden, deren ganzes Bestreben es ist, der Existenz etwas zurückzugeben. Mein erster spiritueller Meister, Osho, ermutigte seine Schüler stets, den Planeten etwas schöner zu verlassen, als sie ihn bei ihrer Ankunft vorgefunden haben. Ich war davon immer sehr berührt. Es hat mein eigenes Leben motiviert.

Dienen ist ein wesentlicher Bestandteil von Mitgefühl. Anhaftung an ein unverbundenes, individuelles „Ich" wirkt der Entwicklung von Mitgefühl entgegen. Wahres Mitgefühl kann nur erfahren werden, wenn dies sich löst.

Mitgefühl ist die seltene Frucht von einem offenen Herzen, vor allem da es sich, sobald man nicht mehr im Persönlichen ist, auf alle Mitmenschen und alle Wesen auf diesem Planeten erstreckt. Der Dalai Lama sagt hier, dass es entscheidend für das menschliche Wesen ist, eine Art Naturgesetz.

Der Fragesteller möchte wissen: *„Welche Rolle spielt das Mitgefühl bei der Selbstverwirklichung?"* Es ist eher anders herum, die bewusste Kultivierung eines offenen Herzens und das Fehlen der Anhaftung an das Persönliche führen zu Selbsterkenntnis. Mitgefühl folgt ganz natürlich.

In den vergangenen zwanzig Jahren hatte ich das Glück, Zeit mit vielen erwachten Lehrern zu verbringen. Eine Eigenschaft, die ich bei allen wahrnehmen konnte, war enormes Mitgefühl. Es gibt einen Weg des Herzens und der wird dich letztendlich mitfühlend werden lassen.

In Gnade fallen

Paramhansa Yogananda war der erste indische spirituelle Lehrer, der dauerhaft im Westen lebte und in den 1920er Jahren nach Amerika kam. Er hatte großen Einfluss und lehrte sein ganzes Leben lang die alten Lehren Indiens. Er gründete zwei wunderschöne Ashrams in Kalifornien.

Sein Buch *Autobiographie eines Yogi* hat mich in meinen frühen Jahren sehr beeindruckt. Er ließ das spirituelle Leben wie ein aufregendes Abenteuer voller mystischer Momente erscheinen. Später erkannte ich durch Osho, dass mystische Abenteuer nicht so wichtig sind, aber da war ich schon etwas weiter auf dem Weg.

Jetzt, wesentlich später, als weiserer Mann, kann ich sehen, dass Yogananda zu seiner Zeit viele inspiriert hat, dass einfache Präsenz aber am wichtigsten ist.

Es gibt keine andere Möglichkeit, Gottes Liebe zu finden, als die, sich Ihm hinzugeben.

Paramhansa Yogananda

Lieber John David,
ich praktiziere immer häufiger Selbsterforschung, da ich sehen kann, dass der einzige Weg aus dem Leiden das Beenden der Illusion vom falschen Ich ist. Wenn ich mich der Selbsterforschung widme, verschwindet häufig die Identifikation mit dem Ego, und es kommt ein wunderbarer Frieden und eine Leichtigkeit auf. Gnade ist immer präsent. Mein Verständnis von Hingabe ist, dass man das falsche Selbst klar genug sieht und erkennt, wie wir immer, wenn wir uns damit identifizieren die Gnade verpassen. Mich würde deine Meinung zur Gnade interessieren und wie wir uns ihr hingeben können.

Dein Anfang ist gut. Du verstehst etwas vom Selbst, dem falschen Selbst und du siehst, dass das der Weg ist, der dich aus dem Leiden bringt. Das ist deine Erfahrung in der Selbsterforschung und du sagst, dass du dadurch zu einem wunderbaren Frieden und einer Leichtigkeit kommst.

Ja, für Augenblicke, für ein paar Atemzüge.

Das stimmt. Aber der Rest stimmt nicht. Du sagst: *„Ich verstehe unter Hingabe, dass man das falsche Selbst deutlich genug sieht und erkennt, wie wir die Gnade immer verpassen, weil wir uns mit dem falschen Selbst identifizieren."*

Ich dachte nur, dass das eine gute Frage ist.

Das ist der Verstand. Das ist keine Hingabe. Hingabe ist nicht etwas, was „du" tun kannst, und bestimmt möchtest du nicht das falsche Selbst verstehen und dann sehen, dass du dich damit identifizierst. Das ist alles Verstand. Hingabe geschieht, wenn du Selbsterforschung machst und du – so wie du es auch erlebt hast – zu wunderbarem Frieden und Leichtigkeit kommst oder, wie Yogananda sagt, wenn du *„Gottes Liebe findest"*.

Man könnte sagen, dass dieser schöne Frieden und die Leichtigkeit die Gnade sind. Gnade ist ein schwieriges Wort, weil wir nicht wirklich wissen, was das ist und wie sie sich manifestieren wird. Man könnte sogar sagen, dass es sich dabei um Schicksal handelt. Manche Menschen scheinen durch das Leben zu gehen und die Dinge scheinen leicht zu sein; sie sind im „Flow". Sie wurden zum Beispiel zu einem Ashram oder einem Lehrer geführt oder sie kamen zu einer Gemeinschaft wie dieser, und man kann deutlich sehen, dass hier Gnade am Werk ist. Aber Gnade ist nicht wählerisch – es gibt keine gute oder schlechte Gnade.

Eine der Frauen, die in unserer ukrainischen Gemeinschaft lebt, hat morgen vor diese zu verlassen. Fast genau vor einem Jahr hatte sie in Indien einen sehr großen Einblick oder eine Öffnung und lachte über die Verrücktheit des Lebens. Man könnte sagen, dass sie zu der Zeit sehr frei war. Und nur ein Jahr später ist sie wieder sehr verschlossen.

Wahrscheinlich arbeitet eine Menge Angst in ihr. In den letzten zwei Jahren war sie eine Geschäftsfrau in einer Stadt im Zentrum der Ukraine, lernte dann die Lehren kennen, ist mit mir nach Indien gekommen – wo sie eine wunderbare Erfahrung gemacht hat – und ist dann der Open Sky House Gemeinschaft in Tripillya beigetreten.

Jetzt, nach vier Monaten in der Gemeinschaft, hat sie die Verbindung zu den anderen Leuten dort, zu mir und zu ihren Freunden abgebrochen. Sie fühlt, dass sie nicht mehr in ihr altes Leben zurück kann, zu dem, was sie kennt, aber diese neue Situation in der Gemeinschaft hat in ihr eine Menge Angst ausgelöst. So ist es eine sehr harte Situation für sie.

Aber all das muss Gnade sein, denn Gnade wählt nicht. Und was ist Gnade? Gnade ist die Existenz selbst. Sie gibt sich einer Gnade hin, die in diesem Moment nicht in ihrem Interesse zu sein scheint. Aber wer weiß das schon? Zur gleichen Zeit findest du Momente von Frieden und Leichtigkeit durch Selbsterforschung. Das ist auch Gnade.

Selbsterforschung besteht aus zwei Fragen, die dich in diese Leichtigkeit bringen. Hingabe hat nichts damit zu tun, dies oder das zu sehen. Das sind alles Spielereien des Verstandes.

Was ich meinte war: Wenn es Hingabe gibt, besteht sie darin, sich nicht mit dem Ego zu identifizieren.

Wenn es Hingabe gibt, dann die, dass du dich der Leichtigkeit und dem Frieden hingibst, aber diese Hingabe geschieht nur, weil Leichtigkeit und Frieden sehr berührend sind. Es ist nicht so, dass „ich" mich hingebe, weil der Verstand irgendeinen Grund dafür hat.

Ja, das ist nur eine Vorstellung. Aber es muss doch eine bewusste Entscheidung geben, zu versuchen, sich zu ändern, bevor eine

Veränderung geschehen kann. Oder ein Bewusstsein, dass es sich ändern muss oder sich ändern kann.

Ja, aber diese Entscheidung zu haben suchst du dir nicht aus. Du tust gar nichts, weil du nicht existierst.

Das ist es, was ich versuche auszudrücken. Da ist diese Vorstellung, dass ich es tun kann.

Das kommt davon, dass du damit identifiziert bist, jemand zu sein, der alles Mögliche tun kann. Und das ist das Problem.

Es ist echt komisch.

Was ist echt komisch?

Der Witz dabei ...

Ja, sicher. Trotzdem tun wir es alle. Das ist auch Teil des großen Witzes – auch das tun wir nicht.

In diesen Momenten kommt es einfach immer wieder auf das gleiche heraus. Es ist so einfach.

Warum sollte es nicht einfach sein?

Wegen all dieser Konditionierungen.

Vor diesem Treffen habe ich mir ein Video vom ersten Tag des Indien-Retreats angeschaut. Wir haben die Selbsterforschungs-Übung gemacht, in der wir einander fragen: „Wer bist du?“ Wir machen das lange genug, so dass man am Ende anfängt zu sehen, dass alles, was man zu sein glaubt, nicht wahr sein kann. Am Ende teilen wir unsere Erfahrungen miteinander, was eine Weile dauert. Ich lade die Leute ein, zu mir zu kommen, sich neben mich zu setzen und etwas aus dem Moment heraus zu sagen.

Es ist sehr berührend. Schon nach wenigen Stunden des Fragens, Suchens und Realisierens, dass man nicht das ist, was man denkt, teilen Menschen so schöne Momente aus dem Hier und Jetzt mit. Meist sagen sie so etwas wie: „Ich fühle mich berührt." Von was sind sie berührt worden? Sie sind von ihrem eigenen Selbst berührt worden. Das eigene Selbst ist also sehr nahe. Deshalb ist es nicht überraschend, dass es einfach ist.

Aber natürlich ist es auch nicht so einfach, da wir so stark konditioniert sind, uns immer mit dem falschen Selbst zu identifizieren. Was du in deiner Frage beschreibst, ist nicht ganz falsch. Die Idee ist richtig, aber Hingabe geschieht so nicht. Hingabe geschieht, wenn sie einfach geschieht und nicht, wenn jemand sich hingibt.

Das göttliche Navigationssystem

Neem Karoli Baba ist einer jener unglaublichen indischen Gurus, der Dinge tut, denen unser westlicher Verstand nicht folgen kann, wie an zwei verschiedenen Orten gleichzeitig zu sein. Einige amerikanische Sucher, darunter Ram Dass, Krishna Das und für kurze Zeit Steve Jobs, waren in den 1970er Jahren bei ihm.

Wirkliche Zufriedenheit kommt nur durch die Gnade Gottes. Wenn du volles Vertrauen in Ihn hast, dich voll und ganz auf Ihn verlässt, wenn du Ihm alles übergeben kannst, dann kommt diese Gnade von selbst zu dir – du musst nicht darum bitten oder dich anstrengen.

Neem Karoli Baba

Lieber John David,
ich bin etwas verwirrt, was das Thema Hingabe betrifft. Ich fühle die Verlockung meiner Wünsche und wie mein Ego entscheiden will, was ich von Moment zu Moment mache. Ich fühle auch einen starken Drang, mich ganz hinzugeben, das Ego aufzugeben und nur authentisch zu sein. Ich lebe allein, und ich habe kein großes Interesse mehr an der Außenwelt. Kannst du bitte dein Verständnis von Hingabe erklären und wie man sie in das tägliche Leben bringt?

Das ist eine sehr gute Frage. Die einfache Antwort ist: Ja. Der Weg des Herzens, der Weg des Vertrauens, der Weg der Hingabe – der in Sanskrit „*Bhakti*“ heißt – läuft darauf hinaus, ja zu sagen. In vielen Situationen können wir ganz einfach ja sagen. Wenn wir auf diese Weise in Hingabe leben wollen, dann müssen wir verstehen, dass wir ein Ego haben – unser persönlicher Film läuft weiter und weiter – und dass wir noch etwas haben, das wir die Essenz nennen können. Wir können es unser Sein nennen. In

Indien nennt man es das Selbst; das, was sich niemals ändert.

Wenn wir in tiefer Hingabe leben wollen, dann müssen wir uns der Essenz hingeben, nicht dem Ego. Wenn wir nicht in der Lage sind, zwischen diesen beiden zu unterscheiden, werden wir uns unserem Ego, unseren Filmen hingeben, da wir daran gewöhnt sind. Wir leben ständig in diesem Film und sagen ja dazu, aber *Bhakti* (Hingabe) ist anders. Wenn wir still genug sind und uns unserer selbst bewusst werden, dann können wir uns erlauben, tief in uns hinein zu fallen. Das geschieht automatisch, wenn der Verstand ruhiger wird.

Wenn wir gelernt haben, tiefer nach innen zu unserer Essenz zu gehen, dann können wir damit in Kontakt kommen, was ich das Navigationssystem nenne. Dieses Navigationssystem ist einer kleinen App ähnlich, die du auf deinem Smartphone hast, aber anstatt auf einen Satelliten ausgerichtet zu sein, fokussiert sie sich auf die Existenz. Sie nimmt die Intelligenz des Universums auf. Wenn wir ruhig genug werden, um uns darauf einzustimmen, können wir durch dieses Navigationssystem geführt werden.

Wenn du langsam genug durch dein Leben gehst, kannst du mit deinem Navigationssystem in Verbindung bleiben. Wenn du dann ja sagst, sagst du zum Navigationssystems ja und nicht zu deinem programmierten Ego. Das ist wahre Hingabe. Um dich so hinzugeben, musst du deiner eigenen Fähigkeit vertrauen, dich mit dem Navigationssystem verbinden zu können. Insofern hat Hingabe sehr viel mit Vertrauen und einer herzlichen, hingebenden Energie zu tun. Wenn das Herz offen ist, dann beginnt der Zugang zu deinem Sein. Wenn du dich tiefer und tiefer hingibst, immer wieder hingibst, dann wird alles einfach – du lebst in einem „Flow". Das ist der „Flow" des Lebens und eine wunderbare Art zu leben.

Selbstverständlich müssen wir, um in diesem Ja zu bleiben, in diesem *Bhakti*, unsere Anbindung an das Ego durchtrennen. Das geschieht aus einer tieferen Erkenntnis heraus.

Das Wort „Hingabe" kann sehr leicht missverstanden werden. Während wir aufwachsen lernen wir, dass wir unserem Vater gehorchen müssen. Dann treffen wir unseren Lehrer und wir gehorchen ihm, dann dem Chef. So können wir die Vorstellung entwickeln, dass Hingabe bedeutet, jemandem gehorchen zu müssen, deshalb sind die meisten ziemlich vorsichtig. Aber wenn es um spirituelle Wahrheit geht, ist das eine völlig falsche Vorstellung. Es geht nie um persönliche Hingabe.

Vielleicht hast du Bilder von Leuten gesehen, die sich vor einem Lehrer in Indien oder einer Statue in Asien verbeugen. Da wir mit unserem eigenen „Ich" identifiziert sind, gehen wir davon aus, dass sich die Person vor dem „Ich" des Lehrers oder der Statue verbeugt, aber darum geht es nicht. Wenn jemand sich vor einem Lehrer verbeugt, bedeutet dies, dass er sich vor dem Selbst des Lehrers verbeugt. Das Selbst des Lehrers ist natürlich das gleiche Selbst wie von dem, der sich verbeugt. Da ist nichts Persönliches, obwohl es persönlich zu sein scheint.

Bei der Hingabe, über die wir reden, geht es nie um eine externe Autorität. Es ist immer die innere Autorität gemeint, die deine Essenz ist. Du gibst dich deinem Selbst hin, dem Selbst. Es ist sehr, sehr wichtig, dich immer daran zu erinnern, denn wenn du das vergisst, kannst du dich leicht im Ego verfangen und dich deinem Ego hingeben. Und dann sagst du: „Das ist es, was ich will!" Dann ergibt sich die Frage, was genau dieses „Ich" ist, das da will? Das ist keine echte Hingabe. Das ist falsche Hingabe. Das ist die Hingabe an das Ego, an das „Ich". Aber *Bhakti* bedeutet, sich der universellen Essenz hinzugeben.

Open Sky House Gemeinschaft

Neulich begegnete mir ein Zitat von Thich Nhat Hanh, einem vietnamesischen Mönch, der 1982 eine spirituelle Gemeinschaft namens Plum Village im Westen Frankreichs gegründet hat. Ich habe sie nicht persönlich besucht, aber ich habe den Eindruck, dass sich dort ein liebevolles und kraftvolles Gemeinschafts- und Energiefeld entwickelt hat, das die Kraft hat, andere Menschen und das Bewusstsein der Menschheit als Ganzes wahrhaft zu unterstützen.

Dasselbe Gefühl und dieselbe Vision habe ich auch für die Open Sky House Gemeinschaft, die ein Experiment für ein alternatives Leben ist und ein Wegweiser für spirituell Suchende. In vierzehn Jahren ist hier ein sehr kraftvolles und tiefes Energiefeld entstanden, das viele Menschen berührt und transformiert, und ich kann sehen, dass es nichts Persönliches ist – es ist nicht John Davids Gemeinschaft, sie hat ihr eigenes Wesen, sie hat die Kraft, Menschen aufzuwecken. Deshalb knüpft hier ausgezeichnet das Zitat von Thich Nhat Hanh an.

Es könnte sein, dass der nächste Buddha nicht die Form eines Individuums annehmen wird, sondern die Form einer Gemeinschaft. Eine Gemeinschaft, die Mitgefühl und liebevolle Zuwendung übt, eine Gemeinschaft, die bewusstes Leben praktiziert.

Thich Nhat Hanh

Wir hatten nie einen Plan, wie sich diese Gemeinschaft entwickeln sollte. Aber jetzt gibt es hier ein besonderes Energiefeld. Niemand hat das gemacht. Es ist das Ergebnis von zwanzig Menschen, die so ehrlich zusammenleben, wie sie können, die bereit sind, Spiegel füreinander zu sein, um den ganzen Unsinn loszuwerden und die Wahrheit zu entdecken.

Jeder Mensch kann sein Potenzial leben. Jeder kann still werden. Und wir haben entdeckt, dass, wenn man still genug wird, eine große Kreativität entsteht – Musik, Singen, Theater, Malerei. Wir benutzen Theater, um unsere verrückten inneren Strukturen auszuleben, wir haben ein schönes Mal-Studio eingerichtet, und seit sieben Jahren haben wir eine Kunstgalerie im Haus – Flow Fine Art. Wir zeigen Malerei, Skulpturen und Fotografie, die wir „Kunst aus der inneren Stille" nennen. Es ist ein Ausdruck von Stille und Wahrheit, ein Ausdruck des Friedens.

Man selbst sein – natürlich müssen wir erst einmal herausfinden, was das bedeutet. Wer bin ich? Was ist das Selbst? Als wir am Anfang dieses Treffens still zusammen saßen, hast du vielleicht gefühlt, wie wir eins wurden. Siehst du, dass wir alle die gleiche Stille sind? Wunderschön. Wenn du bereit bist, die innere Arbeit zu machen, um den ganzen Unsinn loszuwerden, kannst du herausfinden, dass deine wahre Natur diese Stille ist – und sie will sich ausdrücken.

Kürzlich schrieb mir jemand aus der ukrainischen Gemeinschaft ungefähr das: „Jetzt verstehe ich die Bedeutung von Gemeinschaft. Es ist eine Art Organismus, der sich aus allen zusammensetzt, aber er hat sein Eigenleben. Er hat sein eigenes Leben, unabhängig von jedem einzelnen Individuum." Das ist eine andere Möglichkeit, zu sagen, dass wir alle eins sind.

Es spielt keine Rolle, dass Leute Dinge tun, die du nicht magst. Es spielt noch nicht einmal eine Rolle, dass sie Dinge tun, die du magst. Das ist alles völlig unwichtig, außer, dass es Material liefert zur Entwicklung von Selbsterkenntnis und bewusstem Gewahrsein. Wenn eine Gruppe von Menschen genug Zeit miteinander verbringt, um zusammenzuwachsen, entsteht eine andere Art der Kommunikation. Sie kommt nicht aus dem Verstand, sondern aus einem offenen Herzen. Sie ist weniger misstrauisch, eher vertrauensvoll.

Ich erinnere mich an eine Vernissage, bei der einer unserer Künstler einen Freund mitbrachte, einen Galeristen und Geschäftsmann. Nach einiger Zeit fragte der Galerist seinen Freund, den Maler: „Was ist denn an diesem Ort los? Ich fühle da so etwas."

Biografien der Meister

M - Z

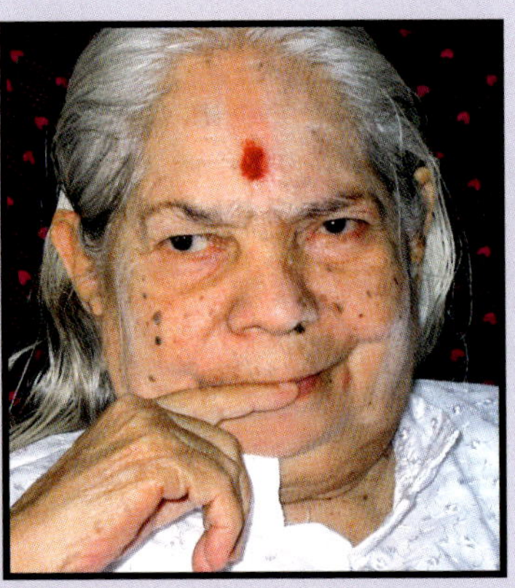

Ma Souris

Unbekannt - 2005

John Davids Buchempfehlung

A Memory

Das Geburtsjahr von Ma Souris ist unbekannt. Ihr Vater, Gudipati Venkata Chalam, war ein bekannter Schriftsteller, Künstler und bewunderte Frauen, die für ihre Freiheit eintraten. Er war ein Schüler Sri Ramana Maharshis und wurde später Schüler seiner Tochter. Ma Souris kam im Mai 1938 durch ihren Vater zu Sri Ramana Maharshi.

Sie war von dieser Begegnung tief berührt und praktizierte auf seinen Rat hin intensiv die Selbsterforschung. Auf diese Weise machte ihre spirituelle Praxis erhebliche Fortschritte und sie erlangte Selbsterkenntnis.

Ma Souris lebte sehr einfach, mit einer kleinen Gruppe von Schülern nördlich von Andrah Pradesh. Ihre Geschichte ist in ihrem Buch *A Memory* nachzulesen. 2004 oder 2005 verließ sie ihren Körper. Es ist nur sehr wenig über sie bekannt.

John David hat in seinem Buch *Facetten des Erwachens – Indische Meister* ein schönes Interview mit ihr geführt (siehe Webseite unten), in dem sie über ihren Erwachensprozess, über spirituelle Praxis und das Wesen der Wahrheit erzählt und darüber, wie sie die Welt erlebt.

www.blueprintsforawakening.org

Meister Eckhart

1260 – 1328

John Davids Buchempfehlung

Vom Atmen der Seele: Aus den Traktaten und Predigten

Meister Eckhart war einer der großen christlichen Mystiker und außerdem ein versierter Theologe und Philosoph. Er wurde in der Nähe von Erfurt in Thüringen geboren. Seine bemerkenswerte Laufbahn begann er als Professor in Paris, und er hatte führende religiöse und organisatorische Ämter im Dominikanerorden inne. Er gründete die Gottesfreunde, eine Gruppe von Mystikern außerhalb der Autorität der Kirche.

In der Sprache der christlichen Tradition erklärt Eckhart die ewigen Mysterien auf frische und originelle Weise. Durch die Lebendigkeit seiner Bildsprache führt uns Eckhart zu dem, was hinter dem Bild liegt. Ihm lag daran, dass seine Schüler die Gottesnatur als unkomplizierte Herzensgüte verstanden. Er wollte ihnen vermitteln, dass es absolut möglich ist, Gott zu kennen und sich mit ihm zu verbinden, da Gott die Seele so gestaltet hat, dass sie ihm begegnen kann.

Die Tiefe und Universalität von Eckharts Lehre hat sowohl Christen als auch Nicht-Christen gleichermaßen angezogen. Seine radikalen und eindringlichen Erkenntnisse machen ihn zu einem natürlichen Referenzpunkt für ein wahres universelles Verständnis.

1325 wurde Eckhart in Köln der Ketzerei beschuldigt und angeklagt. Das Verfahren zog sich über Jahre hin und wurde schließlich in Avignon, dem damaligen Amtssitz des Papstes, fortgesetzt. Eckhart starb noch vor Ende des Prozesses.

www.eckhartsociety.org

Neem Karoli Baba

1900 - 1973

John Davids Buchempfehlung
Ram Dass: Subtil ist der Pfad der Liebe

Neem Karoli Baba, von seinen Schülern auch Maharajji genannt, war ein hinduistischer Guru, Mystiker und Anhänger der hinduistischen Gottheit Hanuman. Außerhalb Indiens ist er als Guru amerikanischer Suchender bekannt, die in den 1960er und 1970er Jahren nach Indien reisten. Zu den bekanntesten gehören die spirituellen Lehrer Ram Dass und Bhagavan Das, sowie die Musiker Krishna Das und Jai Uttal. Sein Haupt-Ashram befindet sich in Kainchi in Nordindien.

1958 verließ Neem Karoli Baba seine Familie. Danach wanderte er lange als *Sadhu* durch Nordindien. Während seines Lebens wurden zwei große Ashrams gebaut, der erste in Vrindavan und später einer in Kainchi, wo er die Sommermonate verbrachte.

In seinem Leben errichtete Maharajji mindestens 108 Tempel, gab Millionen von Menschen Essen, beriet Regierung und Firmenvorstände und vollbrachte Dinge, die man als Wunder bezeichnen könnte. Er beeinflusste die damalige amerikanische und indische Gesellschaft, brachte Gnade in das Leben unzähliger leidender Menschen. Er war ein lebenslanger Anhänger des *Bhakti Yoga* und forderte zum Dienst am Anderen auf, als höchste Form der bedingungslosen Hingabe an Gott.

Er wurde bekannt für seine faszinierende, mystische Aura und die erstaunlichen, scheinbar übernatürlichen Ereignisse, die in seiner Umgebung und mit den Menschen in seiner Nähe geschahen. Ram Dass hat diese Geschichten sehr schön in dem Buch *Subtil ist der Pfad der Liebe: Geschichten über Neem Karoli Baba* festgehalten.

www.maharajji.com

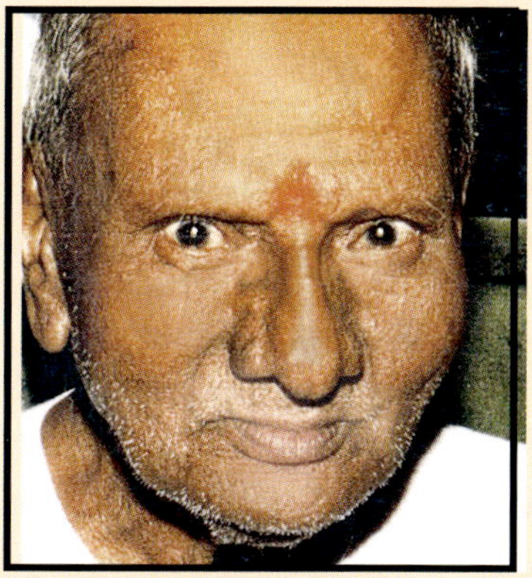

Nisargadatta Maharaj

1897 – 1981

John Davids Buchempfehlung

Ich bin

Sri Nisargadatta Maharaj wurde im März 1897 geboren. Bei seiner Geburt wurde er zu Ehren Hanumans Maruti genannt. 1915, nachdem sein Vater gestorben war, ging er nach Bombay, wo er zunächst als Angestellter arbeitete und später handgerollte Zigaretten verkaufte.

Durch einen Freund lernte er 1933 Guru Siddharameshwar Maharaj kennen. Nisargadatta war tief berührt und begann seine spirituelle Praxis. Nachdem sein Guru 1936 gestorben war, spürte Nisargadatta einen starken Wunsch nach Entsagung und verlor das Interesse an weltlichen Belangen. Dennoch blieb er in Bombay und betrieb weiterhin seinen Zigarettenladen. Er widmete sein Leben der Meditation auf „Ich bin" und verwurzelte sich immer mehr im Sein.

Ab 1951 nahm er Schüler an und hielt regelmäßig Vorträge in seinem Haus, wo er auf ihre Fragen antwortete. Diese Gespräche sind in dem Buch *Ich bin* zusammengefasst. Es ist zu einem Klassiker der *Advaita*-Philosophie geworden, der sowohl die historischen *Upanischaden* als auch zeitgenössische Lehrer wie Sri Ramana Maharshi einbindet. Sri Nisargadatta erklärte Konzepte auf einfachste Art und Weise, ohne komplexe religiöse oder spirituelle Begriffe zu benutzen.

www.nisargadatta.net

OSHO

1931 - 1990

John Davids Buchempfehlung

Das Buch der Geheimnisse: 112 Meditations-Techniken zur Entdeckung der inneren Wahrheit

Osho war ein indischer Mystiker, Guru und spiritueller Lehrer. Nach seinem Erwachen im Alter von 21 Jahren reiste er in den 1960ern als öffentlicher Redner und Professor der Philosophie durch Indien. Er kritisierte den Sozialismus, Mahatma Gandhi und institutionalisierte Religionen und vertrat eine offene Haltung zur Sexualität, weshalb er sehr umstritten war. 1970 ließ sich Osho für einige Zeit in Bombay nieder. Dort nahm er Schüler an, die als Neo-*Sannyasins* bekannt wurden und verbreitete seine spirituelle Lehre und Arbeit. In seinen Diskursen gab er sein innovatives Verständnis und seine Ansichten zu vielen religiösen Traditionen, zu Mystikern und Philosophen der ganzen Welt weiter.

1974 zog er nach Puna, wo seine Schüler eine Stiftung und einen Ashram errichteten, in dem er arbeiten und sich aufhalten konnte und welcher sich später nach Oregon in den USA verlagerte. In den Ashrams wurden den Bewohnern und Besuchern eine Auswahl transformatorischer Techniken, wie Meditationen und Workshops angeboten.

Sein Ashram ist heute bekannt als Osho International Meditation Resort. Oshos Lehren betonen die Bedeutung von Meditation, Gewahrsein, Liebe, Feiern, Mut, Kreativität und Humor. Sie hatten einen spürbaren Einfluss auf das westliche New Age Gedankengut, und nach seinem Tod ist ihre Popularität deutlich weiter gestiegen.

www.osho.com

Papaji

1913 - 1997

John Davids Buchempfehlung
Der Gesang des Seins

H.W.L. Poonja, auch liebevoll Papaji genannt, wurde im Punjab, im heutigen Pakistan, am 13. Oktober 1913 geboren. Seine erste direkte Erfahrung des Selbst hatte er im Alter von neun Jahren. Nach vielen Jahren der spirituellen Suche nach Gott im Außen, traf er 1944 seinen Meister Sri Ramana Maharshi, den bekannten Heiligen. Bald darauf erkannte er im Beisein Sri Ramanas das Selbst.

Nach einiger Zeit verließ er Sri Ramana, blieb ihm jedoch stets tief verbunden. Nach seinem Erwachen war er über viele Jahre der Leiter eines Bergwerkes in Südindien.

Als Schüler Sri Ramanas bot Papaji an, über die Erfahrungen zu sprechen, die er mit seinem Lehrer gemacht hatte, über das, was für ihn lebendige Wahrheit geworden war. Hunderte Menschen aus der ganzen Welt suchten Papaji vor allem in den letzten Jahren seines Lebens in seinem Zuhause in Lucknow auf und viele erwachten in seiner Gegenwart. Er besaß die außergewöhnliche Fähigkeit, die Erfahrung dessen zu übermitteln, was immer wahr und gegenwärtig ist.

Er blieb immer ein einfacher, gewöhnlicher, fürsorglicher und bescheidener Mann, der nie behauptete, auf einer „Mission" zu sein. Er starb am 6. September 1997.

Aus den Mitschriften seiner Satsangs entstanden verschiedene Bücher, bekannt sind vor allem *Feuer der Freiheit, Der Gesang des Seins* und seine Biographie *Nichts ist jemals geschehen.*

www.satsangbhavan.net

Sengcan

Dritter Patriarch des Zen

gestorben 606 n. Chr.

John Davids Buchempfehlung
Verse über den Glaubensgeist

Geburtsjahr und –ort von Sengcan sind unbekannt, ebenso sein Familienname. Es wird gesagt, dass er über vierzig Jahre alt war, als er im Jahre 536 n.Chr. seinen Lehrer Huike traf und sechs Jahre bei ihm blieb. Huike gab ihm den Namen Sengcan (Ein Mönch wie ein Juwel). Sengcan wurde Huikes Nachfolger und somit zum Dritten Patriarchen des Zen.

Einige Quellen sagen, dass Huike Sengcan, nachdem er ihm das *Dharma* übertragen hatte, riet, in den Bergen zu leben und „auf den Zeitpunkt zu warten, an dem er das *Dharma* an jemanden weitergeben könne." Daraufhin lebte Sengcan zehn Jahre lang zurückgezogen in den Bergen ohne feste Bleibe.

Dann traf er einen Mönchsnovizen, der neun Jahre mit ihm verbrachte und dann zum neuen Zen-Patriarchen berufen wurde. Sengcan starb unter einem Baum sitzend, vor einer *Dharma* Versammlung im Jahre 606 n. Chr.. Er gilt als Autor des Textes *Shinjinmei: Verse über den Glaubensgeist*, der mit den bekannten Worten beginnt:

Der Große Weg ist nicht schwierig
für die, die keine Vorlieben haben.
Wenn es weder Liebe noch Hass gibt,
wird alles klar und unverstellt.
Doch wenn du die kleinste Unterscheidung machst,
werden Himmel und Erde für immer getrennt.

Bhagavan Sri Ramana Maharshi

1879 -1950

John Davids Buchempfehlung
Nan Yar (veröffentlicht von Open Sky Press)

Bhagavan Sri Ramana Maharshi ist einer der größten zeitgenössischen Heiligen Indiens. Er wurde im heutigen Tiruchuli in Tamil Nadu, Indien geboren. Der heilige Berg Arunachala hatte schon immer eine starke Anziehungskraft auf ihn ausgeübt. Im Jahre 1895, im Alter von sechzehn Jahren, hatte er eine „Todeserfahrung", in der er sich seines wahren Ich oder Selbst bewusst wurde, das niemals stirbt.

Danach fand er sich in einem Zustand spirituellen Erwachens wieder, den er anfangs nicht richtig verstand. Sechs Wochen später verließ er das Haus seines Onkels in Madurai, reiste zum Arunachala und wurde *Sannyasin*. Er blieb dort für den Rest seines Lebens.

Bald scharten sich Schüler um ihn, und in späteren Jahren entstand ein Ashram, wo die Besucher spirituelle Unterweisung bekamen, indem sie still in seiner Gegenwart saßen und ihre Fragen anbrachten.

Seit den 1930er Jahren sind seine Lehren auch im Westen populär geworden, wodurch er weltweit als erleuchtetes Wesen anerkannt wurde. Eine Vielzahl von Pfaden und Praktiken fanden seine Anerkennung, aber als wichtigstes Mittel zur Selbsterkenntnis empfahl er die Selbsterforschung, gemeinsam mit *Bhakti* (Hingabe).

Der Ramana Ashram und Andere haben viele Bücher aus seinen Gesprächen, über sein Leben und seine Lehren veröffentlicht, darunter *Gespräche mit Sri Ramana, Nan Yar - Wer bin ich?* und *Arunachala Shiva*.

www.sriramanamaharshi.org

Swami Dayananda

1930 - 2015

John Davids Buchempfehlung
Introduction to Vedanta

Swami Dayananda Saraswati war ein Mönch der hinduistischen Klosterordnung, ein angesehener traditioneller Lehrer des *Vedanta* und Gründer der Arsha Vidya Gurukulam.

Sein Interesse für *Vedanta* entstand, nachdem er 1953 die öffentlichen Vorträge von Swami Chinmayananda gehört hatte. Er engagierte sich aktiv in der damals neu gegründeten Chinmaya-Mission und wurde bald selbst Lehrer.

Die Tiefe seines Verständnisses und die differenzierte Wertschätzung, die er der westlichen Kultur entgegenbrachte, machten ihn zu einem ungewöhnlichen Lehrer, der es schaffte, modernen Zuhörern die Vision der Non-Dualität zu vermitteln. Er machte ihnen die Wahrheit des eigenen Selbst als das Ganze unmittelbar verständlich.

Mehr als vier Jahrzehnte lehrte Swami Dayananda *Vedanta* in Indien und ab 1976 in der ganzen Welt. Er hielt Vorträge an vielen der renommiertesten amerikanischen Universitäten, sprach auf internationalen Kongressen, bei der UNESCO und vor den Vereinten Nationen, wo er am Millennium-Friedensgipfel teilnahm.

Als ein Lehrer von Lehrern entwickelte er sieben intensive dreijährige *Vedanta*-Kurse mit Unterbringung im Ashram, die er zeitlebens selbst unterrichtete. Er ist Autor vieler maßgebender Bücher über sein geliebtes Thema *Vedanta*.

www.dayananda.org

Thich Nhat Hanh

geboren 1926

John Davids Buchempfehlung

The Art of Living: Peace and Freedom in the Here and Now

Thich Nhat Hanh ist ein spiritueller Führer, Dichter und Friedensaktivist, der auf der ganzen Welt aufgrund seiner einflussreichen Lehren und seiner Bestseller über Achtsamkeit und Frieden verehrt wird.

Geboren 1926 in Vietnam, trat Thich Nhat Hanh im Alter von sechzehn Jahren einem Tempel als Novize bei. Als der Krieg nach Vietnam kam, gehörte er zu den Mönchen, die sich dafür entschieden, sowohl Sozialdienst als auch spirituelle Praxis auszuüben und die die „Engagierte Buddhismusbewegung" – ein von ihm geprägter Begriff – gründeten.

Seitdem widmet er sein Leben der Aufgabe, buddhistische Botschaften wie Liebe, Mitgefühl, Gemeinschaft, Meditation und Sanftmut zu verbreiten, um so Menschen weltweit zu helfen.

Als Pionier brachte er den Buddhismus in den Westen, gründete sechs Klöster und Dutzende von Praxiszentren in Amerika und Europa, sowie über tausend lokale Gemeinschaften für Achtsamkeitspraxis, die als *Sanghas* bekannt sind.

Er wohnt derzeit in der spirituellen Gemeinschaft und Zentrum für Achtsamkeitspraxis Plum Village in Frankreich. Trotz schwacher Gesundheit ist er weiterhin mit seiner friedlichen, heiteren und herzlichen Präsenz für seine Gemeinschaft und die Besucher da.

www.plumvillage.org

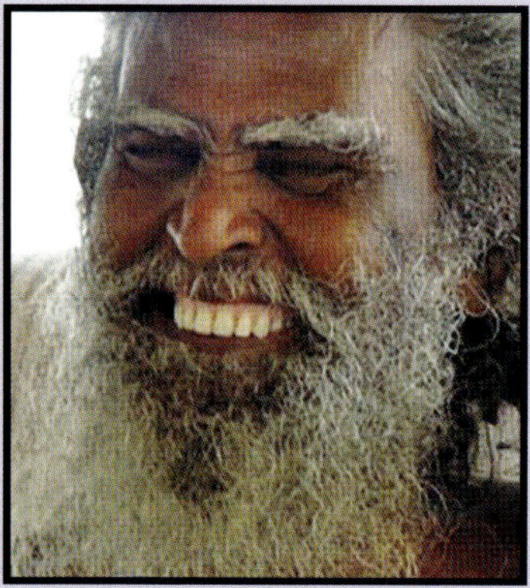

Thuli Baba

1930 - 2016

John Davids Buchempfehlung

Facetten des Erwachens

Thuli Baba wurde 1930 in Tirumandiram Nagar, Südindien geboren. Bereits als Kind war sein Leben der Spiritualität gewidmet. Sein Vater, Sri Vadivel Swami (Sri Gurudev), zerstörte schon in seiner Kindheit die Anhaftung und das Gefühl von "ich" und "mein" und wurde später zu seinem *Satguru*.

Seitdem Thuli Baba sechzehn Jahre alt war, folgte er den Anweisungen von Sri Gurudev und benutzte niemals die Worte „ich" oder „mein", wenn er sich auf sich selbst bezog, sondern verwendete stattdessen „dieses", „wir", „unser" oder „uns".

Thuli Baba war ein sehr traditioneller Guru, der mit einigen wenigen Schülern eng zusammenarbeitete, aber auch in Indien umherreiste und *Satsang* gab. Bis zu seinem Tod im Jahr 2016 lebte er mit seinen Schülern in seinem Ashram Anbin Kudil im Dorf Komboor in Tamil Nadu nahe Idappadi und gab täglich *Satsang*.

Sein Kichern und seine Dreadlocks ließen ihn wie einen Zauberer aussehen. Nur mit einem Lendentuch bekleidet, schaffte er es, gleichzeitig wie ein Kind und ein Weiser auszusehen. Der Kern seiner Lehre bestand darin, die Anhaftung an die Welt, den Körper und den Verstand aufzugeben und zu erkennen, dass die Wahrheit im Inneren liegt, um so Selbsterkenntnis zu erlangen.

www.conscious-websites.com/blueprints

Eckhart Tolle

geboren 1948

John Davids Buchempfehlung
Jetzt – Die Kraft der Gegenwart

Eckhart Tolle wurde in Deutschland geboren und studierte in London und Cambridge. Nach seinen eigenen Worten änderte sich sein Leben radikal durch eine grundlegende innere Transformation als er 29 Jahre alt war. Die darauffolgenden Jahre widmete er dieser Transformation, ihrem Verstehen, Integrieren und Vertiefen, was den Anfang einer intensiven inneren Reise bedeutete.

Während seiner Zeit in London begann er als Berater und spiritueller Lehrer mit Einzelpersonen und Kleingruppen zu arbeiten. Seit 1995 lebt er in Vancouver, Kanada. Sein Bestseller *Jetzt – Die Kraft der Gegenwart* ist erstmalig 1999 in Amerika erschienen und wurde seitdem in dreiunddreißig Sprachen übersetzt.

Eckhart Tolle folgt keiner bestimmten Religion oder Tradition. Seine schlichten aber tiefgründigen Lehren haben durch seine Bücher und Seminare unzähligen Menschen auf der ganzen Welt geholfen, inneren Frieden und größere Erfüllung in ihrem Leben zu finden.

Der Kern seiner Lehren ist die Transformation des Bewusstseins – ein spirituelles Erwachen, das er als den nächsten Schritt in der menschlichen Evolution ansieht. Ein essenzieller Aspekt dieses Erwachens besteht darin, unseren ego-zentrierten Bewusstseinszustand zu transzendieren. Dies ist Eckhart zufolge die Voraussetzung nicht nur für unser persönliches Glück, sondern auch für das Ende von gewaltvollen Konflikten auf unserem Planeten. Als begehrter Redner und Lehrer ist Eckhart Tolle weltweit auf Reisen.

www.eckharttolle.com

Chögyam Trungpa

1939 - 1987

John Davids Buchempfehlung
Spirituellen Materialismus durchschneiden

Chögyam Trungpa war ein buddhistischer Meditationsmeister, Wissenschaftler, Lehrer, Dichter, Künstler und Begründer einer radikalen neuen Darstellung der buddhistischen Lehren in der westlichen Welt.

In jungen Jahren ging er von Tibet nach Indien ins Exil, 1963 ging er nach England, wo er an der Oxford University studierte. 1967 zog er nach Schottland und gründete dort das erste tibetische Meditationszentrum im Westen. 1969 veröffentlichte er das Buch *Aktive Meditation*, das erste von vierzehn spirituellen Büchern.

1970 heiratete er und siedelte in die USA über, wo er in Barnet, Vermont sein erstes Meditationszentrum "Tail of the Tiger" gründete. Während seines Lebens wurden in Nordamerika weitere Zentren gegründet, in denen Möglichkeiten vermittelt werden, Meditationspraxis und Lehre in das alltägliches Leben zu integrieren.

Chögyam Trungpa starb 1987 vermutlich an den Folgen von Alkohol- und Tabakmissbrauch, was wohl zu seinem Ruf als Lehrer von „verrückter Weisheit" beigetragen hat, zumal er oft während seiner spirituellen Treffen trank.

Als herausragender Lehrer des tibetischen Buddhismus anerkannt, war er eine bedeutende, wenngleich umstrittene Figur in der Verbreitung des tibetischen Buddhismus im Westen.

www.chogyamtrungpa.com

Irina Tweedie

1907 – 1999

John Davids Buchempfehlung

Der Weg durchs Feuer

Irina Tweedie wurde in Russland geboren und studierte in Wien und Paris. Nach dem zweiten Weltkrieg heiratete sie einen britischen Marineoffizier, dessen Tod im Jahre 1954 sie auf eine spirituelle Suche führte. Sie ahnte nicht, dass ihre Indienreise, die sie 1959 im Alter von 52 Jahren unternahm, sie auf mysteriöse Weise zu einem Sufi-Meister bringen würde. Durch diese Begegnung entdeckte sie den „Weg des Herzens", den Weg der Sufis zur Selbstverwirklichung.

Die erste Aufgabe, die sie von ihrem Lehrer bekam, war, ein Tagebuch über ihre spirituelle Ausbildung zu führen, aus welchem das Buch *Der Weg durchs Feuer - Tagebuch einer spirituellen Schulung durch einen Sufi-Meister* entstand. Dieses Tagebuch ist ein beeindruckendes Dokument einer spirituellen Transformation. Aus psychologischer Perspektive beschreibt sie, wie das Ego sich auflöst, wodurch nach und nach Offenheit und Liebe an die Oberfläche gelangen.

Irina Tweedie schreibt: *„Ich hatte gehofft, eine Einführung ins Yoga zu bekommen, erwartete wunderbare Lehren, aber der Lehrer zwang mich hauptsächlich dazu, mich der Dunkelheit in mir selbst zu stellen, was mich fast umgebracht hat … Ich wurde in jeder Hinsicht so weit niedergeschlagen, bis ich mit den Anteilen in mir, die ich mein ganzes Leben abgelehnt hatte, Frieden schließen konnte."*

Nachdem ihr Lehrer 1966 starb, ging sie zurück nach England und gründete eine Sufi Meditationsgruppe im Norden Londons. Nach und nach entstanden immer mehr Gruppen in Europa und Nordamerika. Irina Tweedie verstarb 1999.

www.goldensufi.org

Paramhansa Yogananda

1893–1952

John Davids Buchempfehlung

Autobiografie eines Yogi

Paramhansa Yogananda war ein indischer *Yogi* und Guru, der viele Westler in die Lehren der Meditation und des *Kriya Yoga* einführte. In seiner Jugend suchte er viele indische hinduistische Weise und Heilige auf, in der Hoffnung, einen erleuchteten Lehrer zu finden, der ihn auf seiner spirituellen Suche leiten könnte. Seine Suche bei verschiedenen Heiligen endete, als er 1910, im Alter von siebzehn Jahren seinen Guru Swami Yukteswar Giri traf. Er beschreibt sein erstes Treffen mit Yukteswar als ein Wiederaufleben einer Verbindung, die schon über viele Leben bestanden hatte.

Paramhansa Yogananda war der erste Yogameister aus Indien, der dauerhaft im Westen lebte. 1920 kam er nach Amerika und reiste durch die Vereinigten Staaten. Hunderttausende von Menschen, die den Yoga-Meister aus Indien sehen wollten, füllten die größten Hallen in den bedeutendsten amerikanischen Städten. Yogananda lehrte und verfasste Bücher bis zu seinem Tod im Jahr 1952. Seine Botschaft war universell und konfessionsfrei

Yoganandas anfänglicher Einfluss auf die westliche Kultur war wahrlich beeindruckend. Aber noch bedeutender ist sein bleibendes spirituelles Vermächtnis. Sein Buch *Autobiografie eines Yogi*, das 1946 erstmals veröffentlicht wurde, hat dazu beigetragen, im Westen eine spirituelle Revolution in Bewegung zu setzen. Das Buch wurde in mehr als zwölf Sprachen übersetzt und ist bis heute einer der meistverkauften spirituellen Klassiker.

www.paramhansayogananda.com

Er wusste nicht, was er fühlte, aber er konnte etwas Ungewöhnliches fühlen, etwas, das er bislang nicht kannte.

Ihr könnt alle leicht erkennen, dass es Liebe ist. Es ist einfach Liebe. Es ist unser Wesen und wir haben beinah Angst, es zu erleben. Wir haben fast Angst, es auszudrücken, aber das ist es, was dieser Galerist fühlen konnte, als er in unsere Galerie kam. Er fühlte Liebe, und das war ihm ganz fremd. Das ist nicht die „Ich liebe dich" Art von Liebe. Ich rede über etwas viel Tieferes, über die Liebe, die die Essenz eines jeden Menschen ist. Du musst nichts machen, um sie zu bekommen. Es ist unsere Essenz und sie sprudelt nur so hervor. Nun, eine Sache gibt es, die du tun musst – du musst aus dem Weg gehen.

Und wie Thich Nhat Hanh sagt: *„Es könnte sein, dass der nächste Buddha nicht die Form eines Individuums annehmen wird, sondern die Form einer Gemeinschaft. Eine Gemeinschaft, die Mitgefühl und liebevolle Zuwendung übt, eine Gemeinschaft, die bewusstes Leben praktiziert."* Das ist die wichtige innere Arbeit, die wir machen, während wir gleichzeitig mit unserer äußeren Arbeit beschäftigt sind, um für das Einkommen der Gemeinschaft zu sorgen.

Also, es gibt etwas zu tun. Sobald du lernst, wie du dir selber aus dem Weg gehen kannst, entdeckst du das Ja, dann sprudelt es hervor und es ist Liebe. Es ist wahrhaftige Liebe. Und als Mensch hast du das Recht, diese Liebe zu leben. Als ich in meinen Zwanzigern war, habe ich das nicht verstanden. Ich muss sagen, dass es bei mir vierzig oder fünfzig Jahre gedauert hat, fast mein ganzes Erwachsenenleben, um das zu verstehen. Es ist diese subtile, schöne Liebe, um die es in unserer Gemeinschaft geht. Wir nennen sie Open Sky House. Liebe ist vollkommen offen. Jeder ist eingeladen.

Vor kurzem haben wir einen Film gemacht – *Das große Missverständnis* – der versucht zu erklären, was ich gerade gesagt habe. Gleichzeitig haben wir ein Buch produziert, das noch deutlicher beschreibt, worüber ich heute Abend spreche. Dieses schöne Buch trägt meinen Namen, aber eigentlich wurde es von der ganzen Gemeinschaft geschaffen – darin sind super Witze aus der Witzeabteilung, tolle Grafiken aus der Grafikabteilung. Eine unserer Künstlerinnen machte diese schönen Symbole, die wir im ganzen Buch benutzen. Wir haben unseren eigenen Verlag, der das tolle Layout gemacht hat und sich auch um den Druck kümmerte und den Verkauf organisiert. Der Verlag hat fünfundzwanzig Bücher und sechs Filme mit Untertiteln in vielen Sprachen veröffentlicht.

Seit einigen Jahren betreiben wir ein großes Gästehaus. Wir haben die Kunstgalerie und einen Seminarhausbetrieb. Wir sind finanziell unabhängig. Wie man sich leicht vorstellen kann, arbeiten wir hier sehr viel. Du siehst, wie die Bewohner die ganze Zeit herumschwirren mit Aufgaben, die ihre Aufmerksamkeit erfordern, aber was wir hier wirklich tun, ist eine innere Arbeit, die man nicht wirklich sehen kann. Diese innere Arbeit befreit von dem Müll, den der Verstand über Jahre der Konditionierung angesammelt hat.

KAPITEL 6

Selbsterforschung

Das Erste, was man untersuchen sollte, ist das illusorische „Ich“. Dazu ist Selbsterforschung ein sehr gutes Werkzeug. Wenn du deutlich siehst und erkennst, dass es da niemanden gibt, der getrennt ist, dass wir alle tatsächlich ein Bewusstsein sind, wenn das deine Wahrheit wird, dann geschieht Hingabe einfach. Sie geschieht in diesem Moment.

Selbsterforschung

Durch unser Verlangen nach einer dauerhaften Verbindung mit dem Selbst werden wir still, richten unsere Aufmerksamkeit intensiver auf uns selbst und werden uns immer mehr darüber bewusst, wie oft wir nach Aufmerksamkeit und Liebe im außen suchen.

Zusammen mit diesem tieferen Selbstgewahrsein können wir Selbsterforschung praktizieren, in Frage stellen, ob es ein getrenntes „Ich" gibt und zu unserer Natur als die Quelle zurückkehren.

Wir fokussieren uns auf das Selbst, auf das, was sich nie verändert, auf unsere wahre Essenz – und erlauben, dass sich unser Ego und der Glaube, ein Handelnder zu sein, im Fluss des Lebens auflösen.

Der Liebes-Falle entgehen

Wir haben zur Zeit in unserer Gemeinschaft ein schönes Beispiel für eine ganz normale Situation einer Liebesbeziehung. Das besondere daran ist, dass beide Beteiligten bewusst versuchen, der „Liebes-Falle" zu entgehen und zu dem kommen möchten, was wahr ist, und es sieht so aus, als ob ihnen das gelingt. Die beiden jungen Leute haben sehr bereitwillig zugestimmt, nach vorne zu kommen und darüber zu reden. Doch zunächst möchte ich mit einem Zitat von Lao-Tse beginnen, das die Situation, in der wir uns befinden, wenn es um unser Begehren geht, gut illustriert.

Lao-Tse ist berühmt als Autor des vor 2500 Jahren geschriebenen Werkes „*Tao Te King*" (Der Weg). Er spricht in diesem Text sehr klar darüber, dass die Anhaftung an Gedanken und Wünsche das Einzige ist, das uns wirklich vom Erkennen der Wahrheit abhält. Ich finde es sehr berührend, dass ein so alter Text eines großen Mystikers von vor tausenden Jahren heute noch genauso erkenntnisreich und hilfreich sein kann.

Wenn wir ständig ohne Begehren sind, wird sich das tiefe Mysterium zu erkennen geben; doch sind wir ständig voller Begehren, werden wir nur die Umrisse davon erkennen.

Lao-Tse

Behalten wir das im Hinterkopf und kommen nun zu unserem besagten Paar, wir fangen mit Rose an! Also Rose, ist die romantische Liebe etwas, das dir bekannt ist?

Ja. Ich habe eine Erwartung, dass mit bestimmten Jungs, denen ich begegne, etwas passieren wird. Am Anfang ist es immer sehr einfach, sehr nett, aber dann wird es schwieriger. In mir entwickelt sich ein gewisser Druck und es entsteht eine Art Anhaftung. Letztes Wochenende hatten wir ein Tantra-Retreat und dort wurde mir das sehr deutlich.

Ich konnte klar sehen, dass ich nach einem Mann suchte, von dem ich glaubte, dass er mich glücklich machen würde. In meiner Vorstellung bedeutet das jemand, der mich liebt und mit dem ich vielleicht ein Haus und ein Kind haben kann – diese ganze Geschichte. Das sind in Wirklichkeit gar nicht meine Wünsche, aber unterbewusst treibt mich das an.

Hat deine Mutter jemals etwas zu dir gesagt wie: „Finde den richtigen Mann und dein Leben wird voller Freude sein."

Ich glaube, es war eher ihr Beispiel, denn meine Eltern waren immer zusammen, und sie blieben zusammen. Für sie war das wirklich wichtig. Nachdem meine Mutter gestorben war, sah ich, dass mein Vater, sobald er allein war, sofort begann, nach einer neuen Frau in seinem Leben zu suchen.

Daran ist nichts verkehrt. Ich respektiere das, aber ich bin mit dem Vorbild groß geworden, dass man, um glücklich zu sein, mit jemandem zusammen sein muss. Und mir fiel auch auf, dass ich nicht ganz auf meinen eigenen Füßen stehen konnte, weil ich nach jemandem suchte, mit dem ich eins sein, mit dem ich zusammen ganz sein konnte, anstatt selber ganz eins zu sein.

So wanderst du herum wie ein halber Teenager und hältst verzweifelt Ausschau nach der anderen Hälfte.

Ich hatte eine lange Beziehung und am Anfang war es wirklich schön. Aber nach ein paar Jahren blieben wir zusammen, obwohl es nicht mehr nett war, weil es eben in meiner Vorstellung so sein sollte. Ich war sehr unglücklich und dann trennten wir uns. Ich erinnere mich, dass ich nach der Trennung glücklich und in meiner Kraft war. Aber dann, ein paar Jahre später, begann ich wieder zu suchen.

Nach dem Tantra-Wochenende fühlte ich diesen riesigen Raum, in dem ich einfach nur sein konnte. Ich stand sogar wirklich auf meinen eigenen Füßen. Ich wollte mir dessen ganz bewusst sein. Ich will nicht zurückfallen in dieses Anklammern, Wollen oder Brauchen von Jemandem, denn es ist wirklich schön, auf eigenen Füßen zu stehen.

Es wird immer schöner, weil es nicht nur um Liebe geht. Es geht auch um Kraft, denn in der Paardynamik ist einer von beiden häufig nicht wirklich in seiner Kraft.

Um als Paar zu funktionieren, akzeptiert einer von beiden, dass er dem anderen folgt. Oder vielleicht akzeptieren sie es beide nicht und sie kämpfen, um zu sehen, wer die Oberhand hat. Aber häufig gibt es einen Kompromiss und man ist nicht in seiner Kraft.

Ja, meine Eltern nannten es Geben und Nehmen.

Wir sind durch die Erfahrungen in unserer Familie extrem konditioniert. Wir erleben, wie unsere Eltern und ihre Freunde viel über die Liebe reden: Ich liebe dich, ich liebe dich, ich liebe dich.

Was Liebe ist, kannst du nicht wirklich herausfinden, solange du nicht herausgefunden hast, wer dieses „Ich" ist. Wenn du weißt, wer du bist, dann entdeckst du auch, was Liebe ist. Du entdeckst eine enorme Kraft, von der du absolut ein Teil bist. Sie ist eine universelle Intelligenz, sie ist Weisheit. Es ist nicht leicht über diese authentische Liebe oder unsere wahre Natur zu reden, aber sie ist sehr vertraut und man erkennt sie sofort. Sie ist nichts Neues, was man von außen bekommt. Sie war schon immer in dir.

Ich bin mir nicht sicher, ob ich, bevor ich angefangen habe zu meditieren, diese Liebe wirklich erlebt habe.

Zuerst müssen wir herausfinden, was bei uns los ist, und dafür muss uns erst einmal bewusst werden, dass wir aufgrund unserer Konditionierung komplett falsche Vorstellungen haben. Eine dieser falschen Vorstellungen ist, dass wir etwas bekommen müssen. Wir sind konditioniert zu glauben, dass uns genau in diesem Moment irgendetwas fehlt und wir das, was uns da angeblich fehlt, bekommen müssen. Vielleicht fängt es mit Eis und Schokolade an. Aber schon bald suchen wir jemanden, der uns Liebe gibt. Die meisten von uns meinen zu spüren, dass es ihnen an Liebe fehlt.

Wie ist es möglich, dass wir ständig das Gefühl haben, dass es uns an Liebe fehlt, wenn wir in Wahrheit Liebe sind? Das liegt daran, dass wir in die falsche Richtung schauen. Wir sind in unserem Film gefangen, und wir verwenden sehr viel Energie darauf, unseren täglichen Film weiter laufen zu lassen.

Solange wir in unserem täglichen Film gefangen sind, schauen wir nicht tiefer nach innen. Wenn wir anfangen nachzuforschen, wenn wir erkennen, dass wir mit einem Missverständnis leben, dann gibt es die Möglichkeit zu sehen, was wirklich geschieht. Dadurch kommen wir auch in unsere Kraft, und es ist schön, dass dir dieses Wochenende geholfen hat, das zu erfahren.

Wenn ich mich selbst von außen anschaue, kann ich oft sehen, dass es etwas gibt, das ich vermeide. Es ist, als ob etwas zwischen meiner eigenen Liebe und meiner Fähigkeit steht, sie zu fühlen. Wenn jetzt das Bedürfnis aufkommt, etwas zu wollen, versuche ich, mir dessen bewusst zu werden – bei allem, von Schokolade bis hin zur Aufmerksamkeit – ich halte einfach inne und schaue nach innen.

Ja, der Ausweg aus dieser Situation ist, sich seiner selbst mehr gewahr zu sein. Aber es ist nicht einfach, da wir so konditioniert sind.

Ich achte auf meine Gedanken. In der E-Mail, die du heute verschickt hast, schreibst du über eine Meditation zur Verbesserung des Gewahrseins. Sie war sehr intensiv.

Hast Du es versucht?

Ja. Man kann es in jedem Augenblick machen. Ich kann es jetzt tun.

Kannst du allen diese neue Technik erklären.

Wenn du einen Gedanken hast und du merkst, dass du den Gedanken hast, dann bist du in diesem Bewusstsein. Du hast deine Aufmerksamkeit auf das gelenkt, was tatsächlich geschieht. Du kannst es mit allem machen. Zum Beispiel bin ich mir bewusst, dass ich hier sitze. Ich bin mir meines Atems bewusst. Und das schafft eine Art von Abstand; es ist so, als würdest du in dich selbst hineinschauen. Es ist lustig, wenn du anfängst dich dabei zu beobachten, wie du etwas machst und dich dann dabei erwischst.

Wir werden zum Zeugen unseres Lebens. Die meisten von uns sind sehr gut darin, andere zu beobachten, aber ihr eigenes Handeln ist ihnen wahrscheinlich nicht so bewusst.

So, jetzt möchte ich den Prinz von Rose auf dem weißen Pferd einladen. Vielleicht ist er gar kein besonderer Prinz, sondern nur einer von vielen Prinzen, die auf weißen Pferden herumreiten und den sie entdeckt hat. Herzlich willkommen. Würdest du dem, was Rose sagt, zustimmen? Ist das richtig?

Ja. Als ich zum ersten Mal hier war, hast du über die ultimative Illusion gesprochen, dass Liebe von außen kommt. Und ich dachte, „Hmm, hmm, das ist schön", aber echtes Lernen und echte Erkenntnis kann nur durch Erfahrung geschehen. Ich war in einer sehr intensiven Beziehungssituation, die ein totales Chaos war. Da wurde ich zum ersten Mal mit diesem starken Bedürfnis konfrontiert, von dem Rose gerade gesprochen hat.

Das Leben weiß genau, wann der richtige Augenblick ist, um uns herauszufordern. Es passiert immer etwas. Und das, was geschieht, ist genau richtig. Die Situation wurde also immer angespannter. Aber da ich im Inneren mehr Weite und weniger Anhaftung an die Strukturen und an das „Ich" spüre, komme ich irgendwie damit zurecht. Ich sehe es und dann kommt die nächste Sache.

Die Existenz oder universelle Intelligenz schafft genau die Erfahrung, die wir zu einer bestimmten Zeit brauchen. Es ist wahrscheinlich nicht das, was wir wollen und es ist nichts, was getrennt von uns ist. Auch wir sind die universelle Intelligenz. Gemeinsam erschaffen wir das, was wir in jedem Augenblick brauchen. Allerdings ist es häufig nicht das, von dem wir denken, dass wir es brauchen.

Ein weiterer Aspekt ist auch, dass es egal ist, was du willst, denn das, was du willst, kommt aus deinem Verstand. Ich schreibe zum Beispiel gerne Gedichte. Ich habe das immer verklärt. Ich habe davon geträumt, ein Schriftsteller zu werden, mit all der Zeit, die ich brauche, um schreiben zu können. Und eigentlich hat das Leben das geschaffen – nicht so, wie ich es wollte, sondern viel besser – auf eine unbegreifliche oder geheimnisvolle Art. Jetzt sehe ich, dass das, was ich will, auch nur ein Gedanke ist. Es geschieht sowieso, wie es geschehen soll.

Ein Großteil von Verlangen kommt von der Vorstellung, dass mir etwas fehlt.

Das ist immer noch ein Problem für mich.

Aber seit einigen Monaten siehst du das anders.

Es gab eine weitere perfekte Situation. In einer Beziehung, die ich hatte, gab es einen intensiven Moment, als die Zeit der Flitterwochen vorbei war und ich erkannte: „Oh. Ich bin hier wirklich in einem Vertrag."

Ich erinnere mich genau, als das offensichtlich wurde. Wir hatten ein Tantra-Retreat und es schien, als ob du ein sehr gutes Wochenende hattest. Beim Austausch am Ende des Wochenendes hast du gesagt, dass du das ganze Wochenende über sehr, sehr eifersüchtig auf deine „Freundin" warst. Noch überraschender war ihre Enthüllung, dass auch sie das ganze Wochenende über eifersüchtig auf dich war. Das war das Ergebnis eurer Liebesgeschichte: Ihr wart beide dem anderen gegenüber vollkommen besitzergreifend.

Ich bin froh, dass du lachst, weil das oft nicht so lustig ist. In eine besitzergreifende Liebesgeschichte hineingezogen zu werden, bringt eine Menge Leiden mit sich. Wenn deine Partnerin zum Beispiel loszieht und mit einem anderen Liebe macht, löst das wahrscheinlich Eifersucht aus und bringt viel Schmerz mit sich. Sogar wenn deine Partnerin nichts tut, kannst du diese Eifersucht in deinem Verstand herstellen. Du hast eine Vorstellung von deiner Partnerin, und wenn sie dann nicht ganz so reagiert, wie du es dir vorstellst, kann es sein, dass du dich ganz schön ärgerst.

Genau das war geschehen – im Grunde habe ich die ganze Zeit an sie gedacht. Es nimmt einem wirklich die eigene Kraft und es ist sehr schwer, da raus zu kommen. Wenn es geschieht, kann ich es ziemlich deutlich sehen, aber trotzdem ist diese unglaubliche Traurigkeit kaum auszuhalten. Dieses unerträgliche Gefühl der Eifersucht.

Wenn du „meine" Frau oder „meine" Freundin sagst, sobald du also das Wort „mein" benutzt, wirst du sofort besitzergreifend und abwehrend und das führt dann zum Leiden.

Ja, ich habe aufgegeben, das tief psychologisch zu analysieren. Es fühlt sich so an, als ob sie „mein" ist. Es gibt ein Gefühl von Besitz.

Nach diesem Geschehen war ich jedenfalls verloren und ich wollte mich davon wirklich erholen. Du hast mich dabei unterstützt. Es gab da dieses Buch, das wir machen wollten. Das Projekt „Karikaturbuch" begann und ich sagte einfach nur: „Okay. Es ist passiert und ich werde mich nicht dafür verurteilen. Du hast dich wieder in einer Geschichte verfangen. Konzentriere deine Energie nun auf dieses Buch. Konzentriere deine Energie auf deine eigene Kraft."

Auf deine eigene Kraft und auf deine eigene Kreativität.

Die Manifestation von Liebe und Kreativität.

Du hast Karikaturen gezeichnet, die den anderen wirklich gefallen haben. So haben dir viele Menschen Liebe und Aufmerksamkeit für deine eigenen Anstrengungen geschenkt, und du fühlst dich zufrieden durch das, was du geschaffen hast. Du hast ganz einzigartige Cartoons gezeichnet und ich bin mir sicher, du hattest eine Erfahrung von Liebe und tiefer Zufriedenheit, die das Gefühl des Mangels etwas linderte.

Dieses Gefühl des Mangels ist sehr tief in mir verankert. Es ist immer noch da, aber im letzten Jahr gab es viele Momente, wo nur ein Gefühl des offenen Herzens und der Kraft da war. Ohne dieses Bedürfnis nach Liebe von außen ist dafür viel mehr Platz. In mir gibt es jetzt eine viel größere Basis, obwohl das nicht wirklich ein Gefühl von mir persönlich ist. Es ist eher wie Sein.

Es gibt noch andere Gründe, warum wir mit jemandem intim sein wollen. Nicht nur deshalb, weil wir Liebe bekommen wollen.

Ich möchte mich nicht grundsätzlich von Intimität fernhalten. Das wäre nur ein Konzept. Ich möchte Intimität weiterhin leben. Wenn etwas passiert und ich etwas Falsches sage, dann gibt es diesen Teil in mir, der nicht klar ist, nicht in seiner Kraft. Aber jetzt gibt es einen Raum in mir, in dem das landen kann, in dem es akzeptiert wird, in dem ich damit sein kann.

Grundsätzlich kann ich sehen, dass es dich nicht mehr so interessiert, den Prinzen zu spielen und du mehr daran interessiert bist, deine eigene Kreativität zu leben. Während du sie immer mehr lebst, wirst du feststellen, dass sie sich tiefer in dir verankert.

Und sich mehr ausdrückt. Ich sehe, wie ich die Dinge immer weniger erzwingen muss. Es gibt so viel, mit dem ich spielen kann. Ich habe wieder angefangen, chinesisch zu lernen. Das ist ungeheuer befriedigend, und wenn ich es tue, brauche ich keine Umarmung oder ähnliches, denn ich fühle mich innerlich genährt.

Dieses innere Genährtsein kommt eindeutig von dir selbst, so kannst du allmählich erkennen, dass es dir gut geht, dass du deine eigene tiefe Quelle für Liebe hast, die dich nähren kann. Du musst dich nicht auf jemand anderen verlassen. Das wird viele Emotionen auflösen, die zu dem Leiden geführt haben, das du in dir hattest.

Als ich vor zehn Jahren über Beziehung sprach, nannte ich sie die „ultimative Illusion“ und ich schlug vor, dass niemand sich darauf einlassen sollte, aber ich habe erkannt, dass das ein schlechter Ratschlag ist, da wir alle voller Hormone sind.

Diese Hormone steuern uns in Liebesgeschichten hinein. Ich glaube, dass ich das seit vielen Jahren nicht mehr so gemacht habe. Ich erinnere mich, wie es war als ich jung war und Sex wollte. Dann sagte ich zu einer Frau „Ich liebe dich", so als ob ich das sagen müsste, weil wir Sex gehabt hatten – wir hatten Sex, also liebe ich dich. Aber jetzt ist es lange her, dass ich zu jemandem gesagt habe: „Ich liebe dich."

Meine Mutter hat das erst letzte Woche zu mir gesagt!

Ich denke, es ist sehr wichtig, dass du deine eigene Kreativität entdeckt hast. Die Alternative zu einer Liebesgeschichte ist, die eigene Kreativität zuzulassen oder sie zu unterstützen, sich selbst auszudrücken. Dann fühlst du die natürliche Kraft, die daraus resultiert. Eine tiefe innere Zufriedenheit. Dadurch verschwindet dieses Gefühl des Mangels.

Es verschwand nicht die komplette Struktur, sondern vielmehr diese tiefe Hoffnung, dass es jemanden geben wird, der mich mit wunderschöner Liebe erfüllen wird.

Und natürlich immer dann, wenn du es willst. Es ist nicht gut, eine Liebhaberin zu haben, die nicht genau dann und genau so da ist, wann und wie du es brauchst. Also brauchst du definitiv – wie nennt es Amazon noch? – Prime Service. Sie muss genau dann da sein, wenn du sie brauchst.

Wenn diese Hoffnung schwindet, kann sich das anfühlen als ob jemand stirbt, und dann können andere Gefühle hochkommen. Die Gründe, warum wir diese Hoffnung haben wollen, und die Gründe, warum wir so stark nach Liebe von außen suchen, haben eine Ursache. Es ist nicht nur Konditionierung.

Die Ursache liegt in unserer Angst alleine zu sein. Obwohl wir eins sind und es das ganze schöne spirituelle Zeug gibt, haben wir Angst vor diesem Moment, wo wir keine Hoffnung mehr haben. Eigentlich ist das ein schöner Moment, bei dem sich etwas ändern kann. Das geschieht für mich seit einem Jahr. Es ist nicht leicht, aber wenn ich die Wahrheit erkenne und achte, liegt darin eine Kraft.

Es ist einer dieser tragischen Witze, nicht wahr? Fast jeder in der Gesellschaft rennt herum und ist auf der Suche nach Liebe von jemand anderem und merkt nie, dass es die ganze Zeit und genau hier riesige Mengen von Liebe gibt. Das ist wirklich tragisch und komisch zugleich.

Die Kraft des Bewusstseins

Jiddu Krishnamurti kam in seinen Gesprächen immer wieder auf die große Kraft des Gewahrseins zu sprechen und dass unser Verstand und unsere Identifikationen allmählich ihre Macht verlieren und uns immer weniger im Griff haben, je mehr wir uns ihrer gewahr werden.

Gewahrsein ist keine Hingabe an etwas. Gewahrsein ist eine Beobachtung, sowohl außen als auch innen, ohne Ausrichtung. Du bist gewahr, aber die Sache, derer du dir gewahr bist, wird weder bestärkt noch genährt. Gewahrsein ist nicht, sich auf etwas zu konzentrieren.

J. Krishnamurti

Lieber John David,
es gab mehrere Momente, in denen ein sehr schönes Gefühl in mir aufkam. Ich habe nichts dafür getan. Es scheint, als hätte ich keine Kontrolle darüber, was in meinem Leben geschehen wird oder wie ich mich in jedem Moment fühlen werde. Wie kann man das Gewahrsein erkennen, ohne sich zu konzentrieren und warum ist es so selten, dass Momente reinen Gewahrseins wirklich geschehen?

Man könnte sagen, dass unser Wesen reines Gewahrsein ist. Aber wenn wir in diesem reinen Gewahrsein ankommen, können wir nicht sagen, dass es „mein" Gewahrsein ist. Es ist einfach Gewahrsein. Das reine Gewahrsein manifestiert sich, wenn das persönliche verschwindet. Es ist die Abwesenheit von dem Jemand. Wir sinken tiefer nach innen und wir kommen zu reinem Gewahrsein, das wir auch Sein nennen können.

Bevor wir in diesem reinen Gewahrsein ankommen, werden wir ein Erlebnis des Gewahrseins haben. In diesem Erlebnis ist man sich des „Ich bin" bewusst. Ich bin mir bewusst, dass es Nacht und draußen dunkel ist. Ich bin mir der Welt bewusst und so weiter. Diese Art von Wahrnehmung ist nicht wie Konzentration. Sie beeinflusst nicht das, was ich beobachte. Da ist ein „Ich", das etwas beobachtet, das sich über etwas gewahr ist. Ich kann mir über alles in meinem Inneren – Gefühle, Gedanken, körperliche Empfindungen – gleichermaßen gewahr sein. Alle diese Wahrnehmungen bringen uns zu unserem eigenen Wesen.

Auf diese Weise benutzen wir den Verstand, um Zeuge unserer inneren und äußeren Welt zu werden. Anfangs gibt es einen Zeugen, aber im Augenblick der Selbstverwirklichung löst sich die Verbindung zum Persönlichen auf und lässt reines Gewahrsein oder reine Zeugenschaft zurück. Es ist ein Verschmelzen von dem Beobachteten mit dem Beobachter. Wir nennen diese Verschmelzung Selbstverwirklichung.

Es ist nicht so einfach, sich seiner selbst gewahr zu sein, wirklich da zu sein, und nur du kannst dein Tempo dabei kennen. Am Anfang wirst du sicherlich langsam vorankommen. Ich erinnere mich an eine der vielen Geschichten von Osho. Als er Universitätsstudent war, trug er Schuhe aus Holz. Auf den Steinböden machten diese Schuhe ein Geräusch „Klack, Klack, Klack", was wahrscheinlich alle verrückt machte, aber er tat das bewusst, weil er den Klang der Schuhe nutzen wollte, um präsent zu bleiben. Er wollte kein Roboter sein, nicht unbewusst sein. Er hat das so gemacht, damit es ihn zurück in die Gegenwart bringt.

Natürlich ist jeder anders und braucht etwas anderes, aber im Grunde müssen wir uns am Anfang alle ziemlich anstrengen. Nach einiger Zeit geschieht es dann von selbst und da ist keiner, der etwas tut. Aber nach vielen Jahren eines Lebens als Roboter, ist es nicht so einfach, zu einem bewussten Leben zu kommen.

Das Paradoxe daran ist, dass die tiefgehende Verschiebung des Bewusstseins, die wir Selbstverwirklichung nennen, überhaupt keine Zeit in Anspruch nimmt. Da gibt es nichts zu tun. Da gibt es nichts zu wissen. Du könntest jetzt aufwachen. Du musst nur sehen, dass alles, was du glaubst, alles, was du bist, diese ganze Geschichte von „meinem Leben" ein Märchen ist, das in einem Kino spielt –

in deinem eigenen Kopf. Es wird nie eine Erlösung geben. Wenn du die Fantasie über „mein Leben“ aufgibst, erlebst du ein Paradies. Es ist überhaupt nichts Spirituelles. Jetzt ist die beste Zeit. Jetzt ist eigentlich die einzige Zeit. Es gibt keinen Grund, es aufzuschieben. Nächste Woche wird der Zeitpunkt nicht besser sein.

Wenn du nachts schlafen gehst, gibt es zuerst noch ein paar Gedanken, die vom Tag übrig geblieben sind. Wie im Traum siehst du Bilder und du hast Gefühle. Dann fällst du in einen tiefen Schlaf. Was geschieht da? Es gibt keine Träume und keine Gedanken mehr. Es gibt nichts. Wenn du morgens aufwachst, fühlst du dich sehr ausgeruht. Du erinnerst dich an nichts. Für ungefähr sechs Stunden warst du völlig verschwunden. Am Morgen bist du sofort wieder da.

Was passiert im Tiefschlaf? Das Herz schlägt, die Lungen atmen, der Körper funktioniert, aber es ist niemand zu Hause. Die Frage ist: Ist jemals irgendjemand zu Hause und ist diese ganze Geschichte von „mir“ nur eine Geschichte? Aus meiner eigenen Erfahrung kann ich dieses „Ich“, wenn ich es untersuche, nicht finden. Wenn ich untersuche, woher die Gedanken kommen, stelle ich fest, dass sie aus dem Nichts kommen, das man auch Leere nennen kann oder Frieden. Du kannst es sogar Gott nennen oder das ewige Selbst oder den Geliebten. Es gibt viele, viele verschiedene Wörter und sie versuchen alle, etwas zu beschreiben, das du nicht wirklich beschreiben kannst, aber das du kennst. Es ist das, was am nächsten ist. Es ist so nah, dass du davon absolut nicht getrennt bist. Tatsächlich ist es das wahre „Ich“. Ich bin diese Leere.

Meine Leere ist die gleiche wie deine Leere. Es gibt nur eine Leere und wir sind alle ein Teil davon. Wir scheinen voneinander getrennte Körper zu sein, die in allen Größen und Formen herumlaufen, aber im Wesentlichen sind wir alle eins. Wenn dir das zu verrückt oder zu ungeheuerlich vorkommt, dann denke an den Ozean. Es gibt viel Wasser und auf der Oberfläche ein paar Wellen. Jede dieser Wellen denkt, sie ist von den anderen Wellen getrennt. Ein paar davon sind große, mächtige, schöne Wellen und ein paar davon sind kleine, niedliche Wellen. Manche sind ein bisschen sexy und so weiter. Jede Welle denkt, sie ist getrennt von allen anderen Wellen. In Wirklichkeit sind sie jedoch immer Teil des einen Ozeans. Mit uns ist es ähnlich.

Worte wie „Leere“ oder „Nichts“ zu benutzen, ist vielleicht nicht so schön. Du könntest den Begriff des „Geliebten“ ausprobieren. Aber im Grunde ist es etwas, das jenseits des Verstandes liegt. Der Verstand manifestiert sich aus diesem Geliebten heraus. Die Welt ist der Verstand. So kommt die Welt aus dieser Leere heraus. Wenn die Welt da ist, ist diese Leere nicht da. Wenn wir in unseren Gedanken sind, erleben wir diese Leere nicht. Wenn wir uns mit irgendeiner Körperempfindung identifizieren, erleben wir diese Leere auch nicht. Wenn wir ganz bei dem Geliebten sind, verschwindet die Welt.

In der Erkenntnis des reinen Gewahrseins hat alles, was du berührst, eine andere Qualität, weil du immer auf diese Wahrheit fokussiert bist, und diese Wahrheit manifestiert sich auf unterschiedliche Weise.

Mit einem Lehrer durchs Feuer

Irina Tweedie verbrachte die letzten Jahre ihres Lebens als Sufi-Meisterin in London. Sie schrieb ein schönes, sehr bewegendes Buch: *Der Weg durch das Feuer - Tagebuch einer spirituellen Schulung durch einen Sufi-Meister.* Es ist ein sehr dickes Buch.

Irina Tweedie war eine sehr ungewöhnliche Frau. Sie hatte viel Kraft und großes Interesse an Freiheit und so begegnete sie einem indischen Sufi. Er war ein muslimischer Sufi-Meister, der in Nordindien lebte, nicht weit von Lucknow. Mit etwas Geld in der Tasche verließ sie England, ging zu diesem Meister und lebte in seiner Nähe. Er arbeitete mit ihr. Das Buch, das sie dann schrieb, ist ein spirituelles Tagebuch über die Dinge, die mit ihr geschehen sind. Ich finde, es ist ein sehr inspirierendes Buch für jeden, der wirklich frei sein will. Es geht nicht um ein spirituelles Leben; es geht darum, was es braucht, um frei zu sein.

Dieser Meister hat sie durch die Hölle geschickt, mit dem Ergebnis, dass sie ihr Ego verloren hat. Sie muss eine sehr starke Dame gewesen sein, weil sie immer wieder zurückkam, auch nachdem sie wirklich hart behandelt worden war.

Ich hatte gehofft, Unterricht im Yoga zu bekommen. Ich erwartete wunderbare Lehren, aber vor allem hat der Lehrer mich gezwungen, der Dunkelheit in mir selbst zu begegnen, und das hat mich fast getötet. Ich war in jeder Hinsicht niedergeschlagen und so musste ich meinen Frieden machen mit dem in mir, das ich mein ganzes Leben lang abgelehnt hatte.

Irina Tweedie

Lieber John David,
dieses Zitat von Irina Tweedie steht im Gegensatz zu vielen anderen Berichten von Leuten, die bei ihrem Lehrer gelebt haben. Doch es scheint, dass dies die realitätsgetreueste und genaueste Darstellung der Arbeit zwischen Schüler und

Lehrer ist – wenn der Schüler wirklich frei werden will. Natürlich hängt alles vom Schüler ab. Könntest du etwas über die Arbeit zwischen Lehrer und Schüler sagen?

Normalerweise gibt es einen schrittweisen Prozess, der beginnt, wenn der Schüler sein Interesse an Freiheit erkennt. Dieses Interesse kann schon eine gewisse Zeit lang vorhanden sein, aber oft wird es durch eine schwierige Situation stärker aktiviert. Vielleicht bist du unzufrieden mit einigen Punkten in deinem Leben und du suchst nach einer Alternative. Oder vielleicht leidest du und suchst nach einer Art Heilung.

Häufig fängt man an in Büchern zu suchen oder man sucht im Internet nach Informationen und Erkenntnissen. Wenn dies im Inneren zu einem größeren „Ja" führt, schaut man sich auf der weiteren Reise vielleicht Videos von Lehrern an, die über die Wahrheit sprechen. Vielleicht fängt man aus eigener Kraft heraus an zu meditieren oder man schließt sich einer Yogagruppe an. Und wenn man weitergeht und an Retreats und Workshops teilnimmt, wird die Sehnsucht nach Freiheit stärker.

Nach einiger Zeit wird die Flut der Gedanken im Verstand schwächer und durch eine intensive spirituelle Praxis erhält man kleine Einblicke in etwas, das sehr schön ist. An diesem Punkt sind wir dann vielleicht für einen spirituellen Lehrer oder einen spirituellen Meister bereit. Wenn wir wirklich bereit sind, kommen wir mit einem solchen Lehrer oder Meister in Kontakt. Wie das vor sich geht, ist schwer zu verstehen. Doch dann müssen wir eine Entscheidung treffen.

Es mag sein, dass dieser Lehrer nicht das ist, was wir wirklich wollten oder was wir gesucht haben, aber im Inneren fühlen wir eine tiefere Verbindung und wir erkennen in dem Lehrer einen wahren Lehrer. Langsam beginnt dann so etwas wie eine Beziehung zwischen dem Schüler und dem Lehrer.

Am Anfang verlangt der Lehrer nicht viel vom Schüler. Er weiß, dass der Schüler dem Lehrer erst vertrauen muss, damit er ernsthaft mit ihm arbeiten kann. Dafür braucht es eine tiefe Liebe, eine liebende Hingabe und natürlich braucht es Zeit, damit diese wachsen kann. Der Lehrer ist geduldig und er kann den Fortschritt sehen, den der Schüler macht.

Später macht der Lehrer vielleicht ein paar Tests, um festzustellen, was wirklich mit dem Schüler geschehen ist. Das wird nicht in Form einer spirituellen Übung geschehen, sondern es wird etwas sein, wovon man sich keine Vorstellung machen kann.

Es gibt eine sehr bekannte Geschichte, die zwischen Gurdjieff und seinem Schüler Ouspensky geschah. Ouspensky war ein bemerkenswerter Mensch. Er hatte Gurdjieff um 1917 in Moskau getroffen, zur Zeit der kommunistischen Revolution, und er wurde ein hingebungsvoller Schüler. Viel später ging Ouspensky nach England, und Gurdjieff folgte ihm, aber der britischen Regierung war Gurdjieff ein wenig suspekt und sein Visum wurde nicht verlängert. Einige Jahre später als er in Armenien lebte, schickte er an Ouspensky folgende Nachricht: „Bitte komm her, um mich zu treffen."

Da Krieg war, war das sehr schwierig, denn es war fast unmöglich, durch Europa zu reisen. Da Ouspensky jedoch ein sehr hingebungsvoller Schüler war, machte er sich auf die Reise. Als er schließlich ankam, sagte Gurdjieff so etwas wie: „Hallo! Du kannst jetzt wieder gehen!" Hier geht es um Hingabe. Diese Begebenheit ist keine alltägliche Geschichte, sondern sie bezieht sich auf die Situation, in der der Schüler wirklich frei werden will. Ich rede hier über jemanden, der wirklich wahrhaftig frei sein will.

Was bedeutet es, frei zu sein? Nun, es bedeutet, frei von diesem konditionierten Verstand zu sein. Wenn etwas passiert, antwortest du aus dem jetzigen Moment heraus. Du reagierst nicht aufgrund der Vergangenheit. Du reagierst nicht aus einer Geschichte aus deinem Verstand heraus. Wahre Freiheit lebt im Augenblick, was ein gewisses Maß an Unschuld und Spontaneität bedeutet. Das ist etwas sehr, sehr seltenes. Man kann sagen, dass ein Kind, das noch sehr klein ist, in Freiheit lebt. Natürlich ist das eine unbewusste Freiheit.

Die Verbindung zwischen Schüler und Meister entwickelt sich über mehrere Jahre, und wenn der Meister sieht, dass der Schüler bereit ist, wird er mit dem Schüler intensiver arbeiten. Während der Schüler vorwärts geht, ist es ein Teil der Arbeit des Meisters, sein Ego herunter zu schleifen.

Das ist nie angenehm. Als ich anfing zu unterrichten, wusste ich nicht so genau, wie ich mit den Leuten reden sollte und ich hatte diese dumme Vorstellung, dass jeder, der zu meinen Treffen kam, an Freiheit interessiert war. In meiner Unerfahrenheit habe ich jeden Abend eine große Herzoperation durchgeführt, und am Ende des Treffens liefen meine Schüler natürlich blutüberströmt die Flure hinunter. Die meisten von ihnen habe ich nie wiedergesehen. Ich war darüber immer etwas erstaunt, aber über die Jahre habe ich allmählich verstanden, dass fast niemand wirklich an Freiheit interessiert ist.

Wenn du ein spirituelles Treffen anbietest, sind die meisten Leute schon mit ein bisschen spiritueller Unterhaltung glücklich. Also spare ich die wahre Lehre für die Menschen auf, die mir näherkommen. Ich bin ein ungewöhnlicher Lehrer, weil ich in drei Gemeinschaften lebe. Die Menschen, die dort leben, sind eine enorme Verbindlichkeit eingegangen, damit sie den vollen Schleifprozess bekommen können, der angeboten wird!

Während ich in Lucknow bei Papaji war, traf ich eine amerikanische Frau namens Prema. Sie war in den sechziger Jahren in der Hippie-Bewegung um San Francisco aktiv gewesen und entwickelte dann ein Interesse an Workshops und spirituellen Techniken. Irgendwann beschloss sie dann nach Indien zu gehen. Nach ihrer Ankunft hatte sie eine Reihe von Begegnungen mit unterschiedlichen spirituellen Meistern.

Ihr erster Meister war Sai Baba und schon früh wurde sie ein *Sadhu*. Das ist für einen Menschen aus dem Westen sehr ungewöhnlich, aber sie hatte die innere Entscheidung getroffen, niemals nach Amerika zurückzukehren und den Rest ihres Lebens in Indien zu leben.

Wenn du ein *Sadhu* wirst, verzichtest du auf die Welt – du trägst einfache, orangefarbene Kleidung, isst nur das, was dir geschenkt wird und trägst niemals Geld bei dir. Oft bettelte sie auf der Straße um ihr Essen, was natürlich für eine westliche Frau sehr ungewöhnlich war. Schließlich kam sie zu Papaji nach Lucknow und als sie ankam, begrüßte Papaji sie sehr herzlich.

Er war sehr beeindruckt davon, dass sie ein *Sadhu* war. Er wusste, dass sie kein Geld hatte, und so arrangierte er für sie ein Zimmer in einem Gästehaus. Er lud sie ein, in seinem Haus zu essen. Morgens ging sie zum Frühstück dorthin, und nach den *Satsang*treffen kehrte sie zum Mittagessen dorthin zurück und auch abends war sie dort. Sie wurde ein natürlicher Teil der Familie, die Papaji umgab.

Hier ist ein Auszug aus dem Buch *Papaji - Kraft der Gnade*. Darin habe ich meine Interviews mit Leuten zusammengestellt, die Papaji in Lucknow besucht haben:

> Prema, wie hat Papaji mit dir gearbeitet?
>
> *Seine ersten Worte an mich waren: „Du haftest am Nirvana an, nicht wahr?" Zurückschauend ist mir klar, dass ein Großteil seiner Arbeit mit mir darin bestand, diese sehr starke, tief verwurzelte Anhaftung aufzulösen.*

Papaji erkannte sofort, dass sie auf einer Reise zur Erleuchtung war. Sie war in Indien von Meister zu Meister gegangen, auf der Suche nach der Erleuchtung in der Zukunft, wie viele andere Westler, die Indien besuchen. Papaji verstand in seiner Weisheit, dass dies falsch war, und so sah er sofort, dass eine der Aufgaben darin bestand, sie ins Jetzt zu bringen. Dann sagte sie etwas zu Papaji, das sie vielleicht besser nicht hätte sagen sollen:

> *Ein oder zwei Tage später konnte ich direkt mit ihm sprechen und sagte: „Meister, bitte zerstöre diesen Verstand und das Ego, jeden Fleck, so dass nichts mehr übrig bleibt zum Reinkarnieren." Ich fragte danach und er fing an mir diesen Wunsch zu erfüllen! Nach außen war er meistens hart zu mir. Danach kamen dann die Leute zu mir und*

> *sagten: „Weißt du, als er dich angeschrien hat, fühlte ich, dass er mit mir sprach. Ich hätte es nicht ausgehalten. Ich habe gefühlt, dass er dich benutzt hat, um mit mir zu sprechen."*

Wenn sie in sein Haus ging, um zu essen, wartete er, bis sie gegessen hatte und dann schrie er sie wieder an: „Geh und setz dich in den Garten!" Er warf sie jeden Tag aus dem Haus – Monate lang.

Manchmal schickte er jemanden nach draußen, um sie zu stören. Sie hatte kaum eine Wahl; sie konnte entweder gehen oder dieses Verhalten akzeptieren. Sie hatte viel Respekt vor Papaji, und auch er hatte viel Respekt vor ihr, aber er behandelte sie so schlecht, dass die Leute um sie herum es nicht verstehen konnten.

Sie war eine ziemlich kleine amerikanische Frau, die sich bereits als erwacht angesehen hatte und die, wenn man so will, für den letzten Schliff gekommen war. Die Leute, die dieses Verhalten beobachteten, konnten es nicht verstehen, weil sie so eine nette Frau war und sich so gut benahm. Sie konnten sich nur vorstellen, dass sie etwas Schreckliches getan haben musste, von dem sie nichts wussten.

Genau dasselbe war auch Irina Tweedie fast jeden Tag passiert. Sie erwartete etwas ganz Schönes, aber häufig, wenn sie kam, um ihren Meister zu sehen, sagte er zu ihr, dass sie draußen warten muss! Währenddessen erlaubte er anderen Leuten hereinzukommen. Es war ein sehr, sehr heißer und staubiger Ort und sie war eine westliche Frau, die alleine lebte. Alle anderen Schüler waren Inder. Als sie aus England angekommen war, nahm er ihr Geld und gab es ihr dann Woche für Woche zurück, so wie eine Art Unterhalt. Wenn man ernsthaft daran interessiert ist frei zu sein, ist es gut, dieses Buch zu lesen, um dann noch einmal zu überlegen, ob es wirklich das ist, was man will.

In *Arunachala Shiv*a habe ich Ram, einen amerikanischen Lehrer, interviewt. Am Ende des Interviews redeten wir über sein Leben und er sprach davon, dass man für die Freiheit qualifiziert sein müsse. Da fragte ich ihn, was er mit qualifiziert meine.

Qualifiziert bedeutet, nicht zu erwarten, dass die Welt dir noch irgendetwas geben wird. Du bist absolut satt. Du suchst nichts auf dieser Welt. Du willst keine Liebe, du willst keine weitere Freundin oder einen schönen Job. Du bist absolut überzeugt, dass nichts von all dem dir etwas geben kann. Das ist die Grundqualifikation. Wenn du die hast und du dir wirklich wünschst frei zu sein, dann ist das genug.

Wenn du einen starken Wunsch nach Freiheit hast, solltest du leidenschaftslos gegenüber den Dingen in der Welt sein, und du wirst frei sein. Mit anderen Worten, du wirst weiter handeln und Dinge tun, aber du bist gegenüber den Ergebnissen deines Handelns gleichgültig. Die Welt ist ein verführerischer Ort. Alles sieht sehr bunt, sexy und lecker aus, und du willst es einfach anfassen.

Aber an all diesen guten, leckeren Dingen gibt es einen kleinen Haken, der darauf wartet, dich zu fangen. Und wenn du keine gute Unterscheidungskraft hast, wirst du dich in den Dingen verfangen. Ich glaube, wir alle wissen, dass das wahr ist.

Ich lebe seit ungefähr zwölf Jahren mit etwa zwanzig Schülern, und so wie die Verbindung durch Hingabe tiefer und stärker geworden ist, habe ich mein Schleifen verstärkt. Die meisten von ihnen werden jetzt poliert. Dieser Schleif- und Polierprozess liegt wahrscheinlich außerhalb deiner Vorstellung von spiritueller Arbeit. Aber eigentlich ist alles eine Vorbereitung für diesen letzten Arbeitsschritt.

Der Meister versucht dir zu zeigen, dass du das Gleiche bist wie er, und dafür muss er allen Unsinn beseitigen. Vor diesem Hintergrund ist der Meister bereit, alles Erdenkliche zu tun, er nutzt jede Situation für das notwendige Schleifen und Polieren.

Ich muss sagen, dass dies nicht für jeden etwas ist. Ich habe es nicht geplant – ich muss in meinem letzten Leben ein Diamantschleifer gewesen sein. Irgendwie habe ich diese Rolle des

Schleifers und Polierers angenommen. Eigentlich ist es eine sehr, sehr schöne Arbeit, denn durch das Schleifen und Polieren entsteht Liebe. Ich habe dem jetzt mein Leben gewidmet. Ich hatte nicht wirklich eine Wahl; es geschah einfach.

Die Beziehung zwischen dem Schüler und dem Lehrer ist ein sehr heikles Spiel. Ich habe gesehen, wie plötzlich Koffer gepackt wurden, wenn das Schleifen zu viel wurde und wie die Person dann verschwand. Dies geschieht häufig, wenn mit einem starken Ego zusätzlich ein Trauma einhergeht. Dann stößt die Selbstreflektion meist irgendwann an etwas, das ich „Ego-Wand" nenne.

Alles geht sehr schön voran und plötzlich begegnest du der Ego-Wand – etwas besonders Unangenehmen, irgendeiner alten Erinnerung aus deinem Leben, die du vermeiden möchtest. Die Angst wird zu groß und anstatt das Problem zu betrachten, haust du ab. Das kommt sehr, sehr oft vor. Ich würde sagen, das ist der häufigste Grund auf der Liste, warum Menschen nicht frei werden.

Die Arbeit zwischen dem Schüler und dem Lehrer wird dich wahrscheinlich zu dieser Ego-Wand führen. Das bedeutet, der Lehrer bringt dich mit etwas in Kontakt, womit du dich nicht wirklich auseinandersetzen willst. Es kann ziemlich lange dauern, bis du an diesem Punkt bist, weil es etwas ist, das bislang in dir verneint wurde.

Irina Tweedie sagt, dass ihr Lehrer sie vor allem dazu brachte, sich ihrer Dunkelheit zu stellen. Wir wollen alle glücklich sein, aber wenn du Freiheit willst – die du auch wahrhaftiges Glück nennen kannst – musst du an diese Ego-Wand kommen. Du musst deinem schlimmsten Dämon ins Auge sehen.

Der erste Job des Lehrers ist, dir bewusst zu machen, was du vermeidest und dich dann dazu zu ermutigen, dir das anzusehen und dich damit auseinanderzusetzen. Das kann sehr konfrontierend sein, und in über zwanzig Jahren des Lehrens habe ich gelernt, dass man Herztransplantationen nicht einfach mal eben so durchführen kann. Du musst erst eine Basis schaffen. Und du brauchst einen Assistenten oder ein paar Leute, die den Schüler festhalten. Das ist natürlich ein Scherz von mir.

Ganz so hart ist es nicht. Und doch: In den letzten zwölf Jahren habe ich mit einer Menge von Leuten gearbeitet, die frei werden wollten, aber dann an den Punkt kamen, den ich jetzt die Ego-Wand nenne. Sie haben von dem Prozess auf jeden Fall profitiert, aber es war, als wären sie an eine Grenze gekommen. Aus welchem Grund auch immer, sie konnten nicht weitergehen. Oft fühlt sich das sehr traurig an, und ich finde es manchmal sehr, sehr schwer, jemanden gehen zu lassen, mit dem ich schon seit ein paar Jahren zusammengearbeitet habe.

Wenn die Person nicht wirklich hinschauen will, wird sie ziemlich sicher weglaufen. Wenn ich darüber rede, sagt fast jeder: „Nein! Ich würde das niemals tun!“ Aber sie tun es. Nicht jeder natürlich. Es braucht viel Vertrauen. Irina Tweedies Lehrer behandelte sie viele Jahre sehr hart. Aber es muss gewirkt haben, denn am Ende wurde sie eine ziemlich bekannte Sufi-Lehrerin in London.

Sie sah großartig aus, hatte lange, fließende, weiße Haare – wie eine Göttin. Sie ist jemand, den ich gerne kennengelernt hätte – ein ungewöhnliches menschliches Wesen. Ich hatte das Glück, dass ich ähnlichen Menschen wie ihr begegnet bin. Für mich trugen sie die Essenz der Menschheit in sich, und natürlich hatten sie zuvor Meister, die sie geschliffen und poliert hatten. So wird die Wahrheit von Generation zu Generation weitergegeben. Ich würde mich freuen, wenn einige meiner Schüler sie auch weitergeben. Es ist ein sehr schöner Prozess.

Um das notwendige Vertrauen aufzubauen, ist Liebe sehr wichtig. Es braucht Zeit und Liebe, und es muss eine Verbindung bestehen. Ohne eine Verbindung geht es nicht.

Die Verbindung sieht bei jedem Lehrer anders aus. Osho kam zum Beispiel mit einem Rolls Royce zu seinen Treffen. Nach den Treffen stieg er wieder in den Wagen, um die wenigen Meter zu dem Haus, in dem er wohnte, zurückzufahren. Bis auf wenige Menschen – vielleicht die Person, die für den Ashram verantwortlich war, sein Arzt, manchmal sein Zahnarzt und seine Assistenten, die mit ihm lebten – hatten die anderen Hunderte und Tausende von Leuten, die zum Ashram kamen, keinen direkten Kontakt mit ihm.

Wir wussten nicht, ob er sich den Finger in die Nase steckte, und wir konnten uns nicht einmal vorstellen, dass er auf die Toilette ging! Das machte es sehr leicht, ihn als eine gottähnliche Person zu sehen.

Mein Ansatz ist eher ein anderer. Ich bin immer da und mache ganz gewöhnliche Dinge. Vielleicht hast du gesehen, wie ich mir den Finger in die Nase gesteckt habe oder ähnliches. So passiert es leicht, dass man über alles Mögliche urteilt, was das Vertrauen beeinflussen kann. Es ist nicht so leicht, mit einem Lehrer zu sein, der sehr zugänglich ist.

Ich verbrachte fünfzehn Jahre mit Osho, und ich hatte ein oder zwei Begegnungen mit ihm. Ich hatte nie einen nahen Kontakt zu ihm. Dann kam ich zu Papaji, und ich konnte wann immer ich wollte in sein Haus gehen. Das war ziemlich schockierend. Anfangs fand ich es großartig, aber eines Tages, als ich bei ihm saß, kam es mir plötzlich ziemlich gefährlich vor. Vielleicht lud er mich nur zum Mittagessen ein, weil er vorhatte, mir den Kopf abzuschlagen.

Als ich ihm näher kam, wurde sein Verhalten mir gegenüber intensiver, so wie es auch bei Prema gewesen war. Er respektierte Prema sehr und wusste, wie sie in der Tiefe funktionierte. Aus diesem Respekt und seinem Verständnis heraus, behandelte er sie sehr hart, aber wenn du dieser Frau jetzt begegnest, kannst du grenzenlose Liebe fühlen. Jedes Mal, wenn sie ihren Mund aufmacht, fühlst du diesen Glanz der Liebe – bedingungslose Liebe. Sie lebt seit vierunddreißig Jahren in Indien, ohne Geld. Auch jetzt noch.

Wenn du die Biographien verschiedener spiritueller Meister liest, wirst du feststellen, dass fast alle von ihnen durch einen starken Schleifprozess gegangen sind, denn bei den meisten Menschen gibt das Ego nicht einfach plötzlich auf. Wenn du Freiheit willst, musst du deine Identifikation mit dem Ego aufgeben und das ist kein einfacher Prozess.

Du kannst dich mit Uta unterhalten. Sie hat viele harte Momente durchgemacht, aber sie sitzt auch nach zwölf Jahren immer noch hier. Als ich sie kennenlernte, ging es ihr nicht gut. Sie konnte nicht telefonieren, Auto fahren war für sie unmöglich.

Wenn du jetzt mit ihr redest, wird sie dir erzählen, wie unglaublich viel ihr die Zeit hier gebracht hat, aber sie ist noch nicht frei. Obwohl es ihr sehr gut geht, gibt es noch mehr zu tun. Ich finde es ganz toll, wie Lisa, Uta und Anna das Essen für das ganze Retreat in einem herrlichen Flow zubereitet haben. Das könnte man leicht übersehen. Niemand von ihnen beschwert sich, wenn sich die Pläne plötzlich ändern. Diese Leichtigkeit des Flows kann man auch bei den Jungs von der Technik sehen. Egal was geschieht, es wird sich um alles gekümmert.

Geschliffen und poliert zu werden ist nicht wirklich etwas Schreckliches. Eigentlich ist es sehr, sehr schön. So wie ich darüber gesprochen habe, hört es sich ziemlich hart an. Es funktioniert, weil du die Liebe fühlst, die der Lehrer hat. Der Lehrer wird dir widerspiegeln, was auch immer nötig ist, um dir zu zeigen, was du sehen musst. Das ist bei jedem anders. Es gibt keine Techniken. Ich denke nicht einmal darüber nach, es ist spontan und manchmal ist es sehr intensiv.

Für den Lehrer ist es sehr berührend, wenn jemand beschließt, sich ihm anzuschließen. Für den Lehrer ist es eines der schönsten Dinge, denn natürlich versteht der Lehrer, dass diese Art von Hingabe fast unmöglich ist.

Die Liebe, die der Schüler für den Lehrer hat, ist keine persönliche Liebe. Es ist eine unpersönliche Liebe für das, was der Lehrer repräsentiert. Auch wenn der Schüler eine echte, tiefe Sehnsucht danach hat, frei zu sein, ist diese Liebe notwendig, um auch in harten Zeiten beim Lehrer zu bleiben.

Ein natürlicher Diamant sieht nicht nach viel aus. Du musst ihn schleifen und polieren, dann glänzt er. Genau das ist die Arbeit eines spirituellen Meisters.

Sei still

Heute Abend habe ich ein Zitat von Adyashanti, der in seinen Büchern sehr klar das zentrale Missverständnis erläutert, das bewirkt, dass wir uns getrennt fühlen und leiden.

Oft erkennen wir ganz plötzlich, dass unser Selbstbild, das aus unseren Ideen, Bildern und unserem Glauben gebildet wird, nicht wirklich das ist, wer wir sind. Es definiert uns nicht. Es hat kein Zentrum.

Adyashanti

Lieber John David,
was ist der beste Weg, dies umzusetzen? Geht es nur darum, still zu sein und zu sehen, was falsch ist, bis die Wahrheit sehr klar wird? Ist das alles, was wir tun können?

Eines meiner Bücher, *Das große Missverständnis*, hat genau diesen Aspekt als Fokus. Es ist der innerste Kern unseres Problems. Denn wie Adyashanti in diesem Zitat sagt, sind wir leider mit dem falschen Selbst, das aus unserer Konditionierung entsteht, vollständig identifiziert, und wir glauben, dass unsere Identifikation wahr ist.

Eigentlich ist es sehr, sehr einfach, aber irgendwie können wir es nicht sehen. Ich habe mir vor kurzem wieder den ersten Film angeschaut, den wir hier in der Gemeinschaft gemacht haben, *Facetten des Erwachens*, in dem einer der alten indischen Meister diese Situation mit einem magischen Bann vergleicht. Du bist unter einem Bann, dem Bann des falschen Selbst, aber du weißt es nicht. Eines Tages kommt der magische, spirituelle Lehrer und schwenkt seinen Zauberstab und der Zauber verschwindet. Plötzlich wachst du auf und erkennst: „Wow! Ich war unter einem Bann! Es war alles eine Illusion."

So einfach ist das, aber es ist unglaublich leicht, sich in Vorstellungen über spirituelle Praktiken zu verfangen: „Ich muss etwas tun. Ich muss hart arbeiten." Vielleicht glaubst du, du musst alle deine

Strukturen analysieren. Oder du gibst deinem Verstand immer wieder das Ruder in die Hand und lässt ihn alles analysieren, dabei musst du nur erkennen, dass diese Identifikation dich im Griff hat. Du musst um die Ecke denken. Wie das geht? Nun, es kommt darauf an, wo du bist. Es hängt davon ab, wieviel du verstehst.

Wenn du überhaupt nichts verstehst, dann ist das erste, was du tun kannst, aufzuhören zu sprechen oder viel weniger zu sprechen. Das ist der erste Schritt. Sprich so wenig, wie du nur kannst und denke nicht. Sprechen und Denken hängen zusammen. Es klingt sehr einfach, aber es ist sehr schwierig, nicht zu sprechen. Vielleicht hast du noch nie gehört, dass das eine spirituelle Praxis ist, aber eigentlich ist es eine und zwar eine sehr anspruchsvolle, weil wir völlig konditioniert sind ununterbrochen und endlos zu reden.

Meistens reden wir in Form von Geschichten. „Gestern bin ich zu einer Party gegangen und habe diesen Kerl getroffen. Er ist ein sehr interessanter Mann. Er hat fast sein ganzes Leben lang Saxophon gespielt ...“ Wir identifizieren uns komplett mit diesen Geschichten. Das sind alte Filme, alles Vergangenheit. Es ist als ob man sich Charlie Chaplin Filme ansieht. Unsinn, Müll, zwecklos. Hör einfach auf mit den Geschichten.

Wenn du sprechen musst, dann sage Sachen wie: „Bitte reiche mir mal das Salz.“ Das ist nicht so schlimm, weil du eine kurze Mitteilung machst und dann hältst du wieder die Klappe. Aber diese Geschichten: „Gestern bin ich zum Fußball gegangen. Es war sehr kalt, aber das Spiel war wirklich wunderbar.“ So geht es immer weiter; diese alten Geschichten musst du aus deinem Leben verbannen. Wenn du das tust, wird plötzlich der Verstand weniger beschäftigt sein, weil du den mentalen Teil nicht aktivierst und die Gedanken dann weniger werden.

Wir wollen still werden. Mein Lehrer Papaji, hat immer einfache Botschaften gegeben. Wenn er gefragt wurde, was seine Lehren sind, sagte er: „Sei still!“ Siehst du? Sei still.

Das ist vielleicht die größte spirituelle Lehre. Sei still. Warum ist das die größte spirituelle Lehre? Sicherlich gibt es da eine unglaublich komplizierte, langwierige spirituelle Praxis, die ich um vier Uhr morgens nach einer kalten Dusche machen kann. Es muss doch was

Schwieriges geben. Hör auf zu reden. Hör auf zu denken. Sei still. Schwierig, nicht wahr? Und was geschieht, wenn wir still sind? Alles wird langsamer, und wir haben eine Chance zu sehen, was los ist. Das ist Selbsterkenntnis, sich seiner selbst bewusst sein. Wir fangen an, uns des falschen Selbst bewusst zu werden.

Deepak Chopra sagt: *„Das falsche Selbst ist eine gesellschaftlich hervorgerufene Halluzination."* Ich liebe das: „gesellschaftlich hervorgerufene Halluzination", es sind nur drei Worte, die dieses tragische Missverständnis beschreiben. Wenn wir still sind, beginnen wir, uns dieser Halluzination gewahr zu werden. Der Film „Mein Leben" wird uns bewusst und auch die ständigen Gedanken, die ihn antreiben. Wir können sehen, dass es weder gute noch schlechte Gedanken gibt – es sind einfach nur Gedanken. Es sind alte Filme und wir brauchen sie überhaupt nicht.

Ganz werden die Gedanken nicht aufhören. Sie werden immer mal wieder auftauchen, jedoch nicht mehr so häufig. Das erzeugt eine tiefe Stille. Wenn wir weniger durch unbewusste Gedanken und Urteile gestört werden, haben wir die Chance zu schauen und immer wiederkehrende Gedanken abzufangen. Fang diese Gedanken ab! Schnapp sie dir! Sei dir deines Selbst gewahr. Achte auf die Gedanken und auch auf die Gefühle und Körperempfindungen. Du wirst sehen, dass Emotionen auch nur ein weiterer Aspekt des Verstandes sind, und du beginnst zu erkennen, mit welchem Aspekt des Verstandes du dich am meisten identifizierst.

Das ist der Staub, der den glänzenden, funkelnden Diamanten unseres Seins bedeckt. Es gibt nichts zu tun. Es gibt niemanden, der es tut. Auch die Vorstellung, dass ich etwas tun kann, um den Staub zu entfernen, ist nur ein weiterer Teil der Halluzination. Eigentlich gibt es keinen Staub und es gibt keinen Diamanten.

Ich habe einen Freund, der seit vielen Jahren in einer kleinen Hütte in der Nähe des Berges Arunachala wohnt. Ich lernte ihn kennen, als ich bei Papaji war. Ein schöner Mann. Ich gab ihm eine Kopie meines ersten Buches und er sagte zu mir: „Was lehrst du sie? Warum brauchen wir noch ein Buch mehr?" Ich war ein bisschen schockiert. Was meinte er damit? Damals fand ich, dass man viele Dinge lehren könnte. Jetzt, nach zwanzig Jahren, sehe ich deutlich, dass es nichts zu lehren gibt. Jetzt habe ich den Mut, hier zu sitzen und dir zu sagen, dass es nichts zu lehren gibt. Es gibt nichts zu lernen. Halte einfach den Mund. Ganz einfach. Sei still. Schaue tief in dich hinein. Und um tief in dich hineinsehen zu können, musst du sehr still werden.

Man kann sehr leicht erkennen, ob jemand spirituelle Arbeit gemacht hat. Jemand sagt vielleicht zu dir: „Oh ja, ich meditiere. Ich mache alle möglichen Sachen, mache Yoga und meditiere jeden Tag". Man kann sofort sehen, ob das wirklich wahr ist, denn wenn jemand dieses „sei still" wirklich praktiziert hat, kann man es sofort fühlen. Solche Menschen haben Schwierigkeiten zu reden; sie wollen nicht reden. Sie reden nicht gern. Sie hören sich nicht gerne Geschichten an.

Nach so vielen Jahren tut mir so etwas richtig weh. Ich muss Leuten, die mir ihre Geschichten erzählen wollen, aus dem Weg gehen. Ich vermeide Situationen, in der sie mir die erzählen könnten. Es tut mir sozusagen körperlich weh. Also gehe ich solchen Situationen aus dem Weg. Kleine Geschichten sind natürlich in Ordnung. Die tun nicht so weh, aber ich würde niemals in eine Bar gehen. Ich meide Bars. Weil ich weiß, dass ich in alle möglichen Geschichten verwickelt werden würde. Vielleicht würde ich alleine gehen und in einer ruhigen Ecke sitzen, aber ich würde nie gemeinsam mit Freunden gehen.

Als ich Papaji fragte, was ich machen könnte, um zur Wahrheit zu kommen, sagte er: *„Sei vorsichtig, mit wem du deine Zeit verbringst."* In der Straße, in der Papaji seine Treffen abhielt, war der örtliche Müllplatz. Jeder entsorgte dort seinen Müll, genau gegenüber der Satsanghalle. Auf der einen Seite der Straße fanden Treffen über die Wahrheit statt und auf der anderen Seite lag der Müll, es kamen Schweine und stöberten ihn durch, um kleine Leckereien zu finden. Papaji pflegte zu sagen: *„Geselle dich nicht zu den Schweinen."*

Sei vorsichtig, mit wem du deine Zeit verbringst. Entscheide dich dafür, deine Zeit mit bewussten Menschen zu verbringen. Das ist keine spirituelle Praxis, das ist klug. Auf wunderbare Weise geschieht das in dieser Gemeinschaft. Seit zwölf Jahren haben wir uns dazu entschlossen, unsere Zeit mit Menschen zu verbringen, die versuchen bewusst zu leben. Vielleicht ist es ihnen noch nicht ganz gelungen, aber wahrscheinlich wird es ihnen gelingen. Sie verfolgen aufrichtig das Ziel bewusst zu werden. Das ist sehr schön und sehr selten. Es gibt sehr selten Menschen, die zusammenkommen, um bewusst zu leben.

Beobachte die Wirkung, die es auf dich hat. Entwickle die Fähigkeit, dich selber zu beobachten. Entwickle die Fähigkeit zu sehen, wie die Gedanken auftauchen. Schau, woher sie kommen. Woher kommen sie? Der Inhalt der Gedanken interessiert uns nicht. Wir sind nur daran interessiert, woher sie kommen, weil sie in unserem Sein, im Bewusstsein entstehen. Wenn wir unser Bewusstsein dort halten, werden wir auf eine magische Weise plötzlich sehen: „Wow! Ich bin nicht diese gesellschaftlich hervorgerufene Halluzination." Es könnte sein, dass wir dann lachen ... wie verrückt ... tagelang.

Oder wir weinen vielleicht, weil es ein bisschen tragisch ist, plötzlich aufzuwachen und zu erkennen, dass wir unser ganzes Leben lang geschlafen haben. Das wäre ein Grund zum Weinen, aber wenn wir spirituelle Sucher sind, werden wir eher lachen, weil wir wahrscheinlich eine andere Konditionierung übernommen haben – eine Art spirituelle Konditionierung, die besagt, dass wir Tofu essen sollen und kein Fleisch. Wir sollen meditieren. Wir sollen dies tun, wir sollen das tun. Wir sollen es anders machen. Und wenn wir das alles machen, dann werden wir etwas bekommen, was wir jetzt nicht haben.

Wir werden nie etwas bekommen, was wir jetzt nicht haben. Wir sind komplett. Perfekt in jedem Augenblick. Wir schauen nur in die falsche Richtung. Man bekommt nichts dazu. Vielmehr müssen wir etwas loswerden. Wir müssen den Unsinn loswerden, die Geschichten. So einfach ist das, siehst du. Es ist so einfach. Und schließlich müssen wir die Identifizierung mit dem falschen Selbst verlieren, die „gesellschaftlich hervorgerufene Halluzination". Es ist Magie. Es geschieht einfach. Die Antwort auf diese Frage ist: Ja, es geht nur darum, still zu sein und zu schauen, was unecht ist – bis die Wahrheit deutlich wird.

Selbsterforschung

Sri Ramana Maharshi verbrachte fast sein ganzes Leben auf dem heiligen Berg Arunachala, der als die Verkörperung *Shivas* angesehen wird. Sein Alltag war sehr einfach. Viele Jahre war er der Hauptkoch des Ashrams. Er saß mit seinen Schülern zusammen und beantwortete die Fragen seiner Besucher. Er verstarb 1950. In den letzten Jahren ist er zu einem Symbol für die indische Spiritualität geworden.

Es ist die höhere Macht, die alles tut. Und der Mensch ist nur ein Werkzeug. Wenn er diese Rolle akzeptiert, ist er frei von Problemen, wenn nicht, dann lädt er sie ein.

Sri Ramana Maharshi

Lieber John David,
wir alle haben viele Strukturen, die sehr stark sind und automatisch in uns wirken. Es bedarf einer enormen Arbeit, aus dieser Identifikation herauszukommen. Wenn wir das geschafft haben, ist es vielleicht möglich, einfach zu akzeptieren, dass die höhere Macht alles tut, weil dann nichts mehr im Weg ist. Aber wie sieht es vor diesem Zeitpunkt im täglichen Leben aus, bevor man gänzlich akzeptieren kann, dass die höhere Macht alles tut?

Natürlich kommt diese Frage von jemandem, der mit dem Gefühl identifiziert ist, getrennt von allem zu sein. Aus der Sicht einer getrennten Person – einem „Ich" – scheint es eine große Aufgabe zu sein, mit diesen vielen Strukturen zurechtzukommen, die im konditionierten Verstand verankert sind.

Wenn du dir deiner selbst gewahr bist, kannst du sehen, was in deinem Kopf vor sich geht. Es ist, als ob du dich selbst kennenlernst. Aber das Selbst, das du kennenlernst, ist nicht dein wahres Selbst – es ist ein falsches Selbst. Das falsche Selbst ist das Gefühl von „Ich".

Wir können es auch das Ego oder das Ego-Selbst nennen. Wenn wir die Situation aus der Sicht des falschen Selbst betrachten, können wir viele Strukturen erkennen und wie sie automatisch jeden Tag immer wieder aktiviert werden. Es scheint eine völlig hoffnungslose Aufgabe zu sein, sich in diesem Leben von ihnen befreien zu wollen.

Von Sri Ramana gibt es ein weiteres interessantes Zitat: *„Du musst dich fragen: Wer bin ich? Diese Erforschung wird am Ende zur Entdeckung von etwas in dir führen, das sich hinter dem Verstand befindet. Löse dieses große Problem und du wirst alle anderen Probleme lösen."*

Sri Ramana deutet hier an, dass du dieses Problem des „Ich", des falschen Selbst lösen musst. Denn tatsächlich ist das ganze Problem die Identifikation mit dem falschen Selbst. Wenn du dieses Problem lösen kannst, werden alle anderen Probleme sich lösen. Nicht wirklich lösen, aber sie werden sich auflösen.

Stell dir mal eine bogenförmige Steinbrücke vor. Der Schlussstein in der Mitte des Bogens hält alle Steine des Bogens an ihrem Platz. Wenn man diesen einen Stein wegnimmt, bricht der ganze Bogen in sich zusammen. Genauso verhält es sich mit unserer Identifikation mit dem falschen Selbst, dem „Ich", dem „Ego". In dem Moment, wo wir sie erkennen, bricht die ganze Brücke zusammen. Alle Strukturen, die von diesem „Ich" abhängen, von unserer Identifikation mit dem „Ich", fallen dann in sich zusammen. Diese Erforschung nennt Sri Ramana Selbsterforschung.

Es kann sein, dass die Strukturen noch eine Zeit lang weiter auftauchen, aber da wir das „Ich", mit dem wir uns davor identifiziert haben, als falsch erkannt haben, können die kleinen Strukturen, die sich noch zeigen, nicht mehr gefährlich werden. Man kann diesen Augenblick Selbstrealisierung nennen. Es ist der Moment, in dem wir das wahre Selbst erkennen. Wir sind nicht mit dem wahren Selbst *identifiziert* – wir *sind* das wahre Selbst. Es ist unser wirkliches Selbst und aus diesem steigen die Gedanken auf. Das wahre Selbst existiert also vor den Gedanken.

Um Selbstbefragung zu praktizieren, schaue dir die Gedanken an, während sie entstehen und frage dich: „Zu wem kommen diese

Gedanken?“ Die Antwort ist natürlich „zu mir“, da sich meine ganze Identität um „mich“ dreht – „Ich“. *Ich* fahre ein Auto, *ich* rede, *ich* sitze auf diesem Stuhl, *ich* stelle mir diese Frage. Indem wir die Gedanken betrachten, während sie entstehen, können wir uns fokussieren. Und dieses Selbstgewahrsein, das wir über viele Jahre entwickeln, wird zu einem Werkzeug, um das „Ich“ zu erkennen. Wir sehen, dass „Ich“ eine Identifikation mit dem falschen Selbst ist und so können wir uns fragen: Wer ist dieses „Ich“?

Es gibt zwei Fragen. Frage 1: „Zu wem kommen diese Gedanken?“ Antwort: „Zu mir“. Frage 2: „Wer bin ich?“ Anstatt einfach automatisch nach den Gedanken zu greifen, mit denen wir so stark identifiziert sind, erinnert uns die Selbsterforschung daran, an den Ort zurück zu gehen, der vor den aufkommenden Gedanken existiert, zu der Quelle der Gedanken. Was ist vor den Gedanken? Woher kommen die Gedanken?

Sri Ramana zufolge hält die Selbsterforschung unseren Verstand im wahren Selbst, in der Quelle. Obwohl es nur zwei einfache Fragen sind, ist es nicht so leicht, die Erforschung anzuwenden. Zunächst einmal ist es nicht leicht, sich an die Selbsterforschung zu erinnern, da wir mit unserem Leben so verstrickt sind. Außerdem braucht man als Voraussetzung einen stillen Verstand. Wenn du das bereits durch spirituelle Praktiken erreicht hast, bist du bereit, diese Erforschung zu machen. Man könnte auch sagen, dass diese Erforschung automatisch geschieht, da sie durch spirituelle Praktiken geweckt wird.

Am Anfang ist es am einfachsten mit geschlossenen Augen zu sitzen und die Gedanken zu betrachten, wenn sie entstehen und dir dann diese zwei Fragen zu stellen. Wenn du damit vertrauter wirst, kannst du feststellen, wie es dir zugutekommt, und dann ist es an der Zeit, diese Selbsterforschung in dein tägliches Leben zu integrieren. Unser moderner Alltag in Europa ist oft ziemlich kompliziert, und deshalb werden unsere Gedanken ständig aktiviert. Wir denken sehr viel.

Dieses ständige Denken macht es sehr schwer, die Selbsterforschung zu praktizieren. Wenn du mehr Erfahrung hast, wird ein Moment kommen, an dem du plötzlich, ohne wirklich etwas zu tun, die Falschheit dieser Identifikation durchschaust. Sobald du das klar erkennst – Puff! – fällt sie weg. Dieser Moment ist der Moment der Selbstrealisierung oder des Erwachens.

Alles ist Eins

Wir kommen auf die mystische, bewusstseinsverändernde Präsenz von Neem Karoli Baba zurück, die jenseits des Verständlichen liegt. Das folgende Zitat stammt aus dem Buch *Miracle of Love* von Ram Dass, eine liebevolle Hommage an seinen Meister.

Die beste Weise zu dienen ist, deine Gedanken bei Gott zu halten. Denke jede Minute an Gott.

Neem Karoli Baba

> *Lieber John David ,*
> *ich kann fühlen, dass ich darin gefangen bin, Wünschen nach materiellen Dingen zu folgen. Das hinterlässt kein gutes Gefühl in meinem Herzen. Dieses Zitat von Neem Karoli Baba hat mich berührt, obwohl ich nicht wirklich weiß, was es bedeutet. Geht es dabei um Dienen und Hingabe oder um die Selbsterforschung? Was bedeutet der Satz:* „Denke jede Minute an Gott.“*?*

Vor vielen Jahren habe ich Rishikesh in Nordindien besucht und aus Gründen, an die ich mich nicht mehr erinnere, ging ich in ein Geschäft für Kühlschränke und Elektroherde. Dort saß ein Mann hinter einem ziemlich großen Tresen, der Rest des Ladens war leer. Er schien mit etwas sehr beschäftigt zu sein, also schaute ich über den Rand der Ladentheke und sah, dass er in ein Notizbuch schrieb. Er schrieb immer das gleiche Wort, immer und immer wieder – er schrieb *Ram*. Das bedeutet Gott. Er schrieb Gott, Gott, Gott. Siehst du, das wäre eine Technik, die du ausprobieren kannst.

Ich erinnere mich an eine Geschichte aus Papajis Leben, zu der Zeit als er aus Pakistan nach Indien kam, in die Stadt, die man heute Chennai nennt. Zu dieser Zeit war es seine spirituelle Praxis, fünfzigtausend Mal am Tag *Krishna* zu sagen.

Was bewirkt so etwas? Eine Praxis wie diese hält deinen Verstand nicht wirklich bei Gott, vielmehr hält sie deinen Verstand von allem anderen ab. Ob du nun *Krishna, Krishna* sagst oder *Ram, Ram* schreibst – dein Verstand ist damit so beschäftigt, dass er nicht abschweifen kann. Vielleicht ist dein Verstand nicht vollkommen ruhig, aber er ist auch nicht voller Gedanken. Wenn du diese Praxis über eine längere Zeit fortsetzt, wird dein Verstand tatsächlich immer ruhiger. Wenn es in deinem Kopf sehr still wird, erinnerst du dich an Gott. Und weil auch du Gott bist, gelangst du so zu deiner wahren Natur.

Um sich an Gott zu erinnern, muss man sich einfach an sein Selbst erinnern. An das eigene Selbst kann man sich durch die Selbsterforschung erinnern. So findet man heraus, was vor dem „Ich"-Gedanken ist. Es ist eine klare Methode, die Sri Ramana Maharshi vorgeschlagen hat.

Ein anderer Weg sich zu erinnern, ist der Weg der Hingabe, der bedeutet, ein großes Ja zum Leben zu haben. Man begegnet jedem Moment mit einem klaren Ja und im Prozess dieses Ja-Sagens gibt man sich dem hin, was das Leben einem bringt.

Es gibt verschiedene Möglichkeiten, in diesen tiefen inneren Raum zu gelangen, den man auch Gott nennen kann. Es ist eine falsche Vorstellung zu glauben, dass Gott irgendwie von uns getrennt wäre.

Das Wort „Gott" ist nicht sehr hilfreich, da es so eng mit dem Wort „Religion" verbunden ist. Wir könnten andere Worte dafür finden – in Indien wird das Wort „Selbst" verwendet. Ich verwende lieber Begriffe wie „wahre Natur" oder „wahres Wesen". Eigentlich ist es nicht so schwierig, sich an Gott zu erinnern. Natürlich kannst du dich am Abend vor dein Bett knien und ein kleines Gebet zu dem Gott aufsagen, von dem deine Mutter dir erzählt hat, als du ein kleines Kind warst. Aber jetzt bist du erwachsen und du kannst es anders und etwas besser machen.

Für jemanden wie Neem Karoli Baba war alles Gott. Er hatte nicht wirklich eine Lehre. Er saß da in eine Decke gehüllt, vor ihm eine Schar von Menschen aus dem Westen, vielleicht auch ein paar

Inder und er spielte einfach. In diesem Spiel hielt der Verstand der Leute an und sie erlebten tiefe Momente. Ram Dass und Krishna Das sind zwei bekannte Amerikaner, die Zeit mit Neem Karoli Baba verbrachten.

Ich hatte das Glück, ein Freund des Mannes zu werden, der dort für diese Amerikaner übersetzt hat. Ich begegnete ihm, als ich bei Papaji in Lucknow war. Er lebte zufälligerweise auch in Lucknow. Er war ein bemerkenswerter Mann. Ich erinnere mich, dass er ein großes Herz hatte. Dies ist eines der schönen Dinge, denen wir begegnen, wenn wir nach Indien gehen – wir treffen diese außergewöhnlichen Menschen, die so ganz anders leben als irgendjemand, den wir hier im Westen kennen.

Der wahre Grund, warum wir uns nicht an Gott erinnern können, ist, dass wir uns sehr leicht in bestimmten Strukturen in unserem Verstand verfangen. Deshalb brauchen wir etwas, was uns erinnert, so wie die Selbsterforschung. Sobald du in dieser Essenz verankert bist, sind Gedanken kein Problem mehr. Obwohl wir sagen können, dass der Verstand das Problem ist, ist er auch wesentlich für unser Leben.

Man könnte den Verstand in zwei Bereiche aufteilen. Ein Teil ist der funktionierende, praktische Verstand. Wir brauchen ihn, um den Körper zu bewegen, um Tee zu trinken, um hier zu diesem Haus zu kommen, musstest du natürlich auch deinen praktischen Verstand benutzen. Du hast entschieden: „Ich werde nicht laufen. Ich werde nicht auf meinem Pferd reiten. Ich werde nicht mit meinem Fahrrad fahren, ich nehme das Auto." Danach musst du nicht mehr darüber nachdenken und dieser Teil des Verstandes kann wieder zur Ruhe kommen.

Dann gibt es diesen anderen Teil, den denkenden oder konditionierten Teil des Verstandes. Während du hier sitzt, erinnerst du dich vielleicht, dass du zuhause den Ofen nicht ausgemacht hast und fragst dich, ob mittlerweile das ganze Haus brennt. Wie kannst du hier ruhig sitzen, wenn es sein könnte, dass das Haus brennt, obwohl das nicht sein kann, da du ja den Ofen ausgemacht hast, bevor du das Haus verlassen hast.

Es gibt viele Dinge, über die man sich Sorgen machen kann: „Wie werde ich meine Telefonrechnung bezahlen?" Heutzutage gibt es außerdem eine permanente Ablenkung durch die modernen Technologien und sozialen Medien. Es gibt immer etwas, das uns davon abhält, wirklich hier zu sein. Dieses andauernde Denken, der geschäftige Verstand, der nicht wirklich viel zu unserem Leben beiträgt, ist zu einer Angewohnheit geworden. Vielleicht ist er zu einer Angewohnheit geworden, weil wir Angst vor der Stille haben. Während du hier sitzt, könnte dein Verstand völlig still sein. Wir brauchen fast nichts vom Verstand, aber normalerweise ist er leider nicht leer, nicht still.

Der Verstand ist ein wunderbarer Assistent, aber ein furchtbarer Chef. Wenn du in deiner Essenz leben kannst, dann ist die Essenz der Chef, der dein Leben lenkt. Er sagt dir, wann du nach links oder rechts gehen sollst, wie ein Navigationssystem. Navigationssysteme sind mit einem Satelliten verbunden. Dieses Navigationssystem ist mit allem verbunden, es ist eine Art universelle Weisheit. Wenn du dich dieser universellen Weisheit hingeben kannst, kannst du ihr dein ganzes Leben lang folgen. Dann kannst du dich entspannen; du gibst dich in die Gottes Hände.

Ja zum Leben sagen

In seinem Buch *Eine neue Erde* legt Eckhart Tolle dar, dass es für die Weiterentwicklung des Planeten zunächst für jedes Individuum notwendig ist, sich selbst zu transformieren und bewusster zu werden. In dem folgenden Auszug beschreibt Eckhart schön und einfühlsam die einfache Wahrheit menschlichen Leidens.

Sag zum jetzigen Moment immer „ja". Was könnte nutzloser, verrückter sein, als einen inneren Widerstand zu schaffen gegen das, was gerade passiert? Was könnte verrückter sein, als sich gegen das Leben selbst zu stellen, das jetzt und immer jetzt ist? Gib dich dem hin, was ist. Sag „ja" zum Leben – und beobachte, wie das Leben plötzlich für dich arbeitet und nicht gegen dich.

Eckhart Tolle

> *Lieber John David,*
> *ich frage mich wirklich, was es in der Praxis bedeutet, „ja" zum Leben zu sagen. Bedeutet es, dass man unbedingt zu allem „ja" sagt, was Menschen von einem fordern? Und dann erinnere ich mich an das, was Byron Katie sagte:* „Manchmal sage ich nein und das ist ein ja zu mir selbst."

Das ist richtig. Ja und nein beziehen sich immer auf die innere Wahrheit. Normalerweise handeln wir aus unseren inneren Strukturen heraus, bis wir irgendwann eine gewisse Ebene der Erkenntnis und der Offenheit erreichen. Wenn ich nein sagen will, ist das im Verstand wahrscheinlich nur ein „Nein-Programm" und kommt vermutlich nicht von einem tiefen Ort. Häufig kommt ein Nein nur als Reaktion und nicht aus einem tief empfundenen Gefühl, dass du das nicht machen solltest.

In unserem täglichen Leben agieren wir oft nur reaktiv. Mit reaktiv agieren meine ich, aus einer alten Geschichte heraus zu handeln. Vielleicht haben wir uns früher mit unserem Vater gestritten, weil er etwas nicht so Nettes gemacht hat. Wir haben beschlossen, dass wir ihn nicht mögen und sagen deshalb immer nein zu ihm. Nun wird jede Situation, die das alte „Nein zu Papa“ auslöst, ein nein bekommen, da wir nur reagieren, anstatt die Situation ausreichend in uns hineinzulassen und dann eventuell „nein danke” zu sagen. Meist kommt die Reaktion sehr schnell. Doch für eine tiefer erwogene Antwort brauchen wir eine kleine Pause.

Ja, ich verstehe. Es könnte ebenso bedeuten, dass das Bejahen von vielen Dingen auch eine Art „Nein“ darstellt.

Wenn du im ja lebst, dann lebst du eine Offenheit und eine Entspannung, die du im Körper spüren kannst. Nein ist ein Verschließen, ein Zusammenziehen. Du kannst das ebenfalls in deinem Körper spüren. Wenn du sensibel und gewahr genug bist, kannst du dieses Zusammenziehen und Öffnen erkennen, während es geschieht. Im Westen wird viel über Stress geredet; das ist genau dieses Zusammenziehen. Es geschieht aus einer Situation heraus, in der es eine Menge Widerstand gegen das gibt, was geschieht.

Warum gibt es heutzutage so viele Krebserkrankungen im Westen? Was ist der Unterschied zu einer alten, natürlicheren und einfachen Lebensweise? Es ist der Stress! Vielleicht lebten unsere Großväter in einer kleinen Stadt und sind zu Fuß zu ihrem Büro gelaufen, wenn es ein Büro gab. Heute hetzen wir zur U-Bahn. Vor einigen hundert Jahren gab es keine Werbung, aber heute werden wir, wo immer wir auch hingehen, mit irgendeiner Information bombardiert. Unsere Sinne sind total überlastet und es gelingt uns nicht, entspannt zu bleiben.

Wir sind gestresst, und wenn wir immer in Anspannung leben, ist es nicht überraschend, dass der Körper mit Krebs oder einem Herzinfarkt oder Schlaganfall reagiert. Es sieht so aus, als ob das alles moderne Gesundheitsprobleme sind.

Bei Hingabe geht es darum, den Moment zu akzeptieren, und alles, was mir als „Ich“ vertraut ist, unablässig der Existenz hinzugeben. Es ist ein Hinwegschmelzen von dem, der weiß, von dem, der urteilt, von dem, der etwas macht.

Normalerweise leben wir von Augenblick zu Augenblick in unserem Ego mit all seinen Ideen, Wünschen und Urteilen. Wir nähern uns dem Leben aus dem konditionierten Verstand heraus, mit seiner Anhaftung an alle möglichen Dinge. Das nennen wir das Ego. Ein anderer Ansatz ist der Weg des Herzens. Hierbei geht es darum, diese ganze persönliche Geschichte aufzugeben.

Wenn du das Leben von deinem persönlichen „Ich" aus betrachtest, ist es schwer, überhaupt zu sehen wie es funktioniert, weil wir alle darauf konditioniert wurden, unser Leben von der Festung des Ego aus zu leben – Ich! Ich! Bei der Hingabe geht es darum, in jedem Moment ja zu sagen und zutiefst zu akzeptieren was ist.

Indem du dich langsam zu einer tieferen Hingabe hinbewegst, erfährst du, wie dein Herz sich öffnet. Wenn das Herz sich öffnet, entsteht mehr Vertrauen, und wenn es mehr Vertrauen gibt, kann tiefere Hingabe geschehen. Der Weg zur Wahrheit ist sehr schön. Das ist der Grund, warum wir uns zu Orten wie Indien, Sri Lanka und anderen asiatischen Ländern hingezogen fühlen. Hingabe und Akzeptanz haben in diesen Gesellschaften eine große Bedeutung. Mittlerweile ändert sich das, aber in der Regel akzeptieren die Menschen das, was ist. Natürlich kann das für den westlichen Verstand sehr frustrierend sein, denn wenn dein Auto heute nicht fertig wird, sagen sie zu dir: „Na ja, wir werden es morgen machen." Und vielleicht schaffen sie es morgen wieder nicht und dann erzählen sie dir, dass es noch ein paar Tage dauern wird.

Vielleicht gibt es für den westlichen Verstand einen weiteren Aspekt, warum wir dieses Wort „Hingabe" falsch verstehen. Oft verbinden wir damit die Vorstellung, dass wir uns jemandem unterwerfen müssen. Wir haben mit Stalin, Mao und Herrn H. keine guten Erfahrungen gemacht, und wenn der Gedanke an Hingabe aufkommt, beunruhigt uns das.

Jedoch wird Hingabe hier missverstanden, da ich von der Hingabe an etwas in dir spreche. Es geht nicht darum, sich jemandem im Außen zu unterwerfen. Es geht darum, das zu akzeptieren, was das Leben bringt – ohne eine Vorstellung oder Beurteilung durch das Ego.

Der westliche Verstand glaubt, dass Hingabe sich auf eine Sache oder auf jemanden im Außen bezieht. Es geht aber darum, das zu akzeptieren, was das Leben bringt – ohne ein Urteil des Egos. Kein Urteil von „mir“, kein „Ich weiß es am besten!“ Am Anfang ist es nicht so leicht, du musst es einfach einmal versuchen. Wenn die Hingabe tiefer und tiefer wird, ist das wunderschön, weil es so viel leichter wird, zu akzeptieren, was geschieht. Das Ergebnis dieser Hingabe ist, dass sich das Herz öffnet und wenn das geschieht, fühlst du eine unglaubliche Leichtigkeit.

Sei wie du bist

Heute Abend haben wir ein weiteres Zitat von Paul Lowe, der mit seiner ihm typischen Art direkt den Kern der Sache trifft.

Unser ganzes Bestreben ist Veränderung. Du betest um Veränderung. Du besuchst Gruppen zur Veränderung. Du wirst zum Schüler und folgst einem Guru für Veränderung. Immer geht es darum sich zu verändern. Immer geht es darum, besser zu sein. Es geht immer darum, der zu sein, der du nicht bist. Glaub mir, du kannst dich selbst nicht verändern. Das ist unmöglich. Die ganze Problematik, warum du dein volles Potential nicht entfalten kannst, warum du nicht in Schönheit, Ruhm und Licht badest, kommt daher, dass du nicht sein willst, wer du bist. Du möchtest anders sein.

Paul Lowe

> *Lieber John David,*
> *ich habe Verständnisprobleme bei dem Thema Veränderung. Ich verstehe, dass die wahre Veränderung kommt, wenn die Identifikation mit den Gedanken und all den Dingen, die mich normalerweise festhalten, in sich zusammenbricht. Davon hatte ich Einblicke. Aber im täglichen Leben ist es wirklich nicht einfach, zu dieser Transzendenz zurückzufinden und ich spüre sehr stark, dass ich verkehrt bin und mich verändern sollte. Kannst du bitte etwas sagen über deine Sichtweise der Botschaft „Sei wie du bist"?*

Das ist ein interessantes Zitat. Es weist auf eine tiefe Akzeptanz deiner wahren Natur hin, bei der es sich um das Selbst handelt oder um die Stille, die da ist, wenn die Gedanken still werden und wir uns nicht mit ihnen identifizieren. Das ist das Ziel unseres spirituellen Lebens – völlig das zu sein, was wir sind. Du sagst, dass du dich im täglichen Leben verurteilst, dass du nicht okay bist und dass du dich verändern solltest. Wie Paul Lowe sagt, ist dies eine verbreitete Vorstellung unter spirituell Suchenden, und es ist ein subtiler Fehler, denn diese Vorstellung von Veränderung impliziert, dass ich mich verändern werde, weil ich nicht glaube, dass ich so okay bin, wie ich bin.

Das ist eine unglaublich egoistische Vorstellung. Gott, die göttliche Weisheit, hat dich in eine bestimmte Situation gebracht und du lehnst sie ab, du willst sie verändern. Es ist subtil, weil du gleichzeitig diese tiefe Priorität oder Sehnsucht hast, Selbsterkenntnis zu erlangen, um dann darin zu leben. Weil du dich selbst als noch nicht erwacht ansiehst, denkst du, dass du etwas verändern musst, um irgendwann in der Zukunft zu erwachen. Das ist paradox! Eine Veränderung muss geschehen, aber du kannst diese Veränderung nicht machen, da das „du", das sich selbst erkennen möchte, nicht existiert. Dieses „du" ist in Wahrheit eine Illusion. Du bist eine Kreation deines konditionierten Verstandes. Du identifizierst dich mit deinem konditionierten Verstand, und dieses „du" existiert einfach nicht. Du glaubst, es existiert, und daher glaubst du auch, dass du dich verändern kannst, so dass du schließlich eines Tages sein kannst, wie du bist. So wird das Leben natürlich sehr kompliziert.

Manchmal treffe ich spirituelle Sucher, die ich vor vierzig Jahren kennen gelernt habe und die immer versuchen, sich zu verändern. Ja, etwas ist anders, aber im Grunde gibt es keine Veränderung. Die Vorstellung von Veränderung ist eine völlig falsche Idee, da es niemanden gibt, der sich verändern kann.

Es gibt einen anderen Zugang zum Leben. Ein inneres Verlangen oder Streben danach, sich selbst zu erkennen, nicht mehr an den Gedanken anzuhaften. Du erkennst, dass du gerade völlig mit dem falschen Selbst identifiziert bist, mit dem illusorischen Selbst, und dass du in deinem Leben deine eigene Seifenoper ausagierst. Du akzeptierst dich, das falsche Selbst, so wie du bist. Eine tiefe Selbstakzeptanz, dass du in diesem Moment ganz genau so bist, wie du sein sollst, dass du genau an dem Platz bist, an dem du sein sollst, und dass du ganz genau das machst, was du tun sollst. Erlebe, wie die Dinge sich verändern. Aber sie verändern sich nicht, weil du sie veränderst. Veränderung geschieht einfach, und wenn du das Verlangen hast, dich selbst zu erkennen, wird es eine Veränderung in die Richtung geben, die dich zu dieser Selbsterkenntnis führt.

Das Leben hat die Tendenz, dir genau das zu geben, was du möchtest. Wenn du reich werden möchtest, kannst du reich werden. Wenn du dich selbst erkennen möchtest, kannst du dich selbst erkennen. „Sei wie du bist" ist eine Einladung, dich selbst genauso zu akzeptieren, wie du in diesem Moment bist, ohne dich selbst zu verurteilen. „Ich bin so, wie ich bin, nicht okay, ich muss mich verändern." Das ist eine völlig falsche Art zu denken und es wird nichts geschehen, außer dass du dich ständig selbst unglücklich machst. So kannst du dich nicht verändern, du kannst sehen, dass du schon sehr lange Urteile über dich fällst und sie dir nicht viel gebracht haben.

Meine Empfehlung ist, dich in diesem Moment ganz genau so zu akzeptieren, wie du bist und gleichzeitig das Ziel oder das Verlangen zu haben, Selbsterkenntnis zu erlangen. Wenn wir uns in diesem Moment akzeptieren können, entdecken wir plötzlich, dass das Leben sehr viel einfacher wird, da wir den Geschehnissen des täglichen Lebens keine Philosophie oder Vorstellung darüber hinzudichten, wie wir gerne wären.

Hingabe geschieht einfach

Ich habe viele Jahre in Indien gelebt und lehre die spirituelle Weisheit, die dort seit Jahrhunderten weitergegeben wird. Mahatma Gandhi ist eine sehr ungewöhnliche und einzigartige Persönlichkeit. Er hat mich zutiefst dadurch beeindruckt, dass er die Personifizierung der alten Lehren auf der politischen Bühne war. Im Angesicht der von den Briten ausgeübten Gewalt blieb er unerschütterlich seiner Philosophie der Gewaltfreiheit treu.

Hingabe bedeutet, jeden Moment so zu leben, als hätte Gott ihn dir geschenkt. Was auch immer geschieht, mit allem, was dir im Leben gegeben wird, lebe so, als wäre dir alles von Gott gegeben.
Mahatma Gandhi

Lieber John David,
so oft wollte ich mich hingeben, aber ich muss sagen, ich habe es versucht und nichts ist geschehen. Eines Tages traf ich eine Freundin und sie sagte, dass es bei ihr genauso gewesen sei, und sie sei deshalb in ihr Bett gegangen und habe mit Gott gesprochen. Sie sagte, dass sie sich hingeben wollte und am nächsten Tag verschwand jeder emotionale Schmerz. Es war wie ein Wunder.

Deshalb frage ich mich, ob es für diese Sache mit der Hingabe ein Geheimnis gibt, wo dann der ganze Schmerz verschwindet.

Wir sind fast alle total damit identifiziert, uns als eine getrennte Person zu sehen. Diese getrennte Person wurde langsam über viele Jahre hinweg erschaffen. Wir haben uns diese Person jedoch nicht bewusst ausgesucht. Er wurde uns sozusagen von unserer Familie und der Gesellschaft gegeben oder aufgezwungen.

Allmählich, ohne es zu bemerken, haben wir eine bestimmte Vorstellung von uns selbst entwickelt, und diese Vorstellung nennen wir „Ich". Wenn du sagst, „Ich" habe versucht mich hinzugeben, sprichst du aus der Perspektive von demjenigen, der über lange Zeit erschaffen wurde – er möchte jetzt wissen, wie man sich hingibt. Dieser Jemand ist nur ein Bündel von Ideen und Konditionierungen – ein Konstrukt, mit dem du dich fälschlicherweise identifiziert hast. Um sich hinzugeben, müsste da Jemand sein, der sich hingibt. Die tatsächliche Wahrheit ist jedoch, dass es da niemanden gibt – es gibt also niemanden, der sich hingeben könnte. Es ist ein bisschen wie mit der Henne und dem Ei. Was war zuerst da?

Im ersten Schritt geht es darum, dieses illusorische „Ich" zu untersuchen. Wenn du dir darüber wirklich klar wirst, wenn du selbst erkennst, dass es keine getrennte Person gibt, und wir alle tatsächlich ein Bewusstsein sind – wenn dies deine Wahrheit wird, dann geschieht Hingabe einfach. Sie geschieht in diesem Augenblick der Selbsterkenntnis.

Danach wirst du von Moment zu Moment erleben, dass Hingabe einfach präsent ist. Es gibt keinen Grund, sich hinzugeben, es ist kein Thema mehr – aber solange du noch immer mit einer getrennten Person identifiziert bist, wird das „Ich" versuchen, sich hinzugeben: „Ich werde mich hingeben, ich muss mich hingeben, ich bereite mich darauf vor, mich hinzugeben." Das wird niemals funktionieren.

Du sagst, dass du unter großem emotionalen Schmerz leidest. Ich kenne dich nicht gut genug, um zu wissen, worum es bei diesem emotionalen Schmerz geht, aber jeder glaubt, dass emotionaler Schmerz sehr persönlich ist, dass er nur ihm geschieht. Tatsächlich ist jeder von emotionalem Schmerz betroffen, und häufig geht es dabei um ein Beziehungsthema, meist eine Situation, in der jemand etwas tut, das du nicht möchtest, oder du dachtest sie liebt dich, und dann spricht sie mit jemand anderem und verliebt sich in diese andere Person. Mit anderen Worten, wenn sich die andere Person nicht so verhält, wie du willst, fühlst du emotionalen Schmerz. Du vergisst dann völlig, dass du zuvor Besitz von dieser anderen Person ergriffen hast. Ich bin Jemand und die andere Person ist Jemand, es gibt also zwei „Jemande" und so weiter und so weiter.

So etwas geschieht ständig – der emotionale Schmerz, die fehlende Hingabe und so weiter. In Wahrheit hast du das Ganze erschaffen. Deshalb musst du sozusagen mit anderen Augen schauen. Du musst noch einmal hinschauen, was wirklich vor sich geht. Du bist eine reife Frucht.

In dieser Hinsicht bin ich schon seit vielen Jahren ziemlich reif.

Richtig, du beginnst dir über diese Trennung klarer zu werden – dass wir tatsächlich unser Getrenntsein selbst kreieren, und dann, nachdem wir die Trennung erschaffen haben, darunter leiden.

Es ist ungefähr so, wie etwas in der Theorie zu wissen und zu wollen, dass es geschieht, und dann geschieht es wirklich.

Ja. Das sind zwei Dinge. Das eine ist, zu verstehen, was geschieht, und das andere ist die Fähigkeit, so zu leben. Es ist schön, intellektuell zu verstehen, wie etwas funktioniert; dann kannst du Philosoph werden. Es ist jedoch nicht sehr hilfreich ein unglücklicher Philosoph zu werden. Wahrscheinlich bist du besser dran, wenn du einfach ein gewöhnlicher, aber glücklicher Mensch bist.

Ich habe gehört, dass du vorhast, einige Wochen hier in der Gemeinschaft zu verbringen?

Ja, das würde ich gern.

Wir laufen hier viel herum und machen alle möglichen Dinge, aber was wir wirklich tun, ist zu versuchen, diese Erkenntnis zu leben. Wir versuchen, von Augenblick zu Augenblick zu leben, von Tag zu Tag, nicht nur zu einem Treffen zu gehen und es als Philosophie zu verstehen.Wir versuchen zu erkennen, wie es im täglichen Leben funktioniert. Daher bist du wahrscheinlich zum richtigen Ort gekommen.

Ja, ich weiß, dass ich richtig bin. Also zu meiner Frage, geht es da nur um Anhaftung? Ich halte an meinem Ego fest, ich halte an meinem Leiden fest, würdest du das sagen?

Ja, im Grunde haftest du der Vorstellung an, eine getrennte Person zu sein. Du machst schon seit einiger Zeit spirituelle Arbeit, und du musst Augenblicke erlebt haben, in denen sich der Vorhang öffnete und du einfach hier warst und du dich plötzlich völlig anders gefühlt hast, weil es so wundervoll war. Es kann sogar ein wenig beängstigend sein. Hast du einen solchen Moment erlebt?

Also, ich hatte fünf Augenblicke in meinem Leben, in denen ich bedingungslose Liebe spürte, reine bedingungslose Liebe. Es gab einen anderen Moment, als ich in Amerika war und alles verschwand, alles vor mir verschwand, sogar meine Hände. Das war plötzlich sehr beängstigend, und so fing ich an mich selbst herauszureden, indem ich mir sagte: „Oh, ich kann das jetzt nicht tun. Ich werde warten, bis die Frau von nebenan zurückkommt und mir dabei helfen kann, es noch einmal zu machen." Ich wollte, dass jemand bei mir ist. Aus Angst habe ich mich selbst zurückgehalten und bin seitdem nicht mehr zurückgegangen. Ich weiß, ich könnte es wieder tun, aber ich tue es nicht.

Im Grunde hat jeder die Möglichkeit, in diesen Raum zu kommen, von dem du sprichst, da er unsere Wahrheit ist. Wir sind alle fähig, zu dieser Wahrheit zu kommen. In der Essenz sind wir alle gleich. Deine Angst, die in diesem Moment hochkam, ist völlig natürlich, da etwas geschehen ist, auf das du absolut nicht vorbereitet warst. Selbst wenn du spirituelle Arbeit gemacht hättest, hättest du vermutlich nicht erwartet, dass deine Hände verschwinden, also war das natürlich ein beängstigender Moment.

Eine Sache, die du aus diesem Moment lernen kannst, ist, dass eine Art Vorbereitung erforderlich ist. Das, was du beschreibst, ist vor zwei Jahren einer Frau aus der Gemeinschaft geschehen. Jemand hatte ein iPhone dabei und konnte ihre unmittelbare Reaktion filmen. In den nächsten neun Monaten haben wir sie begleitet. Sie war in der Lage, sich darüber zu unterhalten und die verschiedenen Dinge zu beschreiben, die mit ihr in dieser Zeit geschehen sind, und wir haben daraus den Film *Satori* gemacht.

Sie lebte damals seit vier Jahren in der Gemeinschaft und schon bevor sie mir begegnet war, hatte sie energetische Öffnungen, wie du sie beschreibst. Ich glaube nicht, dass sie das ängstigte, aber vielleicht wollte sie es einfach verstehen. Dieses Interesse brachte sie hierher.

Was ich sagen will, ist, dass sie mehrere Jahre an Vorbereitung hatte. Sie hatte Yoga gelernt und regelmäßig meditiert. Ihre Hände begannen zu zittern und sie fing an zu lachen und zu weinen. Sie machte es nicht, es geschah einfach mit ihr. Eine sehr starke Energie hatte von ihr Besitz ergriffen, und sie war in der Lage, dem, was mit ihr geschah, zu vertrauen. Diese Momente sind der Grund, warum wir diese Gemeinschaft haben, nicht um zu philosophieren. Eine Philosophie fühlt sich sehr sicher an, weil du nur darüber nachdenkst, aber niemals wirklich zulässt, dass sie dein Leben berührt.

KAPITEL 7

Das Selbst

Das Selbst ist alles und das Selbst ist nichts. Das Selbst ist vollständig. Es existiert nur göttliche Verspieltheit, dein ganzes Leben wird transformiert, da du nicht länger nach etwas suchst. Du weißt, dass du alles hast, und alle Wünsche fallen einfach weg. Es gibt eine enorme Zufriedenheit, Frieden und eine große Entspannung.

Das Selbst

Wenn ein Moment der Selbsterkenntnis geschieht, wird es im Bruchteil einer Sekunde kristallklar – es hat niemals eine Trennung gegeben. Wir waren immer die Wahrheit, nach der wir uns so tief gesehnt haben und wir haben unser Leben gewidmet, sie zu finden. Sie ist immer schon in uns gewesen, tatsächlich sind wir das. Wir sind von nichts getrennt.

In diesem Verständnis leben wir unser Leben, in dem Bewusstsein, dass der gegenwärtige Moment alles ist, was wir haben, und dass sich das große göttliche Spiel der Existenz von Moment zu Moment entfaltet.

Die Last des Verstandes und die Ketten unserer Konditionierung wurden als falsch erkannt, wir sind erleichtert und leben in unserem wahren Wesen.

Das Leben ist ein Wunder

Wir haben hier ein sehr schönes Zitat von Deepak Chopra, jemanden, den wir bereits kennengelernt haben, und auf den ich zurückkommen möchte, da er immer in einer Weise schreibt, die die feinsten Erfahrungsebenen auf der spirituellen Reise ausdrückt.

Laut* Vedanta *gibt es nur zwei Anzeichen der Erleuchtung, nur zwei Hinweise darauf, dass in dir eine Transformation zu einem höheren Bewusstsein stattfindet.

Das erste Anzeichen ist, dass du aufhörst, dir Sorgen zu machen. Die Dinge behelligen dich nicht mehr. Du wirst unbeschwert und voller Freude. Das zweite Anzeichen ist, dass es in deinem Leben mehr und mehr bedeutungsvolle Zufälle und mehr und mehr Synchronizität gibt. Und das beschleunigt sich bis hin zu dem Punkt, wo man das Wunder erlebt.

Deepak Chopra

> *Lieber John David,*
> *ich finde dieses Zitat sehr schön, weil es genau das ist, was ich immer mehr in meinem Leben beobachte. Die wunderbaren Dinge sind eigentlich die ganz einfachen, aber irgendwie haben sie eine tiefgreifende Bedeutung – dass es nur eine wahre Macht gibt und diese die ganze Existenz leitet. Es ist schön, das zu erleben, aber es ist auch interessant zu fragen, warum das Leben so wunderbar ist.*

Das ist ein besonders schönes Zitat. Ich kann das auch aus meiner eigenen Erfahrung bestätigen. Du interessierst dich dafür, warum das Leben so wunderbar ist und ich frage mich, womit du es vergleichst. Wir haben ja nur dieses Leben, so wie wir es vorfinden. Morgens öffnen wir unsere Augen und: Wow! Da erscheint eine ganze Welt, und während die Jahre vergehen, kann ich sehen, dass ich das Wunderbare immer öfter in jeder Kleinigkeit finde.

Wenn man nicht jede Situation beurteilt, sich mit ihr identifiziert und Erwartungen an sie hat, machen wir die Erfahrung, dass nichts ein Problem ist, niemand ist eine Bedrohung. Wer ist da, um sich bedroht oder ängstlich zu fühlen? Jeder Moment ist wie ein unbeschriebenes Blatt.

Ich habe in unterschiedlichen Ländern gelebt – etwa fünf Jahre in Australien und sieben in Indien. Jetzt bin ich seit vierzehn Jahren in Deutschland und als ich jünger war, lebte ich vier Jahre in Japan. Ich bin in Wales geboren, hatte einen walisischen Vater und verbrachte dreißig Jahre in England. Zwei kurze Jahre lebte ich in den Vereinigten Staaten, die meiste Zeit davon in Kalifornien. Das war sehr interessant, denn jedes Land hat ein neues Kapitel in meinem Leben geöffnet.

Als ich in Deutschland ankam, hatte ich fünftausend Euro minus. Ich hatte einen großen Koffer und kaum Perspektiven. Ich erinnere mich, dass ich in der kleinen Stadt, in der ich anfangs lebte, einen Spaziergang machte und ich entdeckte, dass eine Tasse Kaffee das gleiche kostete wie eine ganze Mahlzeit in Indien. Das war ein Schock und ich konnte mir nicht vorstellen, wie es funktionieren sollte. Doch es hat funktioniert, aber nicht, weil ich persönlich etwas dafür getan habe.

Dann sind die unterschiedlichsten Dinge einfach geschehen und soweit ich das sehen kann, ist das das Wunder des Lebens. Jetzt bin ich nicht mehr fünftausend Euro im Minus. Ich habe ein schönes Auto, ein paar Computer und bin mit drei Gemeinschaften beschäftigt. Das gibt mir die Möglichkeit, zwischen der Ukraine, Spanien und Deutschland hin und her zu fliegen. Ich habe wirklich ein wundervolles Leben.

Es geschehen alle möglichen Wunder. Wie du siehst, bin ich ziemlich alt, aber ich habe zwei Babys, zwei kleine Mädchen. Letzte Nacht schlief ich neben einer von ihnen. Vor dem Einschlafen und als ich aufwachte, schaute ich dieses winzig kleine Geschöpf an. Sie ist so unschuldig und so schön und es war, als würde ich neben Gott schlafen. Dies ist für einen alten Kerl wie mich ein erstaunliches Wunder.

Auf jeden Fall finde ich das, was Deepak Chopra hier sagt, sehr schön, weil ich den Eindruck habe, dass es wirklich wahr ist. Durch die Interviews für das Buch und den Film *Facetten des Erwachens* hatte ich Gelegenheit, mit vielen erwachten indischen Lehrern Zeit zu verbringen. Die meisten von ihnen hatten mit vielen Menschen zu tun und auch mit den unterschiedlichsten Belastungen, die damit verbunden sind. Die Qualität, die ich bei fast allen spüren konnte, war eine Leichtigkeit in dem, wie sie mit ihrem Leben umgingen. Trotz der Belastungen waren sie sehr entspannt, glücklich, offen und im Augenblick ruhend, während sie sich mit den Situationen befassten, die anstanden.

Natürlich hat jeder von ihnen einen anderen Charakter. Aber wie Deepak hier sagt, haben sie gemeinsame Merkmale – sie sind leichten Herzens und voller Freude. Sie sorgen sich nicht um die Bezahlung der Stromrechnung, sie vertrauen und gehen von Augenblick zu Augenblick mit dem Fluss des Lebens.

Wenn du das Selbst wirklich kennst, dann lebst du dein Leben in dem Wissen: „Ich bin das Selbst“, und dann entsteht eine große Spielfreude. Du bist glücklich, alleine zu sein und genauso glücklich, einen betriebsamen Ashram zu leiten. Du kannst die Stromrechnung bezahlen oder in Meditation sitzen. Das Selbst ist alles und das Selbst ist nichts. Das Selbst ist vollkommen.

Präsenz und Bewusstsein

Eckhart Tolle ist vielleicht am meisten bekannt für seinen direkten Verweis auf die Gegenwart, dafür voll und ganz im „Hier und Jetzt" zu sein und zu wissen, dass das die einzige Wahrheit ist. Seine bekanntesten Bücher sind *Jetzt – Die Kraft der Gegenwart* und *Eine neue Erde*. Ich würde gerne ein weiteres Zitat von ihm vorlesen.

Sobald du den gegenwärtigen Augenblick ehrst, löst sich alle Traurigkeit und Anstrengung auf, und das Leben fängt an, mit Freude und Leichtigkeit dahin zu fließen. Wenn du aus dem Bewusstsein des gegenwärtigen Augenblicks handelst, wird alles, was du tust, in ein Gefühl von Sorgfalt und Liebe eingebettet sein – auch die einfachste Handlung.

Eckhart Tolle

> *Lieber John David,*
> *ich kann mir vorstellen, dass das Leben nach dem Erwachen sehr einfach sein wird, weil die Wahrnehmung des Persönlichen nicht mehr so vorherrschend ist. Der Verstand wandert nicht in die Vergangenheit oder in die Zukunft und so wird der gegenwärtige Moment zum Mittelpunkt und zum Absoluten – was auch immer geschieht: Einfaches oder Erstaunliches.*

Du sagst: *„Ich kann mir vorstellen, dass nach dem Erwachen das Leben ganz einfach sein wird."* Es ist nicht möglich, sich das vorzustellen. Du kannst es dir vorstellen, aber es wird nicht so sein, wie du es dir vorstellst, das kann ich dir versprechen. Wenn du selbstverwirklicht, erwacht bist, identifizierst du dich nicht mit dem falschen „Ich", mit dem Film, mit dem Ego. Das macht alles viel, viel einfacher.

Aber ich glaube nicht, dass Eckhart Tolle hier über Selbstrealisierung spricht. Er spricht über die Möglichkeit, dein

Bewusstsein so weit zu entwickeln, dass du in der Lage bist, klar zu sehen, was gerade los ist. Jeder hier kann sehr leicht sehen, was da drüben geschieht. Wir können alle sehen, dass dort ein Feuer brennt. Überhaupt kein Problem. Das ist sehr leicht. Das ist einfaches Gewahrsein. Aber wenn wir anfangen, dieses Gewahrsein auf uns selbst zu richten, dann wird es viel schwieriger.

Eckhart sagt, dass wir einfach präsent sind, solange wir nicht daran denken, was in der Vergangenheit geschehen ist oder uns in Hoffnungen und Ängsten über die Zukunft verlieren. Wenn wir im gegenwärtigen Moment bleiben, werden sich Traurigkeit und Anstrengung auflösen. Er spricht nicht über Erwachen oder Selbstrealisierung, sondern nur über etwas ganz Einfaches, das geschieht, wenn man achtsam genug wird. In diesem Gewahrsein merkst du, wenn du in die Vergangenheit oder in die Zukunft abschweifst und deshalb bleibst du präsent.

Wenn wir wirklich präsent sind, dann hält der Film, der normalerweise vor sich geht, an und auch die vielen Gedanken, die in unserem Kopf umherschwirren. Oder sie werden zumindest sehr ruhig. Wenn wir in dem gegenwärtigen Augenblick ankommen können, werden sich *„Traurigkeit und Anstrengungen auflösen"*, weil sie ganz von unserer Anhaftung an das falsche „Ich" abhängen.

Er fährt fort: Wenn wir ganz im jetzigen Moment sind, dann wird alles, was wir tun, durch die Kraft unseres Gewahrseins und die Fähigkeit zu sehen, was vor sich geht, *„in Sorgfalt und Liebe eingebettet sein – sogar die einfachsten Handlungen."*

Die einfachsten, alltäglichen Aufgaben können aus dem Gewahrsein des Augenblicks ausgeführt werden und bergen die Möglichkeit, das Leiden zu durchbrechen. Fahrrad zu fahren erfordert gerade genug Aufmerksamkeit, um dich präsent zu halten. Erlaube dir, still zu werden und in dieser Stille verschwinden die Gedanken. Nimm in diesem Gewahrsein die Bewegung der Pedale und den Wind auf den Wangen wahr.

Einfache alltägliche Aufgaben, normale Tätigkeiten, wie Gemüse schneiden, den Boden wischen oder das Bett machen, verlangen etwas Aufmerksamkeit, sind jedoch nicht sehr anspruchsvoll. Diese Aufmerksamkeit ist gerade genug, um präsent zu bleiben, und du gewinnst ein besseres Selbstgewahrsein.

Vor Jahren habe ich Osho zugehört, wie er darüber sprach. Er erzählte, dass er als Student Holzschuhe trug. Wenn man damit auf Steinboden geht, machen sie ein „Klack-Klack-Klack"-Geräusch. Er hatte diese Schuhe bewusst angezogen, weil er mit diesem Geräusch bezwecken wollte, präsent zu bleiben. Er war sich des Geräusches bewusst, er fokussierte sich darauf und das lehrte ihn Achtsamkeit. Man kann die Kraft des Verstandes gemeinsam mit der Kraft des Seins nutzen, um sich seiner selbst gewahr zu werden.

Ich war ihm dafür sehr dankbar. Als ich zu ihm kam, wusste ich nichts über Achtsamkeit. Ich wusste überhaupt nichts. Doch im Laufe der Jahre, die ich mit ihm verbrachte, hat sich mein Gespür dafür allmählich ganz gut entwickelt. Du könntest zum Beispiel jetzt einmal überlegen, wo du heute Abend deine Schuhe hingestellt hast? Wahrscheinlich sind sie unten bei den anderen Schuhen. Sind sie im oberen oder unteren Regal, auf der linken oder der rechten Seite? Das ist ein schöner Test für deine Achtsamkeit.

Wenn du keine Ahnung hast, wo du deine Schuhe gelassen hast, dann bist du nicht sehr achtsam. Jeder Tag bietet viele solcher Möglichkeiten, bei denen du üben kannst. So wie Osho mit seinen hölzernen Schuhen, kannst du deine eigenen Methoden finden, um deinen Sinn für Achtsamkeit zu schulen.

Sobald du anfängst präsent zu sein, wird sich das um ein Vielfaches verstärken und wird dich immer weiter und weiter führen. Vor wenigen Tagen, als ich die Gemeinschaft in Tripillya in der Ukraine verließ, habe ich dazu ein lustiges Beispiel erlebt. Alle, die dort waren, kamen, um mich zu verabschieden und wir dachten: Hey! Wir machen ein Foto. Da stand ein schöner Baum, der gelbe Blätter hatte, und wir wollten ein Foto von uns vor diesem Baum machen. Da wir alle auf dem Bild sein wollten, fragten wir uns, als wir da standen: Wer wird das Bild machen?

Dann erinnerte ich mich daran, dass ein Mann, den ich ein paar Monate zuvor getroffen hatte, dort als Tischler beschäftigt war. Er arbeitete in der Nähe, und so riefen wir ihn an und baten ihn, das

Foto zu machen. Mir fiel ein, was für ein toller Kerl er war. Seine Art zu arbeiten beeindruckte mich und auch, dass er bei dem, was er tat, sehr präsent war. Und plötzlich – ich bin mir nicht sicher, ob es mit Kreativität zu tun hatte oder mit Präsenz – kam mir die Idee, ihn in die Gemeinschaft nach Denia in Spanien einzuladen. Er könnte dort helfen Zimmer zu bauen, die dort benötigt werden.

Dann führte eins zum anderen ... „Ah! Wir brauchen noch einen Klempner. Ah! Satva will nach Indien, aber er hat kein Geld. Vielleicht könnte er, im Tausch für die Reise nach Indien, die Klempnerarbeiten übernehmen". Plötzlich hatte ich ein Team von Jungs zusammen, die bereit waren, nach Denia zu fliegen und an diesen beiden neuen Zimmern zu arbeiten. Siehst du, wie diese Dinge geschehen. Sie geschehen aus der Präsenz heraus; es ist einfach Präsenz, Gewahrsein. Da kommt dieser Kerl vorbei und dann: Oh! Ich erinnere mich daran was für ein guter Schreiner er ist. Und von dort geht es weiter. Lernen, wie man achtsam sein kann, wie man einfach hier sein kann, ist eines der größten Geschenke, das man im Leben bekommen kann.

Tod

Robert Adams haben wir bereits in früheren Treffen kennengelernt. Während ich bei Papaji in Lucknow war, las er in seinen Satsangs über einen Monat lang das ganze Buch von Robert *Stille des Herzens* – das war ein riesiges Kompliment an Robert.

Dem* Jnani *erscheinen die weitere Existenz seines Körpers und der Welt als eine Illusion, die er nicht auflösen kann, die ihn aber nicht mehr täuscht. Nach dem Tod dieses Körpers, sowie auch im Leben bleibt er, wo und was er ewig ist, das erste Prinzip aller Dinge und Wesen: formlos, namenlos, unversehrt, zeitlos, dimensionslos und völlig frei. Der Tod kann ihn nicht berühren, Gelüste können ihn nicht quälen, Sünden beflecken ihn nicht. Er ist frei von allem Verlangen und Leiden. Er sieht das unendliche Selbst in allem und alles im unendlichen Selbst, was sein Wesen ist.

Robert Adams

Lieber John David,
kürzlich wurde jemand in meiner Familie schwer krank und war dem Tod nahe. Mir hat das Angst gemacht und ich wurde unglaublich traurig, da ich es entsetzlich fand, dass dieses Familienmitglied sterben könnte. Mir kommt es so vor, dass wir im Westen eine sehr düstere Vorstellung vom Tod haben, obwohl die Realität vielleicht anders ist. Warum haben wir Angst davor?

Satsang weist auf unser Sein hin, das sich niemals ändert. Und mein Sein ist das gleiche wie dein Sein. Es gibt nur ein Sein, nur ein Bewusstsein, ein Gewahrsein. Es ist das ewige Selbst und das ganze Universum. Alles entsteht aus demselben Bewusstsein, demselben Selbst.

Der persönliche Aspekt meines Lebens – meine besonderen Gedanken, Ideen, Urteile – wird über dieses ewige Selbst gelegt. Wir haben uns so mit diesem persönlichen Blickwinkel identifiziert, dass wir oft den Kontakt mit dem ewigen Selbst verloren haben. Tod geschieht in jedem Augenblick. Der alte Moment stirbt und solange wir leben, wird der neue Moment aus einem fortlaufenden Todes- und Wiedergeburtsprozess geboren.

Mein erster spiritueller Meister, Osho, ließ folgendes auf seinen Schrein gravieren: *Niemals geboren, niemals gestorben. Besuchte lediglich diesen Planeten Erde zwischen dem 11. Dezember 1931 und dem 19. Januar 1990.* Immer, wenn ich das las, hat mich das irritiert. Es warf Fragen über den Sinn von Leben und Tod auf.

Wir können den physischen Körper mit unserem Auto vergleichen. Wir kaufen ein schönes, neues, glänzendes Auto, das neueste Modell, wir springen hinein und fahren einige Jahre darin umher. Wird es älter, müssen wir es immer wieder reparieren. Eines Tages ist es kaputt. Und schließlich funktioniert es gar nicht mehr.

Was machen wir dann? Wir gehen los und kaufen ein neues. Wir wiederholen das immer wieder. Wir kaufen die neueste Mode und dann, wenn wir ein Loch im Ärmel haben, reparieren wir es, aber schließlich schauen wir unsere Kleidung an und sagen: „Ok, das war's!" Und wir gehen los und kaufen neue. Das Ein- und Ausatmen von Sauerstoff, der uns das Leben ermöglicht, ist in jedem Augenblick wie Geburt und Tod. Wenn der körperliche Tod letztendlich eintritt, hört das Einatmen auf.

Aber was ist mit dem energetischen Tod? Robert Adams benutzt das Sanskrit-Wort *Jnani*, um jemanden zu beschreiben, der sich selbst verwirklicht hat und in Freiheit lebt, was bedeutet, ohne Verlangen zu leben. Auch gibt es keinen „er" oder „sie" mehr, um zu leiden – niemanden, der sich mit diesem netten, kleinen Film identifiziert, den wir „Mein Leben" nennen. Diese Identifikation ist weggefallen, weggeschmolzen.

Was bleibt, wenn das geschieht? Von außen betrachtet sieht alles gleich aus, aber im Inneren gibt es eine tiefgehende Veränderung, weil die Identifikation von „meinem Leben" zu „meinem Sein" oder einfach nur „Sein" wechselt. Es kommt zu einer tiefen Erkenntnis, dass wir im Wesentlichen das unendliche Selbst und nicht „mein Leben" sind. Dieser energetische Tod ist nicht wirklich ein Tod, weil dieser

Film, mit dem wir so identifiziert waren, niemals existiert hat. Er hat nur scheinbar existiert, da wir so mit einer Illusion identifiziert waren.

Wenn man anfängt dieses Sein zu verstehen, kommt manchmal eine Menge Angst hoch. Kleine Einblicke, die uns zeigen, dass der Film „Mein Leben" einfach dahinschmelzen könnte, können sich wie das Ende unseres Films anfühlen: „Ich werde nicht mehr existieren." Eigentlich hast du nie existiert. Es ist eine Illusion. Über meinen zweiten spirituellen Meister Papaji, gibt es eine sehr schöne Biographie in drei Bänden, mit dem Titel: *Nichts ist jemals geschehen.*

Was bedeutet das: *Nichts ist jemals geschehen*, in drei Bänden? Du öffnest das Buch und erwartest leere Seiten, aber natürlich geht es auf diesen Seiten um den Film von Papajis Leben. Doch Papaji hatte verstanden, dass nichts jemals geschehen war. Er verstand auch, dass es die endgültige Wahrheit ist, dass nichts jemals geschehen ist.

Weil die meisten von uns sich mit vielen Dingen identifizieren, kann das schockierend sein. Als Sri Ramana Maharshi ein Krebsgeschwür an seinem rechten Arm bekam, waren seine Schüler sehr besorgt. Sie stellten ihm unterschiedliche Ärzte und Heilmethoden vor und er erlaubte ihnen geduldig, alles zu tun, was sie vorschlugen, aber nichts schien ihm zu helfen. Schließlich sagten die Ärzte, der einzige Weg sein Leben zu retten, wäre seinen Arm zu amputieren. Da sagte er: „Nein, danke." Es war ihm lieber, der Natur ihren Lauf zu lassen. Er hatte keine Angst vor dem Tod.

Ich hatte meine eigene Erfahrung, bei der ich eine Vorstellung bekam, wie sich der Tod anfühlen könnte. Eines Abends saß ich mit einer Gruppe beim Meditieren. Am Ende der Meditation gingen alle fort, und in diesem Moment bemerkte ich, dass etwas Seltsames vor sich ging, da ich mich nicht richtig bewegen konnte. Niemand bemerkte, dass ich zu kämpfen hatte und alle gingen ihrer Wege.

Ich schaffte es auf die Füße zu kommen und begann hinter der Gruppe herzulaufen. Schließlich fand ich meine Partnerin und sagte: „Hmm ... ich glaube, ich sterbe. Kannst du mich zu einem Arzt bringen?" So wie das Schicksal es wollte, waren wir Teil einer sehr großen Gemeinschaft, in der es auch einen Arzt gab, und deshalb war sie ziemlich entspannt.

Wir kamen zu ihrem Auto und ich spürte, wie sich die ganze Energie aus meinem Körper zurückzog. Natürlich weiß ich nicht, was im Moment des Todes passieren wird, aber ich hatte die Vorstellung, dass es sich so wie dieses energetische Zurückziehen anfühlen würde.

Die Fahrt zum Arzt dauerte ungefähr zehn Minuten. Ich saß im Auto und fühlte mich ganz entspannt. Dann dachte ich an meine Partnerin und ich sah mich, wie ich so etwas sagte wie: „Es tut mir leid, dass ich so viele Umstände mache. Das wird einige Schwierigkeiten mit sich bringen. Das tut mir leid."

Ich hatte jedoch keine Angst. Ich fürchtete mich nicht. Da war einfach nichts. Es war nur sehr friedlich. Und endlich kam ich beim Arzt an. Ich zog meine Kleider aus und legte mich beim Arzt auf die Couch. Er nahm eine Taschenlampe und suchte meinen ganzen Körper nach Zecken ab, die diese Lähmung verursacht haben könnten, und obwohl er nichts fand, war das alles, was er als Ursache anbieten konnte. Nach einer Weile kam ich mir ein bisschen blöd vor, also ging ich nach Hause und dann zu Bett. Am nächsten Morgen war alles wieder ganz normal.

Das war meine Erfahrung mit dem Tod. Es war ziemlich intensiv. Und wenn ich zurückblicke, ist klar, dass der Moment der Realisierung viel kraftvoller war. Ich hatte sie schon seit vielen Jahren gewollt. Ich hatte keine Angst davor, und als es geschah, war es eine starke energetische Explosion, als ob ich durch einen Taifun hochgehoben würde. Es folgte ein Monat mit starken inneren Energieprozessen. Und als ich mit den Füßen wieder auf dem Boden zurück war, kam die Erkenntnis, dass das „Ich" verschwunden war und zum Glück nie wieder zurückgekommen ist. Das ist auch ein Tod. Es ist der Tod des Egos, der Tod der Vorstellung, dass ich ein Mensch bin, der von etwas getrennt ist.

Es gibt eine sehr berühmte Passage in der *Bhagavad Gita,* dem großen indischen spirituellen Text. Es ist der Beginn einer großen Schlacht zwischen zwei Familien. Der König der einen Familie ist *Arjuna*, ein mächtiger Krieger. Als er auf den Kampf wartet, bekommt er plötzlich kalte Füße und sagt zu seinem Wagenlenker *Krishna*: „Ich kann diesen Kampf nicht beginnen. Ich habe viele

Freunde auf der anderen Seite, sogar Familie. Ich kann diesen Krieg nicht beginnen, denn einige dieser Menschen, die mir sehr lieb sind, werden getötet werden." Und dann hält *Krishna* seine berühmte Rede. Er sprach über das Schicksal und drängte *Arjuna* die Schlacht zu beginnen.

Vor ungefähr vierzehn Jahren arbeitete ich an meinem Projekt *Facetten des Erwachens* und bin dadurch etwa zwanzig indischen Meistern begegnet. Einem von ihnen, Thuli Baba, beschrieb ich bei einem Treffen meine Situation. Ich wollte Indien verlassen und nach Europa gehen. Ich hatte diese starke innere Botschaft von Papaji, meinem direkten Meister, dass ich etwas zu tun hätte, dass ich beginnen sollte zu lehren. Ich fragte Thuli Baba, ob er das befürworten würde. Er antwortete mir etwas Schockierendes. Er sagte sinngemäß: „Du solltest nur lehren, wenn du verstehst, dass niemand jemals stirbt."

Ich denke, das ist ein sehr wichtiges Thema, da es nicht so einfach ist loszulassen und das zu akzeptieren. Es scheint normal, dass man Angst vor dem Tod hat, da er mit Verlust verbunden ist.

Diese Angst ist nicht natürlich, weil der Tod des Körpers ein Teil des Lebenszyklus ist.

Wir haben einen natürlichen Instinkt, den Körper am Leben zu halten. Wenn es brennt, dann laufen wir weg, und zugleich wissen wir, dass der Körper altert und irgendwann stirbt.

Das ist nicht immer leicht zu verstehen, denn wenn man nach innen schaut, fühlt man kein Alter.

In unserer Kultur ist etwas Trauriges, Bedrückendes und Dramatisches mit dem Tod verbunden. Gibt es eine Kultur, die den Tod feiert?

Während der ersten Jahre, in denen ich in Indien in Oshos Ashram lebte, starben dort zwei westliche Schüler. Ich war völlig schockiert, denn es gab eine tolle Feier mit Tanz und Gesang und vielen Blumen. Gemeinsam machten wir eine Prozession, um den Körper bis zum Ufer zu bringen, wo er verbrannt wurde. In der Nacht saßen wir beisammen, sangen, tanzten und feierten, und ich konnte das fühlen, worauf du hingewiesen hast. Ich konnte fühlen, dass das anders war als meine Vorstellung vom Tod. Ja, es gibt Kulturen, in denen der Tod gefeiert werden kann.

Ich habe vor kurzem ein Elternteil verloren und dem Tod zu begegnen kann sehr heftig sein und auch sehr schön. Wenn du Zeit mit einer Person verbringst, die stirbt, wirft das die Frage auf: Worum geht es im Leben? Denn in sehr intensiven Momenten kann das unnötige Leiden, das Sich-Sorgen-Machen und Ähnliches komplett verschwinden.

Wenn jemand stirbt, der uns nahe steht, erleben viele Menschen die Möglichkeit einer innigen Begegnung, was im bewegten Lebensalltag nicht immer möglich war.

Ich habe eine Frage. Muss man, wenn man frei werden will, der Angst vor dem Tod begegnen und sie überwinden, da es letztendlich eine Art Tod geben wird?

Nein, das glaube ich nicht. So funktioniert das nicht. Wenn du bewusster wirst, achtsamer, dich selbst mehr beobachtest, kommt es zu einem Moment, in dem du ganz klar erkennst, dass eigentlich gar nichts existiert. Das zeigt sich im natürlichen Fluss des Lebens.

Wir müssen nichts tun. Es sieht so aus, als würden uns spirituelle Praktiken, Bücher und Treffen, so wie dieses hier, Werkzeuge geben, um etwas zu tun. Aber in Wahrheit gibt es nichts zu tun, weil wir schon frei sind. Es gibt nichts zu bekommen. Es geht darum, das zu erkennen. Wir sind immer das Selbst, das ewige Selbst, aber wir vergessen es. Wir schauen in die falsche Richtung und glauben, dass „Ich" mein Leben gestalte.

Wirklich frei

Ich möchte ein Zitat von Sri Ramana Maharshis *Nan Yar – Wer bin ich?* vorlesen. Jeden Januar besuchen wir seinen Ashram in Indien, obwohl er schon verstorben ist. Es ist immer eine sehr schöne Zeit. Wir gehen jedes Jahr dort hin, da wir uns sehr auf Sri Ramanas Lehren fokussieren, und wir genießen die Atmosphäre der indischen Kultur.

Sri Ramana Maharshi wurde gefragt: *„Die nachwirkenden Eindrücke (Gedanken) von Objekten erscheinen endlos wie die Wellen des Ozeans. Wann werden sie alle zerstört sein?"*

Frage 13, Nan Yar

Die Gedanken werden zerstört, wenn die Meditation über das Selbst sich mehr und mehr vertieft.

Sri Ramana Maharshi

> *Lieber John David,*
> *ich verstehe das mit der Zerstörung der Gedanken immer noch nicht richtig. Wenn Gedanken kommen, gibt es auch eine Stimme, die sagt, dass sie zerstört werden müssen. Es wird etwas, das man tun muss. Sollte man sie aus der Entfernung betrachten, um dann die Frage zu stellen: „Zu wem kommen sie", und mit dieser Frage verblassen sie dann, anstatt durch mein Handeln zerstört zu werden?*

Wenn wir glauben, dass wir unsere Gedanken zerstören können, dann gehen wir noch immer von dem Standpunkt des „Ich" aus, von dem Gefühl, dass es jemanden gibt, der den Verstand ruhig machen kann, der sich von allen Gedanken befreien kann. Das ist eine völlig falsche Annahme. Hier im Westen greifen wir diesen Gedanken meist auf und dann wollen wir damit jede Menge machen.

Es gibt dich nicht. Vergiss nicht, es gibt kein „du", niemanden, der irgendetwas zerstören könnte. Gedanken verblassen einfach, es tauchen viel weniger Gedanken auf, und deine Identifikation bewegt sich von den Gedanken zur Quelle der Gedanken, zum Selbst. Wenn du Selbsterforschung praktizierst, verschiebt sich deine ganze Identifikation. Das ist es, was geschieht. Es geht nicht darum, die Gedanken durch dein eigenes Handeln zu zerstören.

In Indien wird immer über die Zerstörung des Verstandes gesprochen. Was sie meinen, ist die Zerstörung des *denkenden* Verstands, nicht die des *funktionalen* Verstandes. Der denkende Verstand ist der Aspekt, der sich stark mit dem „Ich"-Gedanken, mit dem „Ich" identifiziert. Bis die Identifikation mit diesem falschen Selbst oder dem Gefühl von „Ich" gekappt wurde, wird er auch weiterhin an Erfahrungen aus der Vergangenheit festhalten und die alten Filme endlos abspielen. Der funktionale Verstand ist notwendig, um als Mensch zu leben und zu funktionieren. Er macht dir keine Probleme.

Wenn du versuchst, *Advaita* mit deinem Verstand zu verstehen, wirst du viele Fragen haben, aber allmählich fängst du an zu erkennen, dass es nicht wirklich Antworten auf deine Fragen gibt, weil es nicht darum geht, dass dein Verstand irgendeine Antwort versteht. Es geht darum, dass dein Verstand verschwindet! Am Ende wird die Person aufhören Fragen zu stellen, sie wird tiefer in die Stille fallen – und das ist die Antwort auf all ihre Fragen. Die Fragen verschwinden.

Erinnerst du dich, es gibt da einen Moment im *Arunachala-Shiva-Film*, wo ich David Godman interviewe. Er sagt, dass er, als er an der Universität war, sein ganzes Geld für spirituelle Bücher ausgegeben hat, bis er ein Buch über die Lehren von Sri Ramana kaufte. Er sagt: *„Dieses Buch hat alle meine Fragen beantwortet"*, und dann sagt er: *„Nein nein, es hat meine Fragen nicht beantwortet, es hat sie einfach verschwinden lassen. Es hat meine Fragen verschwinden lassen."* Das ist der Unterschied.

Das ist die Schönheit von Selbsterforschung und *Advaita*. Es ist eine sofort wirksame Nicht-Lehre, die deine Identifizierung von außen nach innen, zu deinem Sein leitet.

Es besteht keine Notwendigkeit, etwas Neues von außen zu lernen. Es sagt dir: „Biege nicht rechts ab, biege links ab." Wir sind vollkommen damit identifiziert, immer rechts abzubiegen. Nach links abzubiegen ist nach vierzig Jahren rechts abbiegen nicht so einfach. Und wenn du links abbiegst, „WOW!“ Das ist es. Da gibt es wirklich nichts zu lernen.

Wenn du deine Aufmerksamkeit von den Dramen des Lebens zum Selbst lenkst, beruhigt sich der Verstand. Urteile, Anhaftungen an Philosophien und Vorstellungen fallen weg. Dann bist du offen und es ist sehr leicht, nach links abzubiegen. Du musst kein großer spiritueller Sucher sein, um zu erwachen. Vielmehr werden manchmal Menschen, die viele Jahre spirituelle Übungen gemacht haben, auf bestimmte „spirituelle Ideen“ konditioniert und können nicht nach links abbiegen.

Sri Ramana Maharshi wurde gefragt: *„Können die nachwirkenden Eindrücke von Objekten, die sozusagen aus unendlichen Urzeiten stammen, so aufgelöst werden, dass man als reines Sein zurückbleibt?“*

Frage 14, Nan Yar

Ohne diesem Zweifel nachzugehen „ist es möglich oder nicht?“, sollte man unablässig an der Meditation über das Selbst festhalten. Selbst als großer Sünder sollte man sich nicht sorgen und klagen: „Ach, ich bin ein Sünder, wie kann ich gerettet werden?“ Man sollte vielmehr den Gedanken „Ich bin ein Sünder“ vollständig aufgeben und sich stattdessen intensiv ganz der Meditation über das Selbst widmen; das wird sicher zum Erfolg führen.

Der Verstand ist nicht geteilt in einen guten und einen schlechten Teil; es gibt nur einen Verstand. Lediglich die nachwirkenden Eindrücke* [Gedanken] *lassen sich unterteilen in positive und negative Eindrücke. Wenn der Verstand unter dem Einfluss positiver Eindrücke steht, wird er „gut“ genannt; wird er von negativen Eindrücken beeinflusst, wird er als „böse“ angesehen.

Man sollte dem Verstand nicht erlauben, zu weltlichen Objekten und Angelegenheiten anderer Menschen abzuschweifen.

Wie schlecht andere Menschen auch sein mögen, man sollte keinen Hass gegen sie hegen. Ebenso wie Hass sollte auch Verlangen vermieden werden.

Alles, was man anderen gibt, gibt man sich selbst. Wer wird anderen nichts geben, wenn er diese Wahrheit erst einmal verstanden hat? Wenn das eigene Selbst in einem aufsteigt, steigt alles auf; wird das eigene Selbst in einem still, wird alles still. In demselben Maß, in dem wir uns demütig verhalten, werden wir auch ein gutes Ergebnis bekommen. Ist der Verstand zur Stille gebracht worden, kann man überall leben.

Sri Ramana Maharshi

Sri Ramana Maharshi sagt, dass wir uns keine Gedanken zu machen brauchen, ob es möglich ist oder nicht. Das kommt alles vom denkenden Verstand. Fange einfach mit der Arbeit an. Sogar wenn du ein Sünder bist, kannst du zu deinem eigenen Selbst kommen, denn der Kern von jedem Menschen ist das Selbst.

Der Verstand ist wie ein Müllhalde, auf der es unterschiedlichen Müll gibt. Es gibt keinen guten oder schlechten Müll. Es ist alles nur Müll. Wir glauben gern, dass unser Verstand eine wunderbare Sache ist, mit wunderbaren Gedanken. Denke daran, dass es nicht um gute und schlechte Gedanken geht. Alle Gedanken sind Müll.

Sein Ratschlag, um den Verstand ruhig zu halten, ist, ihm nicht zu erlauben, zu weltlichen Objekten und Angelegenheiten anderer Menschen abzudriften. Das hat natürlich viel mit Wünschen zu tun. Auch in Indien gibt es in den letzten Jahren einen großen Wunsch nach materiellen Dingen, nach Objekten. Jeder ist damit beschäftigt das neueste Auto oder iPhone zu bekommen.

Man kann sich fragen, welche Auswirkungen das hat. Ich komme schon lange hier her, vierzig Jahre, und Indien hat sich unglaublich verändert. Wenn man Inder ist, wird man die Verbreitung von neuen Motorrollern, Autos und Motorrädern wahrscheinlich sehr positiv finden. Aber es hat einen Einfluss auf die Kultur. Soweit ich sehen kann, gibt es nicht mehr so viel Interesse an spirituellen Dingen wie noch vor vierzig Jahren.

Was mir in diesem Jahr in Sri Ramanas Ashram mit Besorgnis aufgefallen ist, ist das Alter der dort wohnenden *Poojaris* (Hindu-Tempel-Priester). Die Männer, die die *Puja* an Ramanas Schrein abhalten, sind sehr alt. Sie haben wahrscheinlich fast ihr ganzes Leben lang gedient – seit sie junge Männer waren oder sogar Jungen. Es gibt einen sehr dicken Mann, den ich seit fünfundzwanzig Jahren dort sehe. Ich habe ihn eines Abends beobachtet, wie er Essen mit nach Hause nahm. Er lebt in einem Ashram-Zimmer. Er hat mir etwas leid getan, da selbst das Gehen für ihn beschwerlich ist. Der ganze Ashram wird alt und ich frage mich, ob neues Blut kommt. Die meisten jungen, bürgerlichen, gut ausgebildeten Inder haben einfach kein Interesse daran. Sie sind damit beschäftigt einen Computer oder ein Auto zu kaufen.

Sri Ramana sagt im letzten Satz etwas ganz Interessantes. Er sagt: *„Je demütiger wir sind, desto besser ist es für uns."* Jesus sagte: *"Die Sanftmütigen werden das Reich Gottes erben."* Sanftmut ist ein altmodisches Wort für Demut. Sowohl Sri Ramana als auch Jesus erinnern uns daran, uns demütig zu verhalten. Es muss einen Grund geben, warum sie das beide sagen. In den letzten zwanzig Jahren des Lehrens habe ich viele Leute kennengelernt, die sich selbst als spirituell fortgeschritten sehen. Sie glauben, dass sie es wissen. Zu denken, dass du es weisst, kann ein Hindernis darstellen, es wirklich zu wissen.

Wenn du demütig bist und unschuldig, ist die Wahrscheinlichkeit größer, dass du offen bist, etwas aufzunehmen. Das ist einer der Gründe, warum es in den meisten Ashrams in Indien etwas gibt, das man *Karma Yoga* nennt. Im Grunde bedeutet das spirituelle Arbeit und es bietet die Möglichkeiten für den Ashram zu arbeiten. Deshalb machen wir in diesem Retreat das Spülen und Aufräumen in der Küche hauptsächlich selber. Wir sind sehr fortgeschrittene, gebildete Leute aus dem Westen, mit Geld, warum sollten wir putzen? Es erinnert dich daran, demütig zu sein, es erinnert dich daran, gewöhnlich zu sein, es erinnert dich daran, dass du nichts Besonderes bist. Niemand ist wichtiger und niemand ist weniger wert. Wenn du zur Wahrheit kommen willst, musst du, was Arroganz angeht, sehr wachsam sein.

Sri Ramanas letzter Satz: *„Wenn der Verstand zur Ruhe gekommen ist, kann man überall leben"*, lehrt uns, dass die Freiheit nicht von Umständen abhängig ist. Als ich Papaji verließ, flog ich nach Australien, wo ich Freunde hatte. Ich hatte ihnen gesagt, wann ich ankommen würde und sie hatten ein Abendessen arrangiert, um mich zu begrüßen. Der Flug ging von Delhi nach Bangkok und sehr früh am Morgen kam ich in Bangkok an. Ich war sehr müde und hatte mir ein paar alkoholische Getränke gegönnt, an die ich nicht mehr gewöhnt war, und bevor mein Flug nach Australien weiterging, hatte ich einen etwa sechs- oder siebenstündigen Zwischenstopp.

Die Fluggesellschaft bot mir ein Hotel an, und in meinem unklaren, ziemlich unbewussten Zustand, benebelt durch Alkohol und Schlafmangel, dachte ich: „Wow! Das ist toll, das mache ich." Also ging ich zur Passkontrolle, und ich wurde sofort verhaftet und landete für einen Monat in einem thailändischen Gefängnis. Das war eine ziemlich harte Erfahrung. Ich erinnere mich, wie ich in Handschellen durch den Flughafen geführt wurde, wobei mein Laptop zwischen meinen Händen baumelte.

Noch eine Minute zuvor hatte ich von einem schönen Thai-Hotelzimmer geträumt und im nächsten Augenblick befand ich mich auf einem Laster mit offener Ladefläche, der mich in die Stadt in ein Gefängnis brachte. Das Leben verläuft nicht immer so, wie du es planst, aber rückblickend ist es sehr interessant, denn ich entdeckte, dass ich trotz der Inhaftierung immer frei war. Das war eine sehr wichtige Entdeckung, und vielleicht war es der Grund, warum ich in das Gefängnis geschickt wurde, genau an dem Tag, an dem ich nach fast fünf Jahren Papaji verlassen hatte.

Im Gefängnis entdeckte ich zwei Dinge: Erstens, ich war auch im Gefängnis frei und zweitens, ich war absolut beschützt. Es war keine sehr schöne Situation, denn ich war umgeben von sehr unangenehmen thailändischen Kriminellen – Vergewaltiger, Mörder und solche Leute. Einer der ersten Schocks war, dass sie meine schöne lange Hose zu Shorts abschneiden wollten. Ich hatte sie wahrscheinlich schon viele Jahre nicht mehr getragen und hatte sie extra angezogen, um nach Australien zu reisen. Und sie sollte abgeschnitten werden! Davor hatten sie mir Mittagessen angeboten. Ich werde das nie vergessen. Es war eine Schüssel Fischsuppe. So hungrig ich auch war, der Geruch war so schrecklich, dass ich sie nicht essen konnte.

Ich hatte große Not. Wie sollte ich dort überleben, wenn ich nicht einmal das Essen zu mir nehmen konnte? Am nächsten Tag kam aus der Menge ein Thai-Mann auf mich zu. Er gehörte der Mittelschicht an, und er wollte sich mit mir anfreunden. Nach einer Weile sagte er: „Weißt du, meine Frau bringt mir jeden Tag Essen. Wenn du willst, kann ich das mit dir teilen." Wow! Dann brachte sie dieses leckere, hausgemachte, wirklich gute thailändische Essen.

Ich war im Gefängnis, aber aß sehr gut. Nach einiger Zeit verlegten sie mich in demselben Gefängnis in ein anderes Gebäude und wieder hatte ich Angst, kein genießbares Essen zu bekommen. Aber dort gab es einen Amerikaner, der schon einige Jahre dort war und angefangen hatte, den Gefängnisoffizieren Englischunterricht zu geben. Dafür durfte er sein eigenes Essen kochen. Er lud mich ein, es mit ihm zu teilen. So entdeckte ich, dass ich auch im Gefängnis frei war und mit allem Notwendigen versorgt wurde.

Sobald du frei bist, ist es egal, wo du hingehst oder was passiert. Du bist immer frei. Deine Freiheit hängt nicht von irgendetwas ab.

Grundlos glücklich

Wir haben hier ein sehr schönes Zitat von Adyashanti. Seit ein paar Monaten, und auch in einigen meiner Retreats, lese ich oft Auszüge aus seinem Buch *Sein – Die wahre Natur der Erleuchtung*. Darin sind viele Passagen, die das Phänomen des Erwachens sehr schön beschreiben und die meiner eigenen Ausdrucksweise ähnlich sind.

Freiheit ist nicht unbedingt aufregend; sie ist einfach nur frei. Sehr friedlich und ruhig, so unendlich ruhig. Natürlich gehören Freude und Wunder auch dazu, aber sie ist nicht das, was du dir vorstellst. Es ist viel, viel weniger. Um wirklich frei zu sein, musst du die Wahrheit mehr lieben, als dich gut fühlen zu wollen.

Adyashanti

> *Lieber John David,*
> *das ist ein sehr schönes Zitat. Aber ich habe eine Frage zum letzten Satz. Geht es nur darum, im gegenwärtigen Moment zu bleiben und nicht vor dem wegzulaufen, was der Moment bringt? Und geht es darum, nachdem man genügend Erfahrung gesammelt hat, zu sehen, dass es überhaupt keine Trennung gibt? Sollten wir im Leben einfach alles so akzeptieren wie es ist, auch wenn wir im Inneren fühlen, dass sich etwas ändern oder dass etwas passieren sollte?*

Sehr schön! Diese Frage veranschaulicht das Problem, vom Verstand abhängig zu sein und die Welt von diesem Standpunkt aus zu betrachten. Es ist immer das Gleiche – du willst etwas machen und du hast das Gefühl, dass du etwas machen solltest. Wer wird etwas machen?

Adyashanti sagt hier, dass Freiheit „*... einfach nur frei ist. Sehr friedlich und ruhig, so unendlich ruhig.*“ Vielleicht sollten wir uns fragen, was wir eigentlich mit Freiheit meinen. Mit Freiheit meine ich, dass ich frei von meinem konditionierten Verstand bin. Ich bin davon nicht mehr abhängig und auch nicht länger in dem Film von einem „Ich“. Unendlich ruhig, sehr, sehr friedlich, sehr, sehr leer. Wie sich das im täglichen Leben manifestiert, ist natürlich für jeden Menschen einzigartig. Jeder drückt das anders aus, aber wenn du von dieser endlosen Anhaftung an ein persönliches „Ich“ befreit bist, wenn diese Anhaftung durchtrennt wird, dann ist es plötzlich so, als würdest du wie ein Kind werden – spontan, unschuldig, mit einer unbefangenen Freude in jedem Augenblick. Und diese Freude ist von nichts abhängig.

Es ist schwer darüber zu reden, diese Freude sprudelt im Inneren hoch und drückt sich aus. Ich benutze gerne die Metapher von Kindern, die am Strand spielen. Sie bauen ein Sandschloss und haben viel Spaß dabei, es höher und höher zu bauen und dann kommt irgendwann die Mama und sagt: „Tut mir leid, wir müssen jetzt nach Hause gehen.“ Dann springen alle Kinder auf die Sandburg und reißen sie ab, und sie haben genauso viel Spaß dabei, sie zu zerstören, wie sie beim Bauen der Burg hatten. Das ist die grundlose Freude der Freiheit!

Ist die Anhaftung an den Film durchtrennt, findet eine weitere Vertiefung statt. Ich weiß nicht, ob es ein Ende in diesem Reifungsprozess gibt. Es ist vergleichbar mit einem Kind, das zu einem Erwachsenen heranwächst. Der Erwachsene wird zu einem alten Mann und der alte Mann wird zu einem noch älteren Mann. Es scheint endlos zu sein. Wenn du das von deinem „Ich“ aus betrachtest, dann kann man meinen, dass Aufwachen keinen Sinn macht, denn alles, was du bekommst, wenn du aufwachst, ist das gleiche, womit du begonnen hast; aber so ist es nicht.

Es findet eine Verschiebung statt, die wir Erwachen nennen können oder Selbstrealisierung. Es ist das tiefe Verstehen der Dualität, des illusorischen „Ich“. Plötzlich verändert sich die gesamte Wahrnehmung. Es ist das Ende des spirituellen Suchers. Man könnte auch sagen, dass es der Anfang des spirituellen Lebens ist, aber das ist nicht das spirituelle Leben, mit dem sich viele

Menschen beschäftigen. Sie wollen Techniken, aber die gehören zum Anfängerstadium.

Am Anfang der Reise glauben wir, dass wir alle möglichen Techniken brauchen. Wir beschäftigen uns damit, ein spiritueller Sucher zu sein. Vielleicht gefällt es uns, dass unser spirituelles Leben anders ist als unser normales Leben. Wir machen es zu etwas Besonderem. Erwachen geschieht, wenn man die Dualität klar sehen kann, ein klares Erkennen, dass das „Ich", auf das wir so fixiert sind, nicht wahr ist. Es ist eine sehr starke Veränderung.

Es kann eine allmähliche Veränderung über längere Zeit sein, oder es kann eine plötzliche Erfahrung sein. In meinem Fall war es beides, eine plötzliche Bewegung gefolgt von einer allmählichen Entfaltung. Nachdem dieses tiefgreifende Ereignis geschehen war – das ich Selbstrealisierung nennen würde – blieb ich noch viereinhalb Jahre in Papajis *Sangha*. Ich habe dort weiterhin gelebt und weiterhin davon profitiert.

Auf Papajis Vorschlag hin betrieb ich damals ein Gästehaus. In dieses Gästehaus kamen viele unterschiedliche Gäste, welche mir zahllose Situationen lieferten, die es mir möglich machten, alle meine Strukturen zu sehen. Ich habe gesehen, wie ich mit jedem Gast umgegangen bin – wie ich mich über einige ärgerte und wie ich andere liebte. Viele Dinge geschahen im Gästehaus. Rückblickend sehe ich, dass es eine der wichtigsten Zeiten meines Lebens war. Die Angestellten und auch die Technik ließen mich immer wieder im Stich. Das Ganze, zusammen mit den alltäglichen Dramen des indischen Lebens, war für mich ein Spiegel, der mir meine Strukturen zeigte. In jenen Tagen war ich sehr intensiv mit diesem Prozess des Sehens und Verstehens beschäftigt, und es war unglaublich, denn in mir gab es niemanden mehr, der irgendetwas mit den Strukturen hätte tun wollen und so verschwanden sie einfach von selbst.

Während dieser intensiven vier Jahre erfuhr ich Unterstützung durch die Energie des *Satsangs*, durch die Gemeinschaft und besonders von Papaji. Als ich nach Australien ging, brachte der Wiedereintritt in die normale Gesellschaft eine ganze Reihe von Situationen mit sich, die integriert werden mussten.

Ich blieb etwa fünf Jahre in Australien und die meiste Zeit fühlte ich mich sehr verletzlich. Meist lebte ich allein, aber es war noch immer viel in Bewegung. Ich erkannte vieles und vieles fiel von mir ab. Es brauchte diese neun oder zehn ziemlich intensiven Jahre der Vertiefung. Alles wird auf eine neue Art wahrgenommen. Es ist fast so, als ob du wiedergeboren wirst und du musst wieder alles über das Leben lernen, aber es geschieht auf eine neue Art und Weise.

Es ist anders als unsere Eltern es uns beigebracht haben. Plötzlich ist da ein „Oh! Wie funktioniert das, wie mache ich das, wie kann ich in der Welt zurechtkommen?" Die meiste Zeit fühlte ich mich sehr verletzlich, kindlich und unschuldig.

Dieser Prozess der Vertiefung oder man kann es auch als einen Vorgang des Verschwindens betrachten, dauerte eine Zeit lang. Und ich glaube nicht, dass er jemals aufhört. Es gibt kein Gefühl der Trennung mehr und es verschwindet diese ganze Vorstellung von einem spirituellen Leben. Schon seit langer Zeit sehe ich keine Trennung mehr zwischen spirituellem Leben und Leben. Das Leben entfaltet sich einfach.

Sei der Himmel, nicht das Wetter

Das Zitat heute Abend stammt von Meister Eckhart, dem christlichen Mystiker. Er war nicht nur eine christlich religiöse Persönlichkeit, sondern zutiefst spirituell und einer der frühen christlichen Schriftgelehrten. Er war eindeutig jemand, der das Selbst realisiert hatte und dies die meiste Zeit seines Lebens auf eine schöne Art lebte. Erstaunlicherweise sind seine Texte dem *Advaita* sehr ähnlich, das seine Wurzeln in Indien hat.

Dem Menschen, der gelernt hat loszulassen und sein zu lassen, kann sich niemals wieder etwas in den Weg stellen. Es existiert nur der gegenwärtige Augenblick. Es gibt weder gestern noch morgen, nur jetzt.

Meister Eckhart

> *Lieber John David,*
> *ich finde es schwierig, die Balance zu finden zwischen loslassen und sein lassen und der Notwendigkeit, in der Welt zu funktionieren, zu planen und Entscheidungen zu treffen. Ich fühle, dass das alles zu meinem Film gehört und sich in meinem Verstand abspielt und dennoch scheint es genauso wichtig und notwendig zu sein. Vielleicht sehe ich nicht, wie sehr ich angehaftet bin. Kannst du etwas darüber sagen, wie du die Worte „loslassen und sein lassen" verstehst?*

Meister Eckhart sagt in diesem Zitat, dass wir im gegenwärtigen Moment völlig präsent werden können, wenn wir wirklich erkennen können, wie sehr wir an diesen falschen Film anhaften. Wenn diese Anhaftung wirklich zusammenbricht, wenn sie wirklich einstürzt – was abhängig ist von deiner Priorität und deiner Klarheit – dann gibt es keine Vergangenheit und keine Zukunft mehr, da beide an Zeit geknüpft sind.

Wenn du plötzlich völlig frei bist von diesem Film, existierst du außerhalb der Zeit. Hast du bemerkt, dass die Zeit oft Spielchen spielt? Manchmal scheint sie sehr, sehr langsam zu vergehen und manchmal sehr, sehr schnell. Eckhart sagt: *„Für den Menschen, der gelernt hat, loszulassen und sein zu lassen"*, aber natürlich können wir das nicht wirklich lernen. Es gibt einen Moment, von dem an wir nicht länger vom Verstand aus leben, sondern vom Selbst aus, und das nennen wir Selbstverwirklichung.

Die Selbstverwirklichung ist ein besonderer Augenblick, wenn die Anhaftung an die Gedanken durchtrennt wird. Das ist wunderschön, da es dich völlig in die Hände des Göttlichen gibt. Von diesem Moment an wird dein Leben ununterbrochen fließen und du wirst erkennen, dass nicht der Verstand entscheidet, dass nicht du entscheidest, sondern dass das Göttliche dir dein Schicksal von Augenblick zu Augenblick enthüllt.

Du lebst im Moment, ohne Vergangenheit und ohne Zukunft, wie Meister Eckhart es sagt. Wir haben immer so gelebt, aber darüber hat sich ein Filter gelegt, der heißt: „Ich bestimme mein Leben." Dieses „Ich" nennen wir das Ego.

Die Wahrheit ändert sich nie und sie ist sehr einfach. Heutzutage werden wir permanent massiv mit riesigen Mengen an Input konfrontiert. Unser Verstand ist dauernd beschäftigt und gibt uns viel Material, um sehr interessante Geschichten zu erschaffen. Wir mögen das und hängen sehr an unseren Geschichten.

Wir werden das alles nicht so einfach aufgeben. Jeder hier versteht, wie das gekommen ist, und dass wir frei sind und dass es nichts gibt, was man bekommt. Es gibt keine besonderen Puzzleteile die fehlen und die man irgendwo finden könnte. Du musst keiner besonderen Wahrheit begegnen oder einer besonderen Lehre, da wir alle bereits vollkommen sind. Wir sind schon frei und tatsächlich ist unsere wahre Natur Liebe, natürlich nicht romantische Liebe, sondern authentische, bedingungslose Liebe. Es gibt nichts zu verändern, nichts ist falsch. Jeder ist absolut gut genug, jeder macht genau das, was er machen soll, und jeder ist genau dort, wo er sein soll.

Es ist sehr einfach, auf diese schöne, alternative Art zu leben, denn wenn du bei dem, was in deinem Verstand vor sich geht, bewusst bleibst und du ein klares Verständnis hast, dann wirst du feststellen, dass du immer mehr in der Gegenwart lebst. Du denkst nicht so viel über die Zukunft nach, da du dich jetzt in diesem Moment zufrieden fühlst, warum solltest du dich in den nächsten Momenten nicht genauso fühlen? Du machst dir keine Sorgen, wie es in der Zukunft sein wird, da du dich völlig friedlich fühlst. Im Inneren fühlst du Liebe und Stille und die Zukunft interessiert dich nicht besonders. Du hast wenig Interesse an der Vergangenheit und so wirst du dich ganz natürlich immer mehr in der Gegenwart wiederfinden.

Ich habe noch ein schönes Zitat, das sich sehr gut anschließt. Es ist von der tibetischen Buddhistin Pema Chödrön. Es ist großartig, dass Menschen verschiedener Traditionen alle auf dieselbe Wahrheit hinweisen. Pema Chödrön war eine Schülerin von Chögyam Trungpa, und die Wärme und Leidenschaft ihrer Lehre, aber auch ihre Klarheit und Einsicht haben mich in den letzten Jahren sehr berührt.

Du bist der Himmel. Alles andere ist nur das Wetter.

Pema Chödrön

Wenn man als Himmel lebt, sich mit dem Himmel identifiziert, erkennt man, dass man immer okay ist während sich das Leben entfaltet, dass es einem immer gut geht. Es kommt nicht auf das Wetter an. An einigen Tagen scheint die Sonne, an anderen gibt es einen Regenschauer. Das Wetter mag sich ändern, aber der Himmel bleibt gleich, unberührt.

Eine meiner stärksten Strukturen war der Glaube, nicht gut genug zu sein. Fünfzig Jahre lang habe ich das geglaubt, und das Schöne ist, dass es sich im Moment des Erwachens nicht zu „Ich bin gut genug“ verändert hat. Es änderte sich zu: „Da ist niemand mehr zuhause“. Es gibt niemanden, der gut genug sein könnte und niemanden, der nicht gut genug sein könnte. Die Person ist einfach verschwunden.

Es gibt keinen Grund, sich Sorgen zu machen, dass du dann nicht mehr deine Arbeit machen kannst oder keine Beziehung zu Menschen mehr haben kannst, weil du plötzlich völlig im Moment bist. Du akzeptierst, was auch immer geschieht und es geschieht ja ständig etwas. Das Leben ist voller Ereignisse, das hört nie auf, aber nun weißt du, dass das nicht das ist, was du bist, und du entdeckst, dass das, was du bist, etwas ist, das sich nie verändert.

Es ist schwer zu beschreiben, worum es sich handelt, aber wir können Begriffe wie Frieden, Liebe oder Leere verwenden und du erkennst es. Wenn Menschen erwachen – vor allem wenn es plötzlich geschieht – lachen sie häufig, da sie erkennen, dass sie das, was sie jahrelang versucht haben zu verstehen, schon immer wussten. Es ist nichts Neues. Du bekommst nichts Neues, nur erkennst du plötzlich, was du schon immer hattest. Es ist so wie: „Oh! Ich habe zwei Beine! Wow! Das ist ja toll."

Das Wetter ändert sich ständig und im täglichen Leben gibt es permanent Herausforderungen – wir begegnen Menschen, mit einigen haben wir Schwierigkeiten, der Strom fällt aus, Dinge brechen zusammen, wir haben nicht genug Geld, um unsere Telefonrechnung zu bezahlen. Unser ganzes Leben lang wird sich das nicht ändern, aber es ist nicht wirklich wichtig, da wir uns nicht mehr mit dem Bezahlen der Telefonrechnung identifizieren. Wir wissen, dass die Telefonrechnung bezahlt werden wird, daher können wir uns in dem Wissen entspannen, dass für die ganze Show gesorgt ist. Eine unglaublich schöne Art zu leben.

Es ist leicht das zu sagen, aber wir kriegen es nicht wirklich hin. Wir kriegen die Kurve einfach nicht. Es ist fast so, als hätte eine böse Fee ihren Zauberstab geschwenkt und uns alle hypnotisiert, aber wir wissen nicht, dass wir hypnotisiert sind. Erst später erkennen wir, dass wir über viele Jahre in einer Art Hypnose gelebt haben, die man das normale Leben mit seinen Anhaftungen nennt.

Daher ist dieses Erwachen ein gewaltiger Moment und nicht etwas, das wirklich verstanden werden müsste. Wir sind immer wach, wir haben nie geschlafen, wir waren immer frei, wir waren immer Liebe, wir waren immer Frieden. Das ist unser Selbst, das ist unsere wahre Natur. Sie war immer da, aber leider haben wir uns mit etwas anderem identifiziert und den Kontakt zu ihr verloren. Wir brauchen nichts zu bekommen.

Man bekommt nichts Neues. Wir müssen nur unsere falsche Identifikation erkennen. Wir sind immer vollständig, wir sind immer perfekt, wir machen immer genau das, was wir tun sollen, und wir sind immer da, wo wir sein sollen. Das Leben ist sehr, sehr einfach, alles geschieht einfach. Dieses Göttliche können wir große Weisheit nennen, Intelligenz – und das bin ich. Wir sind nicht davon getrennt.

Sei der Himmel und kümmere dich nicht um das Wetter. Es ist egal. Spann deinen Regenschirm auf, wenn es regnet und setz deine Sonnenbrille auf, wenn die Sonne scheint. Du brauchst dich nicht um das Wetter zu kümmern. Es gibt nichts, worum man sich kümmern muss. Die Einladung ist, jeden Moment völlig zu akzeptieren.

Erwachen

Wir haben von Adyashanti ein weiteres schönes Zitat, das den ersten Moment des spirituellen Erwachens beschreibt, einen Einblick:

Die Erfahrung des Erwachens unterscheidet sich von Person zu Person. Für einige geschieht das Erwachen im Laufe der Zeit, während sich für andere der Einblick nur innerhalb eines Augenblicks ereignet. Es kann sein, dass er nur einen Bruchteil einer Sekunde andauert, aber in diesem Augenblick verschwindet die ganze Bedeutung des Selbst (mit Selbst meine ich das falsche Selbst). Die Art, wie du die Welt wahrnimmst, ändert sich plötzlich und du findest dich ohne Trennungsgefühl zwischen dir und dem Rest der Welt wieder. Es kann verglichen werden mit der Erfahrung des Aufwachens aus einem Traum, ein Traum, von dem du nicht weißt, dass du ihn hast, bis du aus ihm heraus gerissen wirst.

Adyashanti

Lieber John David,
ich will unbedingt aus dem Traum erwachen, aber es passiert nicht. Ich bin auf dem spirituellen Weg, aber ich weiß nicht, wie ich meinen Verstand überwinden kann.

Der einzig wahre Weg, um aus allen Geschichten und dem ganzen Unsinn herauszukommen, ist mit großer Klarheit zu sehen, dass dieses „Ich", auf das wir so gerne alles beziehen, einfach nicht existiert. Sobald du siehst, dass es nicht existiert, fällt alles weg. Das Ganze fällt einfach weg und du bleibst mit dem, was ist. Du wirst nicht sterben; nichts wird wirklich geschehen.

Oft gibt es eine enorme Freisetzung von Energie. Du kannst das in unserem Film *Satori* sehen, in dem Indira, ein Mitglied unserer Gemeinschaft, ein spontanes und kraftvolles Erwachenserlebnis hatte, während sie im Büro saß und einige Bewohner das gefilmt haben.

In unserer „normalen“ Lebenssituation, in der wir mit dem „Ich“ identifiziert sind, wirkt der konditionierte Verstand wie ein Deckel auf einem Schnellkochtopf, der unsere natürliche Energie immer unterdrückt und sie in einem annehmbaren, kontrollierten Rahmen hält. Beim Erwachen öffnet sich der Deckel des Schnellkochtopfes, und das geschieht häufig auf eine explosive Art, da das Erkennen in der Regel sehr plötzlich passiert. So läuft es vermutlich meistens. Einfach ein plötzliches „Peng!“. Der Deckel fliegt ab und eine enorme Energie wird freigesetzt. Es kann aber auch über eine längere Zeit geschehen, auf eine kaum wahrnehmbare Art und Weise.

Es kommt häufig vor, dass der Körper danach für einige Zeit nicht funktioniert, vielleicht für ein paar Stunden oder ein paar Tage. Ich habe das auch erlebt. Durch diesen plötzlich größer gewordenen Energiefluss funktioniert der Körper nicht, aber die Energie – man könnte auch Vibration oder Frequenz sagen – wird sehr schnell absorbiert und steigt auf.

Das Erstaunliche ist, dass man danach sehr gut funktionieren kann, noch besser als vorher, weil der permanente Filter und das Rauschen des Verstandes nicht da sind. In Indiras Fall ist es so, dass sie jeden Tag unsere Gemeinschaft managt, was harte Arbeit ist. Dann managt sie mich jeden Tag – das ist auch ein ziemlich harter Job. Und sie bewältigt immer noch ihre eigenen Aufgaben. Man sieht fast nie, dass sie müde ist. Das kann man mit dem Verstand nicht begreifen. Wenn du versuchst, das aus dem Blickwinkel des „Ichs“ zu verstehen, kannst du zwar eine ungefähre Vorstellung davon bekommen, aber solange du selber keinen Einblick hattest, macht das alles keinen Sinn.

Solange man durch die starke Anhaftung an das getrennte „Ich“ begrenzt ist, ist es fast unmöglich sich vorzustellen, wie das sein könnte. Es ist sehr schwierig, darüber zu sprechen, weil die Person, die zuhört, einen bestimmten Referenzpunkt hat. Du hörst „mir“ zu, dem, den du als getrennt von dir wahrnimmst, und darum haben einige Schüler, obwohl ich schon seit Jahren darüber spreche, es immer noch nicht verstanden.

Das ist keine Kritik. Ich habe das auch viele Jahre lang gehört und es nicht verstanden. Es braucht Zeit das zu verstehen und wenn, dann geschieht es einfach. Am Ende gibt es nichts, was du tun kannst und deshalb habe ich am Anfang darauf hingewiesen, dass es niemanden gibt, der etwas tun kann. Du könntest sagen: „Nun, ich bin auf dem spirituellen Weg, ich mache jeden Tag meine Meditation", und du hast das Gefühl, dass es dir, wenn du es über einige Jahren machst, durchaus einen konkreten Gewinn bringt. Aber ich spreche davon, dass es keine Formel gibt und auch keine Übung.

Ich kenne viele Menschen, die eine solche Öffnung hatten, auch wenn es nur für einen kurzen Moment war. Es verändert das Leben enorm, denn sobald dieser kleine Moment geschehen ist, kennst du etwas, was du vorher nicht kanntest. Wenn du so willst, kennst du dich auf eine neue Art, aber dann ist das Selbst, von dem wir reden, nicht mehr dieses kleine illusionäre Selbst. Es ist plötzlich ein anderes Selbst, das Selbst, das authentische Selbst, das Ganze, das Gefühl der Einheit, sagenhafte Liebe, sagenhafte Verbundenheit.

Wenn du das erlebst, kannst du nie wieder der gleiche sein. In der Regel kommt nach ein paar Sekunden das normale Selbst, das normale „Ich" sehr schnell zurück, weil der Einblick in diesem Moment erschreckend, schockierend, völlig unerwartet und großartig ist.

Ich kann mich noch daran erinnern, dass ich einmal in meinem Haus in Indien auf meinem Balkon saß. Ich schaute auf die Bäume, die Vögel sangen und plötzlich war da ein kurzer Einblick und ich hatte solche Angst! Die Angst sorgte dafür, dass er sofort wieder verschwand. Es war nur ein paar Sekunden, aber es war, wie wenn man eine erstaunliche Leidenschaft und ein unglaubliches Feuer fühlt. Ähnliche Ereignisse geschahen noch ein paar Mal, immer ein bisschen anders, aber sie sind immer einfach geschehen.

Wenn du dann auf dein altes falsches Selbst zurückblickst, an das du viele Jahre geglaubt hast, kannst du wirklich nur lachen. Fünf Minuten zuvor hast du vollkommen an dieses falsche Selbst geglaubt und fünf Minuten später ist es lächerlich. Es ist sehr schwer, darüber zu reden, eine Vorstellung zu vermitteln, was diese Veränderung ist. Du kannst darüber lesen, aber darüber zu lesen, hilft dir nicht wirklich, darauf vorbereitet zu sein, wenn es passiert. Wenn es dann passiert, ist es völlig neu, etwas, das du nicht kanntest.

Während des Tages ist die Grundfarbe des Himmels blau, aber sehr oft, vor allem in Nordeuropa, ist er mit Wolken bedeckt. So kann man das Blau des Himmels nicht sehen. Aber manchmal teilen sich die Wolken – selbst in Deutschland – und man bekommt einen Blick auf den blauen Himmel. Und dann kommen die Wolken natürlich zurück.

Das ist der Einblick, du kannst ihn nicht vergessen. Es gibt in dir jetzt diese enorme Motivation, und du schaust dir die Wettervorhersage an, in der Hoffnung, dass der blaue Himmel in diesem Sommer wiederkommen wird. Dieser kurze Einblick ist unbeschreiblich schön. Es ist der beste Moment deines Lebens. Trotzdem macht er oft Angst und die Angst beendet den Einblick.

Am Anfang wird es nur ein Einblick sein, ein kurzer Moment, in dem sich die Wolken (die Strukturen des Verstandes) am Himmel teilen und man einen kurzen Einblick in das Blau erhält. Du fühlst das sehr tief. Es ist sehr schön, aber es ist nichts, was du beeinflussen kannst, es geschieht einfach. In diesem Augenblick verschwindet der ganze Sinn für das eigene Selbst.

Das ist wirklich wichtig. Der Sinn für das eigene Selbst – das „Ich", an dem wir so hängen – verschwindet. Es ist ein völlig schockierender Moment. Adyashantis Worte erklären es: *„Die Art, wie du die Welt wahrnimmst, ändert sich plötzlich und du findest dich ohne Trennungsgefühl zwischen dir und dem Rest der Welt wieder. Es kann mit der Erfahrung des Aufwachens aus einem Traum verglichen werden, einem Traum, von dem du nicht einmal weißt, dass du ihn geträumt hast, bis du aus ihm heraus gerissen wirst."*

Jeder von uns kennt super-realistische Träume, oft mit vertrauten Leuten und Szenen. Plötzlich wachen wir auf und sind erstaunt, dass das, was so real war, nur ein Traum war. Als spiritueller Sucher erwartest du wahrscheinlich, dass das Erwachen etwas total Besonderes ist, aber wenn du erwacht bist, ist es ganz gewöhnlich.

Die Suche beenden

Anandamayi Ma war eine der großen indischen spirituellen Meisterinnen. Sie verließ ihren Körper als alte Dame in den frühen 1980er Jahren. Als sie jünger war, war sie eine sehr schöne Frau, so wie jeder sich eine Göttin vorstellen würde. Sie hat einen sehr schönen und kraftvollen *Samadhi* in ihrem Ashram in Haridwar.

Wenn durch die Flut deiner Tränen das Innere und Äußere zu einem verschmolzen sind, wirst du DAS finden, was du mit solcher Angst gesucht hast, näher als das Nächste, der Atem des Lebens, der Kern jedes Herzens.

Anandamayi Ma

> *Lieber John David,*
> *das scheint mir ein merkwürdiges Paradox. Ich habe intensiv gesucht, ich wünsche mir nach meiner wahren Natur zu leben. Ich weiß, dass das letztlich die Suche nach dem ist, was ich schon bin, doch geht es immer noch weiter. Und in mir ist eine ständige Angst, die mich weitermachen lässt. Es scheint, alles, was ich tun kann, ist durchzuhalten und mich auf die Priorität des Aufwachens zu konzentrieren, bis das „Innere und Äußere zu einem verschmolzen sind".*

Ein spiritueller Sucher ist ein merkwürdiges Paradox, denn er oder sie sucht etwas, sucht hier und schaut dort, verbringt Zeit mit dieser oder jener Person und hat normalerweise die Vorstellung, dass er etwas im Außen finden müsse. Während er nach diesem Etwas sucht, ist er das bereits voll und ganz. Also ist er schon das, wonach er sucht. Das ist das Paradox.

Wir sind alle erwacht, es gibt nichts zu bekommen, es muss nichts anders sein. Aber in unserer täglichen Erfahrung können wir diese Freiheit nicht immer fühlen. Was meint sie mit *„der Flut* *deiner Tränen*"? Sie meint, dass man, um zu diesem Verständnis zu gelangen, durch irgendeine Art von Prozess gehen muss. Es gibt seltene Fälle, in denen jemand spontan erwachte, zum Beispiel Sri Ramana Maharshi. Aber die meisten von uns müssen, damit sie zu dem kommen, was ganz nahe bei ihnen ist, um den ganzen Berg oder vielleicht sogar um den ganzen Planeten laufen. Wir müssen hier suchen und dort suchen, und all dieses Suchen scheint für uns ein notwendiger Prozess zu sein, damit wir aufgeben, um zu entdecken, dass wir schon das sind wonach wir suchen.

Auf dem Weg erleben wir herausfordernde und schöne Momente, in denen wir die Schönheit des Lebens, die Schönheit unserer inneren Welt fühlen. Dann können wir natürlich lachen. Und wir können auch über den Witz lachen, nach etwas zu suchen, das in Wirklichkeit schon unsere innere Wahrheit ist.

Papaji sagte immer: „Wenn du sagst, du bist frei, bist du frei." Das war immer schwer zu begreifen. Was meint er? Ich sage, ich bin frei und dann bin ich frei? Wie funktioniert das? Die Schönheit an dem, was Anandamayi Ma sagt und was eigentlich jeder Meister sagt, ist, dass es sehr, sehr nah ist. Es gibt keine Lehre. Du musst nur schauen. Wo schaust du hin? Schau nicht in deinen Verstand. Du musst nichts tun.

Für westliche Menschen ist es fast unmöglich, nichts zu tun. Wir glauben, dass wir viel tun müssen, um zu dieser Wahrheit zu gelangen. Nachdem man Jahre mit Suchen verbracht hat, diesen und jenen Ashram besucht hat, zu diesem Lehrer und jenem Lehrer gegangen ist, YouTube-Videos angeschaut hat … so viele Bemühungen, Berge von spirituellen Büchern – und plötzlich wird einem gesagt: Mach gar nichts! Was für eine Lehre ist das denn?

„Mir gefällt es, ein spiritueller Sucher zu sein. Ich will damit gar nicht aufhören. Es macht viel Spaß. Jetzt soll ich nichts tun?" Was bedeutet das? Es bedeutet, dass du bereits frei bist. „Nein, ich bin nicht frei. Nach dem Mittagessen habe ich mich nicht gut gefühlt. Ich bin nicht frei." Dann folgen weitere fünf Jahre der Suche. Das ist ein enormes Paradox und es ist so leicht misszuverstehen.

Du hörst die Nachricht, dass du nichts tun musst. Dann kannst du natürlich auf die Idee kommen, dass du einfach rumsitzt, ein paar Bier trinkst und nichts machst und morgen wirst du selbstverwirklicht sein. Das ist eine mögliche Reaktion, aber das funktioniert leider nicht. Es geht um etwas sehr Subtiles und die meisten Leute, die ich getroffen habe, die selbstverwirklicht sind, waren jahrelang auf der spirituellen Suche, haben spirituelle Übungen und intensive innere Arbeit gemacht. Sie sind Experten.

Es sieht so aus, dass die meisten von uns sich auf diese spirituelle Suche begeben müssen, um zu einer Art Erschöpfung zu gelangen, wo nichts mehr zu funktionieren scheint, genau wie Buddha. Über Jahre machte er spirituelle Übungen, verbrachte Jahre seines Lebens in schwierigen Situationen, ohne ausreichend Nahrung, allein in einer Höhle. Schließlich gab er auf. „Es reicht. Ich kann nicht mehr. Ich habe keine Vorstellung mehr davon, wie es sein sollte. Ich gebe auf. Ich höre auf." In diesem Moment blieb er stehen. „Puff", etwas war passiert.

Wir haben alle möglichen Vorstellungen, wie es sein sollte und wie wir denken, wie es sein sollte. Es ist sehr schwer, wenn nicht gar unmöglich, diese Gewohnheit selbst zu stoppen. Aber genau wie bei Buddha, wenn du aufhörst, wenn du dieses „nichts tun" wirklich lebst, ist das Ergebnis dieser Moment des Erwachens. Unsere Vorstellungen werden uns nie dort hinbringen.

Ein Meister interessiert sich überhaupt nicht für diese Vorstellungen. Er ist ein Monster, ein absolutes Ungeheuer, da er versucht, deinen Verstand und alle Vorstellungen, die im Weg stehen, zu töten, die Vorstellung, dass du jemand bist, der vom Leben getrennt ist. Es gibt nicht viele Leute, die getötet werden wollen, so dass ein Meister nicht sehr beliebt ist. Es ist ein harter Job! Wir alle lieben unsere Vorstellungen, wir lieben unsere Philosophie, wir wollen ein netter Mann oder eine nette Frau sein. Wir haben alle möglichen spirituellen Vorstellungen und wir haben auch alle möglichen spirituellen Vorstellungen von einem Lehrer.

Es ist eine sehr schöne Arbeit, denn egal, was um mich herum passiert, es gibt immer eine Gelegenheit, etwas zu zeigen. Wir müssen mit unserem Ego konfrontiert werden, denn es ist das Einzige, was uns daran hindert zu sehen, was Anandamayi Ma hier sagt: *„... näher als das nächste, der Atem des Lebens, der Kern jedes Herzens“*. Es gibt nichts zu suchen; du musst einfach den ganzen Unsinn loslassen, und wenn der Unsinn verschwindet, kommst du zum Vorschein. Du warst immer da, aber es war so viel Unsinn im Weg, dass du es nicht sehen konntest. Du konntest es einfach nicht sehen.

Unsere wahre Natur

Zum ersten Mal stieß ich auf den dritten Zen-Patriarchen Sengcan während meiner Zeit bei Osho. Später gab jemand Papaji dieses wunderschöne Zitat. Er las es in einem *Satsang* vor. Es zeigt deutlich, wie wir durch eine einfache Erkenntnis im Selbst, in Frieden leben können.

Als ich mehr über Sengcan las, gefiel mir sehr, dass er anscheinend ein ganz gewöhnliches und bescheidenes Leben geführt hat, und dass seine spirituelle Botschaft noch nach fünfzehnhundert Jahren so berührend und tiefgreifend ist.

> ***Der große Weg ist nicht schwer***
> ***für diejenigen, die nicht angehaftet sind,***
> ***die keine Vorlieben haben.***
> ***Wenn es keine Liebe und keinen Hass gibt,***
> ***wird alles klar und unverhüllt.***
> ***Macht man jedoch die kleinste Unterscheidung,***
> ***dann sind Himmel und Erde***
> ***unendlich weit voneinander entfernt.***
> ***Wenn du die Wahrheit sehen willst,***
> ***dann habe keine Position***
> ***für oder gegen irgendetwas.***
>
> ***Sengcan, dritter Zen-Patriarch von China***

> *Lieber John David,*
> *wenn ich meditiere, einfach still sitze oder wenn ich etwas mache, was ich schön finde, dann überkommt mich oft dieser schöne, ruhige, friedliche Raum. Kann ich etwas dafür tun, mir das im Alltag zu bewahren, denn es fühlt sich so schwierig an, damit in Kontakt zu bleiben, oder bringt mich jedes Handeln nur weiter weg von diesem Raum?*

Das ist die schönste Meditation – zu dem zu kommen, was sich nicht ändert. Und das, was sich nicht ändert bist du, deine wahre Natur, deine Essenz. Das unveränderliche Selbst.

Wenn du wirklich im Selbst bist, wirst du wahrscheinlich eine große, unendliche schwarze Weite erfahren, ohne Grenzen oder Beschränkungen. Einen unendlichen Raum. Ein schwarzer, schimmernder, unendlicher Raum. Es ist nicht die Schwärze des Todes oder dunkler Mächte. Es ist eine glänzende Schwärze, voller Licht und es ist sehr anziehend. Es gibt keinen Anlass, sie zu verlassen. Du kannst für immer und ewig dort verweilen. Sobald du etwas erfahrener bist, kannst du dort bleiben und deine Augen öffnen, deinen Körper bewegen, herumlaufen und ein paar Aufgaben erledigen. Aber am Anfang musst du dich dafür hinsetzen. Du musst deine Augen schließen und diesen Ort finden, der sich nie ändert.

Wenn man einen unruhigen Verstand hat, sollte man spirituelle Übungen machen, um ihn zu beruhigen. Es gibt verschiedene Arten der Meditation, Mantren oder Atemtechniken. Wenn du ein sehr emotionaler Mensch bist, braucht es einige Bemühungen, diese Emotionen, die ebenfalls Teil des Verstandes sind, zu beruhigen. Wenn man innerlich nur wenig Unruhe verspürt, wenn man ruhig und entspannt ist, dann kann man sich direkt und leicht jedes Augenblicks bewusst sein und im Selbst verweilen, in dem, was sich nicht ändert.

Das Selbst hat keine Grenzen – es ist wie ein ungeheures Gefühl von unendlichem Raum, völlig leer. Manchmal ziehen Gedanken vorbei, aber sie sind nur wie die Kondensstreifen einer Rakete, die die Schwärze durchstreifen und sie stören überhaupt nicht. Das Schöne an dieser unendlich glänzenden Schwärze ist, dass wir uns unglaublich gut fühlen. Wir fühlen uns so gut, dass wir nichts ändern wollen. Wir wollen nicht einmal unsere Augen öffnen. Wir wollen einfach nur im Selbst bleiben. Das ist ein wunderbarer Spiegel, in dem wir sehen, dass wir in unserem täglichen Leben immer unzufrieden sind.

Wir sind mit dem Hier und Jetzt nicht zufrieden, also wollen wir uns bewegen, wir wollen irgendwo hingehen, wir wollen etwas tun, wir wollen etwas Neues. Wenn wir wirklich eine tiefe Erforschung der Natur unseres „Ich" machen, werden wir mit zunehmender Erforschung entdecken, dass wir nicht der sind, von dem wir immer dachten, dass wir es wären. Wir entdecken, dass wir in Wahrheit das sind, was sich nicht ändert. In diesem Moment geschieht Selbstrealisierung.

Wenn du an den Ort gelangst, an dem sich nichts ändert, willst du gar nichts tun. Wenn du sehr tief in das Selbst fällst, kann das sehr intensiv sein, denn es ist möglich, dass die Energie, die durch dein System fließt, so stark ist, dass dein Körper nicht mehr funktioniert. Du kannst deine Arme oder Beine nicht heben, aber in dir bist du mit diesem unglaublich schönen Raum des Selbst verbunden. Es geht nicht um Glück. Es ist jenseits von Glück. Eine riesige Ekstase, ein ungeheures Gefühl der Einheit. Du fühlst dich wie der Meister des Universums.

Die meisten Menschen erfahren nie die wahre Natur des Lebens. Aber sobald du zumindest einen kurzen Einblick von diesem Ort hattest, kennst du das Selbst, und deshalb ist es dann einfacher, es zu einer Priorität zu machen. Trotzdem kannst du es noch wegschieben, denn es gibt viele Aufgaben, die wichtiger erscheinen. Aber dieser wunderschöne Ort, den du kurz erfahren hast, wartet immer in dir. Er ist deine Essenz.

Vor dem Einblick hattest du nur eine Vorstellung davon, wie es sein könnte. Deshalb ist ein Einblick sehr wichtig, da du dadurch etwas ganz klar verstehst. Und warum verliert man wieder den Kontakt damit? Weil man sich seit vielen, vielen Jahren mit dem Film seines Lebens identifiziert. Ihn aufzugeben ist sehr schwierig. Es ist eine starke Angewohnheit. Ich habe viele gute Leute erlebt, die einen Einblick hatten und dann alles unter dem Gewicht der alten Strukturen vergessen haben.

Als Sri Ramana Maharshi zu diesen Strukturen des Verstandes befragt wurde, sagte er, dass man, wenn sie sehr stark sind, nicht in der Lage sein wird, mit dem Selbst in Kontakt zu bleiben. Sie können so stark sein, dass sie es unmöglich machen, im Selbst zu verweilen.

Es ist einfach Liebe, unglaubliche Liebe. Wir können unser ganzes Leben in dieser Liebe leben. Es hat nichts mit irgendeiner Person zu tun, es ist einfach Liebe, die sich bewegt; sie bewegt sich, sie ist hier, sie ist präsent. Präsenz der Liebe im Hier und Jetzt – das ist unsere Essenz als Mensch. Unsere wahre Natur.

Leben nach dem Erwachen

Ich traf Ma Souris vor ungefähr fünfzehn Jahren in ihrem kleinen Ashram ein paar Stunden nördlich von Chennai. Ich verbrachte drei Tage mit ihr und machte ein Interview für den Film über indische Meister *Facetten des Erwachens.* Sie war eine interessante, sehr spröde fünfundachtzig Jahre alte Dame. Sie war etwas gewöhnungsbedürftig, aber sie war erstaunlich ehrlich und wir hatten eine wunderbare Zeit miteinander.

Jeden Morgen brachte ihr Assistent Blumen aus dem Garten und sie stellte sie in kleine Vasen auf den Altar. Das war etwas sehr alltägliches, aber die Art, wie sie es machte, war so schön.

Das ist die Schönheit von jemandem, der im Moment lebt, denn wenn du in seiner Gegenwart bist, erfährst du dieses erstaunliche Gefühl von JETZT.

Sie war Sri Ramana Maharshi sehr verbunden, mit dem ihr Vater sie bekannt gemacht hatte. Er war ein ungewöhnlicher Mann, ein bekannter Dichter und Schriftsteller. Später wurde er ihr Schüler.

Die Wellen am Strand ziehen sich zurück und hinterlassen eine Wasserlache: das ist der Verstand. Wenn die Wellen wieder auf den Strand rollen, wo bleibt dann die Lache? Die Lache wird wieder Teil des Ozeans. Das ist, was geschieht. Es gibt nichts Getrenntes. Das Selbst ist alles: die Welt und du und ich, es ist alles.

Ma Souris

Lieber John David,
könntest du etwas darüber sagen wie dein inneres Leben heute ist, verglichen mit dem Leben vor der Selbst-Realisation? Was verändert sich im Inneren, wenn dieser Moment geschieht?

Das geschah vor ungefähr fünfundzwanzig Jahren. Heute haben wir uns Fotos angeschaut. Ich sah vor fünfundzwanzig Jahren sehr energetisch, sehr strahlend aus. Aber nach fünfzehn Jahren Open Sky House Gemeinschaft sehe ich wie ein alter Teppich aus. Gut, ich mache nur etwas Spaß – das ist nicht ganz wahr!

Ich würde sagen, ein ganz klarer Unterschied ist, dass ich seit dem Moment des Erwachens viel mehr Energie habe. Zum Beispiel schaue ich derzeit täglich bei drei Gemeinschaften nach dem Rechten und beende außerdem ein neues Buch. In den letzten zwei Nächten habe ich bis vier Uhr morgens gearbeitet und vor drei Tagen bin ich aus Spanien zurückgekommen. Morgen fliege ich in die Ukraine, und ich stelle immer öfter fest, dass es nicht so einfach ist, von der Energie des einen Landes in die eines anderen zu wechseln. Aber meist bin ich voller Energie, und ich halte mich auch mit zweiundsiebzig Jahren noch sehr gut.

Es ist sehr schwierig, über all das zu sprechen, da mein Leben, wenn ich nach innen schaue und versuche darüber zu reden, im Grunde sehr gewöhnlich ist und ziemlich still und darin nichts wirklich Aufregendes vor sich geht.

Wenn ich fünfundzwanzig Jahre zurückgehe, zu der Zeit, als es geschah, kann ich mich an einige ziemlich dramatische Veränderungen erinnern. Eine körperliche Veränderung war, dass mein Penis fast von einem auf den anderen Tag aufhörte zu funktionieren, und das blieb für ungefähr eineinhalb Jahre so. Da ich immer ein sehr aktives Sexualleben geführt hatte, war dies ein ziemlich starkes Phänomen für mich. Ich habe dann entdeckt, dass Frauen ziemlich gut ohne Sex auskommen. Ich auch!

Ich erinnere mich, dass viel Freude da war. Es war keine besondere Freude – alles Normale machte einfach Freude. Ich hatte zum Beispiel einen Roller, der manchmal liegenblieb oder einen Platten hatte. Vorher hatte mich das leicht verärgern können, aber nun war es einfach ein Spaß. Ich hatte viele schöne Momente, wo der Roller liegenblieb, und jede Menge Inder mir zu Hilfe kamen und miteinander diskutierten, was jetzt am besten zu tun sei, und am Ende hatten wir sowas wie eine Party, bei der wir meinen Roller reparierten.

Vor allem in den ersten drei Monaten, aber eigentlich war es ein Jahr lang so, dass viele meiner alten Verstandesstrukturen wieder zurückkamen. Das war ein wenig enttäuschend, denn eine meiner Vorstellungen war gewesen, dass ich für immer in Stille sitzen würde. Nach und nach erkannte ich jedoch, dass ohne Anhaftung an die Gedanken und Strukturen kein Ort mehr da war, wo sie hätten landen können. Sie konnten nirgendwo anhaften und daher verschwanden die kleineren von ihnen ziemlich schnell.

In den ersten Monaten hat sich ein großer Berg von ihnen einfach in Luft aufgelöst, und ihr werdet erfreut sein zu hören, dass meine schwierigste Struktur, die für etwa ein Jahr weiterbestand, dieses „Ich bin nicht gut genug" war. Das war mein ganzes Leben lang ziemlich stark gewesen, und indem ich schaute, was innerlich vor sich ging, konnte ich sehen, dass ich mich immer noch darin verfing – aber nicht wirklich darin gefangen war. Man könnte sagen, es hatte eine andere Qualität.

Nachdem ich von Indien nach Sydney in Australien gezogen war, erkannte ich eines Morgens, dass dieses Gedankenmuster schon ziemlich lange nicht mehr aufgetaucht war. Es kam nie wieder. Durch was wurde es ersetzt? Ich war nicht plötzlich gut genug geworden. Ich wurde einfach ich selbst und jede Vorstellung von gut genug und nicht gut genug war einfach verschwunden.

Man könnte sagen, ich war der geworden, der ich war und das hält an. Ich bin vielleicht nicht so gut darin, es selber bei mir wahrzunehmen, aber manchmal stelle ich fest, dass meine Energie für eine andere Person einfach zu stark ist. Dinge wie Höflichkeit sind verschwunden und wurden von so etwas wie Direktheit ersetzt. Manchmal ist das sehr gut, aber wenn die andere Person eine gewisse Höflichkeit braucht oder ein gewisses soziales Gebaren, kann das Probleme mit sich bringen. Ich kann sehen, dass ich nach über zwanzig Jahren keine starken Kontrollmechanismen mehr habe. Es gibt kein deutliches Gefühl mehr von John David. Es ist eher die Wahrnehmung eines Energiephänomens. In jedem einzelnen Moment, in jeder einzelnen Situation gibt es eine sehr spontane Antwort auf diesen Moment.

Ich lebe in jedem einzelnen Augenblick so, dass ich das, was im Moment erscheint, erlaube und damit umgehe. Ich sage nur sehr selten „Oh, lasst uns morgen darüber sprechen." Ich wende mich den Dingen meist sofort zu, auch wenn sie schwierig sind. In den vergangenen zwanzig Jahren habe ich viel Zeit mit mir allein verbracht. Das mag sich seltsam anhören, wo ich doch die letzten vierzehn Jahre in der Open Sky House Gemeinschaft gelebt habe, aber letztlich ist der Bezugspunkt innen und kommt von innen. Was auch immer innerlich vor sich geht, ich bin bereit es auszudrücken.

Mein Schicksal ist mir sehr bewusst. Ich habe in unterschiedlichen Ländern gelebt, und jedes Mal, wenn ich in ein anderes Land gezogen bin, war das wie ein neues Buch anzufangen oder ein neues Kapitel aufzuschlagen. Als ich Australien verließ und nach Europa ging, wo ich dann in Deutschland landete, kam ich mit fünftausend Euro Schulden an und einem großen Koffer.

Als ich jünger war, habe ich ständig Berechnungen aufgestellt, um herauszufinden, ob ich genug Geld haben würde, um meine Ausgaben zu decken, aber heute mache ich das nicht mehr. Tatsächlich habe ich irgendwann entdeckt, dass je mehr Geld ich ausgegeben habe, umso mehr zu mir kam. Das war eine ziemlich angenehme Entdeckung!

Ich habe immer sehr gern eingekauft, aber jetzt brauche ich fast nichts mehr. Und so habe ich entdeckt, dass ich genauso viel Spaß haben kann, Dinge für andere Leute zu kaufen, wie für mich selbst. Die Gefühle, die ich in der Vergangenheit hatte, wenn ich etwas Neues besaß – ein besonderes Irgendwas – kann ich immer noch haben, aber all die schönen Gefühle sind nun nicht mehr persönlich.

In den Jahren mit der Gemeinschaft ist mir immer mehr bewusst geworden, dass ich so ziemlich jede Antwort, die ich benötige, wenn ich still und präsent genug bin, vom göttlichen Navigationssystem bekomme. Das funktioniert sogar besser als das Internet. Ich bekomme Hilfe bei Sachen wie dem Einschrauben einer speziellen Schraube, bis hin zu sehr großen komplexen Entscheidungen.

Letztes Jahr in Spanien wollte ich ein paar schöne japanische Karpfen für unseren Teich kaufen. Mir wurde gesagt, dass ihr

Verkauf von der spanischen Regierung verboten worden sei und man sie nicht kaufen könne, aber binnen eines Monats hatte ich dreißig davon gekauft!

Ich vertraue dem göttlichen Mysterium und es ist erstaunlich zu sehen, wie das göttliche Mysterium dir dienen möchte, wie es dir in jedem Moment geben möchte, was du scheinbar willst, oder vielleicht auch das, von dem die Existenz glaubt, das du es bekommen solltest.

In den letzten zwanzig Jahren konnte ich sehen, dass meine Art zu funktionieren sich verändert hat, von einer Orientierung aus dem Verstand heraus, hin zu einem immer offeneren Herzen. Seit dem Erwachen wurde das immer stärker und nun gibt es eine enorme Energie, die sich darin manifestiert, dass ich mich um die Menschen kümmere, die mich aufsuchen und sie unterstütze. Es gibt eine tiefe Anteilnahme an der Verfassung der Menschheit und ein Mitgefühl, das meine Arbeit als Lehrer trägt.

Ich kann sehen, dass ich ziemlich unkonventionell bin. Vor ungefähr vier Jahren habe ich beschlossen, dass ich Kinder haben möchte, und als ich das meiner Schwester erzählte, sagte sie: „Mach dich nicht lächerlich, du bist so alt, denk nur an die Kinder, die so einen alten Vater haben werden, das wäre schrecklich für sie." Aber es gab eine nette junge Frau, die bereit war, bei diesem Projekt mitzumachen.

Nun haben wir zwei kleine Mädchen. Das ist ein riesiges Geschenk. Die Mädchen scheinen mich zu mögen, es sieht so aus, als ob mein Sinn für Freiheit meine alten Knochen wettmacht. Solche Situationen ergeben sich recht häufig in meinem Leben.

In den letzten vierzehn Jahren gab es Momente, in denen ich gerne meine Taschen gepackt und die Gemeinschaften verlassen hätte, aber das war absolut unmöglich. Erst einmal fiel mir nichts ein, wo ich hätte hingehen können, und zweitens gab es da dieses ganz klare Gefühl, dass sich mein Leben so entfaltet, wie es sich entfalten soll, und dass ich keine Mittel habe, mich da einzumischen. Mit den Jahren ist immer mehr Vertrauen entstanden, dass alles so läuft, wie es laufen soll und natürlich wird das ab und zu getestet.

Manchmal werde ich in schwierige persönliche Situationen verwickelt, aber nicht für sehr lange. Sehr schnell stellt sich die Erkenntnis ein, dass alles in Ordnung ist.

In der Vergangenheit war es so, dass ich „langweilig" nie mochte. Man könnte sogar sagen, dass es für mich so etwas wie eine Folter war. Aber auch das ist verschwunden, und es gibt kein wirkliches Problem mehr mit der Langeweile. Es ist auch ziemlich schwierig, gelangweilt zu sein von einem Lebensstil, der immer sehr aufregend ist, voller spontaner Freude. Ich bewege mich ständig zwischen drei Gemeinschaften in drei Ländern hin und her, habe enge Beziehungen mit Gruppen von Schülern aus vielen verschiedenen Kulturen und reise einmal im Jahr nach Indien, in meine spirituelle Heimat.

Ich lehre nun seit über fünfundzwanzig Jahren und ich glaube, dass es keine Woche gab, in der mir die Existenz nicht jemanden geschickt hat, mit dem ich das Wissen teilen konnte. Ich sehe, dass einige wenige dieser Menschen das gleiche Geschenk bekommen, das ich von meinem Meister bekommen habe. Es sind nicht hunderte von Leuten, aber natürlich ist es immer sehr berührend, wenn es geschieht, und es gibt die Energie, weiter zu machen. Immer wenn ich gerade aufhören will zu lehren, findet die Existenz einen Weg, eine sehr schöne Begegnung zu kreieren.

Um deine Frage zu beantworten, ich hatte einen Kopf voller Vorstellungen, wie es sein würde, wenn diese Veränderung passiert, aber als sie geschah, entdeckte ich, dass es sehr einfach und sehr normal war. Es war auf eine Art sehr gewöhnlich und dennoch war es auf eine andere Art außergewöhnlich. So wie in diesen Zen-Geschichten über die Zeit vor und nach der Erleuchtung – Wasser tragen und Holz hacken. In meinem Fall ist es jedoch, ein iPhone herumtragen und auf einem Computer tippen.

Open Sky House Gemeinschaften
Ein radikaler Weg zum Erwachen

Kürzlich wurde Kabir – ein enger Schüler von mir, der seit sechs Jahren mit mir in der Gemeinschaft lebt – dazu inspiriert, einen Artikel über die Gemeinschaft zu schreiben, darüber, wie er das Leben hier erlebt und wie es ihn verändert hat. Es ist ein schöner Eindruck aus erster Hand und ein Einblick in den Prozess des Erwachens.

Ich möchte noch einmal das Zitat von Thich Nhat Hanh anführen, dem wir in diesem Buch bereits begegnet sind, da es so gut zu der persönlichen Beschreibung einer Transformation passt, die von einer Gemeinschaft unterstützt wird.

Es könnte sein, dass der nächste Buddha nicht die Form eines Individuums annehmen wird, sondern die Form einer Gemeinschaft. Eine Gemeinschaft, die Mitgefühl und liebevolle Zuwendung übt, eine Gemeinschaft, die bewusstes Leben praktiziert.

Thich Nhat Hanh

Open Sky House *besteht aus drei spirituellen und kreativen Gemeinschaften in Deutschland, der Ukraine und Spanien unter der Leitung des englischen* Satsang*lehrers John David. Der Fokus der Gemeinschaften besteht darin, Menschen den Raum zu geben, die Wahrheit über das menschliche Leben zu erforschen, sich von der Identifikation mit dem konditionierten Ego zu befreien und durch ein bewusstes Leben aus dem inneren Selbst heraus genährt zu werden.*

Ich wurde auf die Open Sky House Gemeinschaft aufmerksam, als ich in China lebte und dort als Englischlehrer arbeitete. Tief in mir spürte ich, dass ich das Leben nicht wollte, das die Welt, in der ich aufgewachsen war, scheinbar für mich vorgesehen hatte. Ich wollte herausfinden, wer ich wirklich bin und einen Ausweg aus dem Leiden finden, das ich in meinem Leben erfuhr. Ich begann, mir im Internet spirituelle Treffen anzuschauen und entdeckte so John David und die Open Sky House Gemeinschaft.

In den ersten Monaten nach meinem Einzug in die Gemeinschaft war ich total begeistert. Ich wusste, dass dies eine große Chance war, tief in mich hineinzuschauen. Doch schon bald wurde ich stark mit meinen Vorstellungen vom Leben und mit meinen Verhaltensmustern konfrontiert, die etwas überdeckten, das ich an mir selbst nicht sehen wollte.

Ich arbeitete im Verlag der Gemeinschaft – Open Sky Press – und half dort beim Vertrieb spiritueller Bücher und Filme. John David und die Menschen, mit denen ich eng zusammenarbeitete, bemerkten schon bald, dass ich es oft vermied, Dinge zu Ende zu bringen und dass ich mir bei dem, was ich tat, nicht wirklich Mühe gab. Ich konnte mich auf nichts richtig einlassen. Ich war mir dieser Seite an mir durchaus bewusst und habe deshalb immer wieder gelitten, aber ich habe mir das niemals wirklich anschauen oder verändern wollen.

Diese Situation erinnert mich an Chögyam Trungpas Worte.

Die* Sangha *ist eine Gemeinschaft von Menschen, die das absolute Recht haben, durch deine Gewohnheiten zu schneiden und dich mit ihrer Weisheit zu füttern. Sie haben auch das absolute Recht, ihre eigenen Neurosen vorzuführen, damit du sie durchschaust. Die Verbindungen in der* Sangha *sind wie saubere Freundschaften – ohne Erwartungen, ohne Forderungen und gleichzeitig erfüllend. Eine wahre* Sangha *ist nur mit einem Reservoir an Liebe, Intimität und Vertrauen möglich. Es braucht Verbindlichkeit, Bereitschaft, Zeit und Geduld, um diese dringend benötigte Umgebung herzustelle.

Chögyam Trungpa

In dieser hochlebendigen Gemeinschaft, in der zwanzig Menschen eng mit ihrem Lehrer zusammenleben, bekommt jeder genau den

Spiegel vorgehalten, den er braucht. So kann jeder die eigenen inneren Strukturen sehen, die ihn davon abhalten, frei und vollkommen lebendig zu sein. Vor meinem Leben in der Gemeinschaft habe ich es immer unglaublich persönlich genommen, wenn jemand mich auf meine inneren Strukturen hingewiesen hat. Es war für mich wie eine Kritik.

In der Gemeinschaft nahm ich es anfangs auch persönlich, aber im Laufe der Zeit und durch die liebevolle, unterstützende und nährende Akzeptanz, konnten mein Verstand und meine Energie sich diesem Prozess öffnen, und ich begann, nach innen zu schauen und den Mustern zu begegnen, die mich leiden ließen.

Anders als Freunde, die uns in unserem Leiden verstehen, uns meistens darin bestätigen und unser Ego unterstützen, versteht John David seine Rolle als ein starker Spiegel, der den Menschen zeigt, was wirklich in ihnen vorgeht, auch wenn dies schwierig oder unangenehm ist. Indem er eng mit den Bewohnern zusammen arbeitet und lebt, schafft er im täglichen Leben Situationen, die das Ego offenbaren und so das Unbewusste sichtbar machen.

In allen Open Sky House Gemeinschaften finden regelmäßig öffentliche *Satsangs* mit John David statt, die die innere Arbeit unterstützen. Sie werden zweimal wöchentlich live auf den Webseiten der Gemeinschaft (www.sattv.tv) und über die SatTV App übertragen.

Die *Satsangs* sind eine Erinnerung daran, dass wir allgegenwärtige Stille sind. In der absoluten Wahrheit gibt es nichts zu lehren, es gibt keinen Lehrer und keinen Schüler. Aber in der Realität unseres täglichen Lebens, leben wir fast nie aus dieser Wahrheit heraus, da wir uns mit unserem Verstand identifizieren und mit dem, der wir zu sein glauben.

Eines meiner größeren Probleme in meinem Leben drehte sich um Beziehungen. Oft ging ich qualvoll in einer romantischen Liebesgeschichte verloren, wobei ich selbst erkennen konnte, dass es keine authentische Beziehung war.

Indem John David mir diesen Prozess bewusst machte, Rat gab und Herausforderungen schaffte, führte er mich aus meinem

Dilemma hinaus und zeigte mir einen Weg auf, meine eigene Liebe und meinen eigenen festen Boden zu finden, anstatt immer bei einer Frau danach zu suchen.

Seit einem Jahr erlebe ich den unglaublichen Nutzen von John Davids Begleitung und der ständigen inneren Arbeit. Es gibt in mir nun Liebe, Frieden und eine Quelle des Vertrauens und der Ruhe, die nicht von der äußeren Welt abhängen. Das ist eine so schöne und radikale Veränderung, dass ich mich selbst manchmal nicht wieder erkenne.

Auf dieser Reise war John David mir der stärkste Spiegel. Als wahrer Meister mit bedingungsloser Liebe und Zuwendung für den Weg eines jeden Einzelnen, verkörpert er eine enorme Energie und Kraft, die völlig darauf ausgerichtet ist, die Menschen um ihn herum zum Erwachen zu bringen.

Die Arbeit mit einem Lehrer widersprach am Anfang oft meinen romantischen Vorstellungen davon, worum es beim „spirituellen" Leben geht. Es war unglaublich intensiv und oft auch unangenehm, dass da jemand war, der mir unerbittlich und ehrlich zeigte, was in mir vorging; jemand, der ständig darauf hinwies, was verkehrt ist, woran ich anhafte, was ich nicht gehen lassen will, wo ich Trennung verursache.

Wie in vielen traditionellen Ashrams folgen die Gemeinschaften zwei Wegen: dem Weg der Erkenntnis, der in der intensiven Arbeit besteht, sich seiner selbst mehr und mehr gewahr zu werden und dadurch letztendlich zu einem stillen Verstand zu kommen, und dem Weg des Herzens, bei dem es um Dienen und Hingabe geht. Selbsterforschung und Dienen sind die kraftvolle Basis aller drei Gemeinschaften. In dieser Hinsicht sind die Open Sky House Gemeinschaften eine Mischung aus einem traditionellen östlichen Ashram und modernem westlichen Leben.

Um den Weg der Erkenntnis zu fördern, gibt es täglich drei stille Meditationen, aber die Stille, um die es uns im Kern geht, ist nicht die Stille, während wir eine Meditation „machen". Es ist die tiefe innere Stille, die sich im Zentrum dessen befindet, was wir wirklich sind und aus der alles entsteht, was „gemacht" wird.

Mit den Jahren hat das Open Sky House verschiedene erfolgreiche Unternehmen entwickelt, darunter ein Hotel und Seminarhaus, eine Kunstgalerie und einen Verlag. Sie sorgen nicht nur für die finanzielle Basis der Gemeinschaft, sondern sie schaffen auch eine Plattform für das Dienen, bei dem es darum geht, zu geben, ohne direkt Gewinn zu erwarten.

Nach einiger Zeit erkannte ich, dass Geben ohne jegliche Absicht das Herz öffnet und Vertrauen entstehen lässt. Daraus entsteht eine natürliche Art zu leben, indem man frei von egoistischer Identität und Intention arbeitet, teilt und lebt. Durch diese „Liebe in Aktion“ verblasst mit der Zeit das Gefühl eines persönlichen „Ich“.

Diese beiden Wege führen auch zu Kreativität. Ich habe immer Klavier gespielt oder Gedichte geschrieben, aber nachdem ich in die Gemeinschaft gezogen war, begann ich nach einiger Zeit mit einer unglaublichen Spontaneität und Inspiration zu spielen und zu schreiben, oft selbst davon beeindruckt, was aus mir heraus entstand. Durch Kreativität entsteht Schönheit, der sehr wichtige dritte Weg zum Erwachen, zu dem John David die Gemeinschaften ständig ermutigt und einlädt.

Mit den Jahren wurde dies immer sichtbarer: jedes Jahr findet ein Kunstfestival statt, es gibt eine Galerie mit Ausstellungen von Kunst aus der inneren Stille, wir haben zahlreiche wunderschöne spirituelle Bücher und Filme produziert, die Häuser und Gärten der Gemeinschaften werden liebevoll gepflegt und verschönert und im Innenhof des Haupthauses gibt es einen Zoo voller exotischer Vögel und Tiere, die sich frei bewegen.

Ich erlebte viele Augenblicke einer tiefen Öffnung, ein Wegfallen von dem, was ich für gewöhnlich als „ich“ empfand, eine Bewegung hin zu einem unglaublich schönen, einfachen, friedvollen Etwas, meinem Selbst, meiner wahren Natur. Ein solcher Einblick ist eine Erinnerung daran, was im eigenen Leben möglich ist, eine Erinnerung an das wahre Potential, und es ist eine großartige Unterstützung und Ermutigung, mit der Selbsterforschung weiter zu machen. Vielleicht werden wir eines Tages in unserem Selbst verweilen und uns nicht wieder mit unserem Verstand und unserem

Ego identifizieren. Man könnte sagen, dass es bei der spirituellen Arbeit darum geht, zu unserem Selbst zurückzukehren und alle Muster zu beseitigen, die uns aus dem gegenwärtigen Augenblick herausziehen.

Die Kombination aus intensiver Selbsterforschung und einem offenen Herzen voller Schönheit löst die falsche Identität auf und lädt uns ein, die Wahrheit zu erkennen.

In den vergangenen sechs Jahren meines Lebens gab es eine tiefe und lebensverändernde Transformation. Nun kenne ich das Vertrauen in das Leben, das entsteht, wenn man einfach nur im Moment ist, und ich gewinne in meinem täglichen Leben immer mehr Halt.

Alle sind herzlich eingeladen, diesen magischen, wunderbaren Ort als Gast oder Helfer kennen zu lernen. Zahlreiche Informationen über die Open Sky House Gemeinschaften und John David findet man auf www.opensky.international.

Es gibt keinen Zweifel, dass die Gemeinschaft ihren Zweck in den letzten vierzehn Jahren erfüllt hat: eine außergewöhnliche und erfolgreiche Verkörperung bewussten Lebens. Meine tiefste Dankbarkeit und Liebe gelten John David und den Bewohnern des Open Sky House.

Kabir

John David Biografie

Nach einer typischen englischen gutbürgerlichen Erziehung arbeitete John David in seinen Zwanzigern als Bauingenieur und machte später eine Ausbildung zum Architekten. Er startete eine Karriere und genoss die Früchte des Lebens, wie jeder ehrgeizige junge Mann. Er hatte eine schöne Wohnung, einen schicken VW Käfer, manchmal eine Freundin und einen guten Job in einem bekannten Architekturbüro im Zentrum von London. Alles schien in die Wege geleitet für ein angenehmes, erfolgreiches und sogar wohlhabendes Leben. Seine Mutter war darüber sehr glücklich.

Doch während seiner Jugend und in seinen frühen Zwanzigern war in ihm die Frage aufgekommen, was er mit seinem Leben anfangen sollte, da er in der Welt um sich herum keinen wirklichen Sinn finden konnte. Auf einer tieferen Ebene hatte er das starke Gefühl, dass er nie wirklich irgendwo hineinpasste und dass er das, was er sich bisher scheinbar für sein Leben ausgesucht hatte, eigentlich gar nicht wollte.

Eines Abends wartete er zur Hauptverkehrszeit an einer Londoner U-Bahn-Station, um nach einem langen Arbeitstag wieder aus dem Zentrum nach Hause zu fahren. Plötzlich gab es in ihm eine starke Stimme, die sagte, dass er dieses Leben nicht wollte. Er beschloss, ins Ausland zu gehen und fand eine Möglichkeit bei einem Architekturbüro in Tokio, Japan, zu arbeiten.

Bei seiner Ankunft in Tokio erlebte er einen riesigen Kulturschock und seine innere Frage wurde stärker. Wieder hatte er dieses überwältigende Gefühl „nicht zu passen“, etwas, von dem er dachte, er hätte es durch seinen Umzug ins Ausland hinter sich gelassen. Irgendetwas fehlte in seinem Leben und das brachte eine große Traurigkeit und Verwirrung mit sich. So erlebte er eine „dunkle Nacht der Seele", die mehrere Jahre andauerte. Er blieb in Japan, da diese fremdartige Kultur in ihm einen tiefen inneren Dialog auslöste.

Mit achtundzwanzig Jahren hatte John David noch keine Ahnung von spirituellem Leben, aber während er in Japan war, begegnete er einem deutschen Architekturprofessor, der ihn auf seinen baldigen ersten Meister Osho aufmerksam machte. Doch zu jener Zeit hatte er daran weder Interesse, noch ahnte er, welche Bedeutung diese Begegnung haben würde. Zwölf Monate später, nach einer Reihe unerklärlicher Ereignisse, kam er in Oshos Ashram in Puna, Indien an. Als er durch das Tor ging, das „das torlose Tor" genannt wurde, fühlte er sich sofort wie zu Hause.

Er hatte seinen Platz gefunden. Das Gefühl war energetisch, kraftvoll und stark, ohne erkennbaren Grund. Es war, als hätte sich die Frage, die er seit mehr als zehn Jahren in sich trug, aufgelöst. In den nächsten fünfzehn Jahren lebte er als Osho *Sannyasin* in Indien, England und Amerika. Durch die Teilnahme an transformierenden Workshops entwickelte sich sein Selbstgewahrsein und die Jahre der Meditation führten zu einem stillen Verstand.

Zwei Jahre nach Oshos Tod, als John David zufrieden in Puna, in der Nähe von Oshos Ashram lebte, hörte er von einem anderen Lehrer, dem großen *Advaita*-Meister Sri Harilal Poonja, vielen seiner Schülern als Papaji bekannt. Er las ein Interview mit diesem Mann und schaute sich auch ein Video an, aber wirkliches Interesse tauchte erst auf, als er Menschen begegnete, die von einem Besuch bei ihm zurückkamen. Er nahm an ihnen eine erstaunliche Verwandlung wahr. Ihre Ausstrahlung und ihr inneres Lächeln berührte ihn.

Obwohl er keinen anderen Meister gesucht hatte, ging er nach Lucknow und war überrascht von Papajis enormer Zugänglichkeit. Er fand Papaji geradezu schockierend offen. Schockierend, da ihn dies sofort mit den Fragen konfrontierte: „Wer bin ich?", „Was mache ich hier?"

In den ersten drei Wochen saß John David jeden Tag bei Papaji im *Satsang* und dreimal stellte er Papaji eine Frage. Beim dritten Treffen erkannte er mit erstaunlicher Klarheit das, was er in fünfzehn Jahren spiritueller Suche niemals verstanden hatte. Das Selbst zeigte sich ihm, und es wurde klar, dass das seine wahre Natur war, die er schon immer gekannt hatte. Ohne Zweifel bedeutete das einen radikalen Wandel in seinem Leben. Augenblicklich war die Identifikation mit John David und seiner Geschichte abgeschnitten. Von einem Moment auf den anderen gab es eine enorme Veränderung, die nur als Realisation des Selbst bezeichnet werden kann.

Er blieb noch weitere fünf Jahre bei seinem Lehrer und zog dann nach Australien. In der Nacht, in der Papaji seinen Körper verließ, hielt John David ein Reiki-Wochenende. Zur Mittagszeit erhielt er – scheinbar von Papaji – eine kraftvolle, energetische innere „Nachricht", die ihm sagte, dass er eine Aufgabe zu erledigen habe. Obwohl diese Nachricht zwei Tage lang immer wieder kam, hatte er Zweifel. In diesem Moment wusste er noch nicht, dass Papaji seinen Körper zu genau diesem Zeitpunkt verlassen hatte. Das war 1997 und von da an begann John David *Satsang* anzubieten.

In dieser Zeit lebte er in Sydney, Australien. Es bestand schon eine Gruppe von Schülern, die seine Meditations- und Reiki-Kurse besuchten und John David bot ihnen eine „neue" Art von Treffen an. Die Gruppe vergrößerte sich schnell und bildete sich aus dem Nichts. Drei Jahre lang bot er regelmäßige *Satsang*-Treffen, Wochenenden und Retreats in und um Sidney an, ebenso bei Aufenthalten in Melbourne und in der Gegend um Byron Bay.

2003 kam John David zurück nach Europa und reist seitdem überall dorthin, wohin er eingeladen wird. In seinen Treffen fordert er den konditionierten Verstand heraus – jenes Gefängnis, das wir uns selbst aus unserer Identifikation mit Gedanken, Emotionen, Glaubenssätzen und Wünschen gebaut haben. Die Herausforderung beginnt damit, dass John David die Teilnehmer liebevoll und humorvoll dazu führt, zu erkennen, dass sie nicht die vielfältigen Erfahrungen von „mein Leben" sind, sondern das Bewusstsein, in dem die Erfahrung geschieht. In seinen Treffen konzentriert er sich auf dieses Bewusstsein, das Selbst, das unsere wahre Natur ist und das sich zeigt, wenn der Verstand still wird.

Einige Jahre bevor er Papaji traf, während seiner letzten Jahre bei Osho, fand er in einem Zimmer, das er gemietet hatte, eine handkolorierte Schwarz-Weiß-Fotografie. Obwohl er keine Ahnung hatte, wer der Mann darauf war, fanden seine schönen Augen mit der Zeit einen Weg in sein Herz und sein Sein. Später entdeckte er, dass es sich um Sri Ramana Maharshi handelte, der durch seine heilige Präsenz und durch die Lehre der Selbsterforschung „Wer bin ich?" berühmt geworden war.

Als John David zu Papaji kam, war er tief berührt, als er entdeckte, dass dieser dieselbe Fotografie an der Wand über seinem *Satsang*-Sessel hatte.

John David versteht sich selbst als Botschafter der alten indischen Weisheit, der Weisheit, die die Grundlage der meisten spirituellen Traditionen bildet. Er ist seinen direkten Meistern zutiefst dankbar, sowie vielen anderen Meistern im Osten und im Westen, denen er durch sein Projekt *Facetten des Erwachens* begegnete.

Umgeben von zwanzig engen Schülern, pendelt John David nun zwischen den drei Open Sky House Satsang- und Kunstgemeinschaften: in Hitdorf (bei Köln, Deutschland), in Denia (bei Valencia, Spanien) und in Tripillya (bei Kiew, Ukraine).

In allen drei Gemeinschaften bietet er regelmäßig Retreats und Wochenenden an. Er hat drei *Sangha*-Gruppen, in denen Menschen zusammen kommen, die eine starke Sehnsucht danach haben, frei zu werden und sich regelmäßig mit ihm treffen. Die Gemeinschaften sind offen für alle, die in ihrem Leben an den Punkt gekommen sind, an dem sie sich selbst kennenlernen wollen – nicht ihre Geschichte und ihre Dramen, sondern ihre wahre Natur. „Wer bin ich?" ist der Fokus der Gemeinschaft und ihr Motto lautet: „Sei wie du bist!"

Aus seiner tiefen Liebe zu Indien führte John David eine Reihe außergewöhnlicher Interviews, die in seinem Buch und dem gleichnamigen Film *Facetten des Erwachens – Indische Meister* zu finden sind. Dabei traf er sich mit vielen indischen Meistern und freundete sich mit einigen von ihnen an. Aufgrund der großen Resonanz machte er ein weiteres Buch- und Filmprojekt: *Europäische Spirituelle Meister – Facetten des Erwachens*. Es folgten das Buch und der Film *Arunachala Shiva* über das Leben und die Lehre von Sri Ramana Maharshi.

John Davids Erfahrungen mit Gemeinschaften und spirituell Suchenden in Europa inspirierte ihn zu dem Film *Satori – Metamorphose eines Erwachens,* dem Buch und Film *Das große Missverständnis*, dem Film *Kunst aus innerer Stille* sowie zu seinem aktuellen Buch und Film zu seinem Leben und seiner Lehre: *Grundlos glücklich – Die Freiheit des Seins.*

Weitere Bücher sind eine Hommage an seinen Meister Papaji, das Buch *Papaji – Kraft der Gnade* und eine Sammlung von *Satsangs*, die John David in Indien gehalten hat: *Arunachala Satsangs.*

Er genießt Kunst und Schönheit und ist selbst als Maler und Kurator der Galerie „Flow Fine Art“ aktiv. Als Künstler hat John David seine Bilder in Indien, Australien und Deutschland ausgestellt und sie sind in privaten Sammlungen in mehreren Ländern zu finden. Seine abstrakten Malereien voller Freude sind ein Ausdruck der Verspieltheit in der Tiefe seines Wesens. Sie sind überall in diesem Buch zu sehen. Er ermutigt und fördert viele Arten der Kreativität in den Open Sky House Gemeinschaften.

John David freut sich, dich als Gast oder Helfer in diesen internationalen Gemeinschaften zu begrüßen, und wenn deine Leidenschaft in Freiheit zu leben, groß genug ist, lädt er dich ein, mit ihm zu leben. An zwei Abenden in der Woche bietet er Online-*Satsangs* über SatTV an, die man weltweit sehen kann. Du kannst mit ihm live ein Gespräch führen, indem du dich über Skype in das Treffen einwählst. Die Skype Adresse ist: meetingjohndavid. Es gibt darüber hinaus ein umfassendes Archiv von sechshundert *Satsang* Treffen (seit 2009), in sieben verschiedenen Sprachen.

John David ist nicht länger in seinem konditionierten Verstand gefangen, in dem Glauben, getrennt zu sein. Aus dieser Leere manifestiert sich das Selbst als eine enorme Energie und Präsenz in jedem Moment. Durch sein Beispiel zeigt er uns, dass spirituelles Leben in jedem Augenblick stattfindet, dass es kein „spirituelles Leben“ gibt, sondern einfach nur Leben. Präsenz in jedem Augenblick.

Er ist ein ungewöhnlicher Charakter, voller Spaß und Leichtigkeit, der jederzeit die Möglichkeit eines plötzlich aufbrausenden Sturmes in sich birgt. Viele lieben ihn innigst, andere finden ihn unmöglich. Er ist niemals langweilig, aber er erkennt nicht immer, wann er anderen zu viel wird. Er lädt dich von Herzen ein, ihn zu besuchen und dir dein eigenes Bild zu machen!

Der Film *Grundlos glücklich – Die Freiheit des Seins* ist seine filmische Biographie.

www.sattv.tv
www.openskypress.com
www.opensky.international
www.johndavidsatsang.international

Glossar

Advaita Vedanta	Eines der drei *Vedanta*-Systeme, eine philosophische Interpretation der *Veden* (vier Sammlungen alter hinduistischer Geschichte und Schriften). *Advaita Vedanta* betont die Nicht-Dualität von allem. Das heißt, alles – jegliches Subjekt und jegliches Objekt – ist nichts anderes als das Selbst.
Arjuna	Männliche Hauptfigur der *Bhagavad Gita*, die von *Krishna* Unterweisungen über die Natur des Seins und den Sinn des Lebens erhält. *Arjuna* steht damit stellvertretend für den in Unwissenheit gefangenen Menschen.
Arunachala	Heiliger Berg in Tiruvannamalai, Südindien, der als Personifizierung *Shivas* angesehen wird. Sri Ramana Maharshi nannte *Arunachala* seinen Guru. Er kam im Alter von sechzehn Jahren dorthin und hat diesen Ort nie wieder verlassen.
Bhagavad Gita	Teil des *Mahabharata*-Epos, in der *Arjuna* vom Gott *Krishna*, einer Inkarnation des Gottes Vishnus, spirituelle Unterweisungen erhält.
Bhagavan	Gott. Respektvoller Titel für ein verwirklichtes Wesen.
Bhakti	Hingabe, Liebe. Traditionell einer der Hauptwege zur Selbstverwirklichung.
Bodhisattva	Ein erleuchtetes Wesen, das vollständige Befreiung erlangt hat und nicht mehr im Kreislauf von Geburt und Tod gefangen ist,

aber weiterhin aus Mitgefühl in einem Körper inkarniert, bis alle fühlenden Wesen erwacht sind.

Brahma Der Schöpfer. Neben *Shiva* (der Zerstörer) und *Vishnu* (der Erhalter) einer der drei hinduistischen Hauptgötter.

Dharma In den frühen Veden und im alten Hinduismus bezog sich Dharma auf das kosmische Gesetz. Nach diesem Gesetz zu leben, wird im Buddhismus als Weg zur Erleuchtung angesehen.

Guru Begriff für einen spirituellen oder religiösen Lehrer im Hinduismus und Buddhismus.

Jnani Einer, der das Selbst verwirklicht hat. Abgeleitet von *Jnana*, Wissen, die Unterscheidung von dem, was real und was nicht real ist. *Jnana* ist ein grundlegender traditioneller Pfad zur Selbstverwirklichung.

Karma Yoga Yoga des Handelns. Selbstverwirklichung erreichen, indem man seine Pflichten selbstlos erfüllt, voller Hingabe, unabhängig von einer Entlohnung.

Krishna Inkarnation von *Vishnu*, der als höchster Gott betrachtet wird. Meist dargestellt als ein junger, Flöte spielender Kuhhirte oder jugendlicher Prinz, der philosophische Unterweisungen erteilt. *Krishna* steht für Wissen und Glückseligkeit.

Nirvana Wörtlich: Aushauchen einer Flamme. Das Erlöschen von Verlangen, Leidenschaft und Ego; Befreiung, charakterisiert durch Freiheit und Glückseligkeit.

Puja Verehrungsritual, bei dem Opfergaben dargebracht und Gebete gesprochen werden.

Ram In der hinduistischen Mythologie und Tradition wird *Ram* als eine Inkarnation von *Vishnu* angesehen, der für Rechtschaffenheit und Tapferkeit verehrt wird. Allgemein in Grüßen, Gebeten und Mantren als ein Begriff für Gott verwendet.

Sadhu Ein frommer oder rechtschaffener Mensch. Traditionell jemand, der sich von der Welt zurückgezogen hat, ein Wanderer mit einem Minimum an Besitz, der für die täglichen Bedürfnisse auf Almosen angewiesen ist.

Samadhi Ein nicht-dualistischer Bewusstseinszustand. Auch der Name für die Grabstätte eines Heiligen oder Gurus.

Sangha Die Gemeinschaft oder Versammlung von Schülern um einen Lehrer.

Sannyasin Im traditionellen Sinne ein Entsagender, der die Verbindung zur Gesellschaft aufgegeben hat, ein asketisches Leben führt und sich von weltlichen Wünschen und dem, was aus dem Ego geboren wird, löst.

Sanskrit Alte Sprache der *Veden*, die im Hinduismus und Buddhismus als „Sprache der Götter" gilt. Heutzutage fast ausschließlich im religiösen und wissenschaftlichen Diskurs verwendet. Ursprung der meisten europäischen Sprachen.

Satguru Der Guru, der den Schüler zur Freiheit, zur Selbstverwirklichung, führt.

Satori Erwachen zum tiefen Verständnis der wahren Natur der Existenz.

Satsang	In der Wahrheit verweilen. Das Zusammensein eines Gurus mit seinen Schülern.
Shiva	Der Zerstörer und Erschaffer, mit Feuer assoziiert. Neben *Brahma* (der Schöpfer) und *Vishnu* (der Erhalter) einer der drei hinduistischen Hauptgötter.
Upanishaden	Sammlung vedischer Texte, die in 108 Lehrgedichten die gesamte Lehre des *Vedanta* zusammenfassen. Die *Upanishaden* sind die Texte, von denen sich die gesamte *Vedanta*-Philosophie herleitet.
Yogi	Jemand, der Yoga als einen Weg zur Erleuchtung praktiziert.

Sommer Urlaubs-Retreats

Denia, Spanien

Dieses Sommer Urlaubs-Retreat im August bietet eine wunderschöne Gelegenheit, ganz in das Energiefeld des Satsangs einzutauchen und in der atemberaubenden Schönheit des Open Sky House Denia zu entspannen. Nur drei Minuten Fußweg zum Mittelmeer, liegt die Villa direkt an der Costa Blanca, eine Stunde südlich von Valencia.

Täglich treffen wir uns zum Satsang mit John David, zum Mantrasingen mit Live-Musik und zu Meditation und Yoga. Es gibt auch Zeit, den Pool, den Palmengarten, das Mittelmeer oder das nahegelegene Naturschutzgebiet zu genießen.

www.denia.johndavidsatsang.org

Tripillya, Ukraine

Ein ganz besonderes Retreat, wo die Schönheit der Natur west- und osteuropäische Gäste willkommen heißt. Die weite Bucht, direkt am Ufer des großen Flusses Dnjepr, eine Stunde von Kiew entfernt, ist ein idealer Ort, um die Energie einer Gemeinschaft, tägliche Satsangs mit John David und die Sommernatur zu genießen. Nimm Abstand von deinem Alltag und verbinde dich mit deiner dir innewohnenden Ruhe, Liebe und Kreativität.

www.johndavidsatsang.international

Open Sky House Hitdorf

Zusammenleben in Freude und Kreativität

Internationale Satsang- und Kunstgemeinschaft

Im Jahr 2004 entstand die erste internationale Gemeinschaft um den englischen spirituellen Lehrer John David. In der Nähe von Köln, direkt am Ufer des Rheins, entwickelte sich ein liebevolles, stilles Energiefeld, das viele Gäste und Helfer, die bereit sind, nach innen zu schauen und ihre wahre Natur zu erkennen, tief berührt. John David wirkt als Wegweiser durch Meditationen, Satsangs und Retreats. Durch gemeinsames Arbeiten in den Unternehmen, sowie Malen, Theater, Tanz und Musik wird das tägliche Leben zum Spiegel für Selbstgewahrsein. Wir sprechen englisch, deutsch, französisch, spanisch, niederländisch und russisch.

www.openskyhousehitdorf.de